新・MINERVA社会福祉士養成テキストブック

12

岩崎晋也・白澤政和・和気純子 監修

児童・家庭福祉

林 浩康・山本真実・湯澤直美 編著

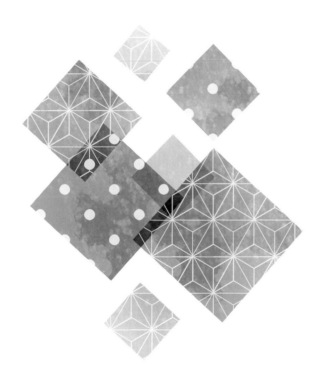

ミネルヴァ書房

はじめに

　これまで，国内外における「子ども（児童）」「家庭や家族」「養育」の認識や我々の生活のあり方は変化し，どう生きるか，子どもをどう育てるのかといった価値観も多様化してきた。児童・家庭福祉の内容は，社会状況および子どもや家庭のあり方の変化に応じて修正しなければならない。それは，その変化に応じた法制度や支援のあり方が要請されるからである。このような認識に基づき編集された本書は，現実の社会や生活に即した価値や専門知識を基盤として働く，社会福祉士専門職養成のためのテキストである。

　近年の児童福祉法改正により，児童の権利に関する条約の精神にのっとり，すべての子どもは適切に養育されることや，その生活を保障されることなどの権利を有すると規定された。また子どもの年齢や発達の程度に応じて，その意見が尊重されることも規定された。そうした精神や子どもの位置づけに基づき，いかに子どもの成長・発達を保障していくのか，保護者／親の子育て，子どもの育ち，子育て家庭の生活をいかに社会的に支えていくのかを検討する必要がある。さらに，現代社会に求められる法制度や支援のあり方を考えるためには，児童・家庭福祉がいかなる社会背景のもとで生成し，形成されてきたのか，歴史的展開に学ぶことが重要である。そのうえで，現代社会における虐待や暴力，貧困，養育困難などの諸問題が生起する諸要因について，子育て環境や教育システム，雇用労働市場などの社会構造との関連から多角的に考察する視野を醸成することが，子どもや保護者の権利擁護につながっていくといえるだろう。

　以上の内容をふまえ，本書は国が示した社会福祉士養成課程のカリキュラムを参考に，児童・家庭福祉制度の根幹に位置づけられる理念，歴史，子ども観・養育観・家族観等といった価値観，子どもを中心とした支援に関する実践論，児童・家庭福祉に関する法制度内容等について論じている。実践論については，より理解しやすいよう，具体的な問題ごとに事例を活用して論じている。本書を通して「子ども（児童）とは」「家族や家庭とは」「支援とは」といった根源的問いについて考える機会となることを願っている。

2021年6月

編著者

目　次

■終　章■　これからの児童・家庭福祉

■序　章■
児童・家庭福祉の意義と 社会福祉士の役割

□ 児童・家庭福祉の意義

　児童福祉法では，全ての児童が適切に養育され，心身の健やかな成長・発達が保障される権利を有すると規定されている。また子どもの貧困対策の推進に関する法律にはその目的として，子どもの現在および将来がその生まれ育った環境によって左右されることのないよう，心身ともに健やかに育成され，その教育の機会均等が保障され，全ての子どもが夢や希望を持つことができるようにすることが掲げられている。

　児童・家庭福祉は，全ての子どもが適切な環境のもとで成長・発達できるよう，その具体化に向け，**世帯間格差**による子どもの将来格差を防止することが主要な役割の一つである。日本における子どもの**相対的貧困率**が他の先進諸国に比較して高く，世帯間格差と子どもの非認知能力（**自尊感情**，**自己統制力**，忍耐力，**共感性**等）や学力に象徴される認知能力の格差との相関が強化されている。各世帯における負の影響を補う機能が社会的に求められているが，支援体制が十分ではなく，各世帯に大きく依存した養育の状況が子どもの将来格差を広げている。

　児童・家庭福祉は，子どもの権利保障の観点から，あらゆる子どもたちの生存および成長・発達を保障することを目的とする。年齢に応じた依存体験や生活体験を家庭内外の場で積むことができるよう，子どもが育つ基盤となる家庭を支援するだけでなく，地域社会で子どもたちが育つための制度や政策，それを具体化するための実践を包括した概念である。

　子どもが育つ基盤としての家庭の役割は重要であるが，それは養育機能を家庭だけが担うという意味ではない。子ども期においてとりわけ重要であると考えられる依存体験や生活体験は，家庭以外の多様な場，たとえば保育所，学童保育，ショートステイなどにおいても提供されるべきであり，そうした資源の創造はとりわけ重要である。また既存の制度に基づいた資源だけでは十分でない場合，子どものニーズに基づき新たな資源を創造する必要もある。

　このように家庭を側面的に支援する，あるいは家庭機能を強化するだけではなく，**養育機能**を家庭外で担い保護者とともに養育を共有するという考え方も，児童・家庭福祉においては重要である。

□ 高度経済成長期以降における家庭役割の強調

　戦後高度経済成長期を経て一般化した，近代家族における子どもの養育については，地域社会における人間関係の希薄化とコミュニティ機能の空洞化により，家庭がその全責任を担わざるを得ず，それが先

➡ 世帯間格差

世帯間における所得，親の子どもへの対応などに格差が生じ，子どもの将来に世帯間の格差をもたらすこと。

➡ 相対的貧困率

当該国の文化水準や生活水準と比較して困窮した状態。

➡ 自尊感情

自身を尊い存在であると感じる感覚。自身を肯定的にとらえ，自分を大切に思える気持ちのこと。

➡ 自己統制力

自身の感情・行動をコントロールできる力のこと。

➡ 共感性

相手の感情を理解し，その感情に寄り添う力。

➡ 養育機能

子どもを養育する機能。

に指摘した世帯間格差を生み出してきた。

　高度経済成長期に，日本は子どもの養育における家庭の重要性を強調した施策へと大きく転換した。たとえば，1964年に厚生省児童局（当時）を児童家庭局に改称し，福祉事務所に「家庭児童相談室」を設置した。配偶者控除等により専業主婦の優遇策がとられ，女性の専業主婦化を促し，いわゆる「母性神話」や「３歳児神話」といった家庭を基盤とした養育に関する言説が流布されることとなる。

　団塊世代である女性は，高度経済成長期に最も専業主婦化した。子育てや家事に専念する母親像の一般化はそれまでの養育のあり方を大きく変化させた。それはいわば社会の要請でもあった。すなわち，第一次産業から第二次産業への移行に伴い職住分離が一般化し，地域関係の希薄化や地域社会の空洞化が進行するにつれ，高度経済成長を支える企業戦士と家事や養育を担う専業主婦の存在は必要不可欠となった。こうして子どもの養育役割が母親に集中する現象が強化されていった。

　内閣府による国民意識調査においても，「夫は外で働き，妻は家庭を守るべきである」という考え方に賛成する割合（「賛成」と「どちらかと言えば賛成」を合わせた割合）は，1972年に最も高く，男女ともに８割以上の者が賛成していた。女性の年齢別の労働力率を示すM字型カーブの谷底が最も深くなる時期でもあった。

　「科学的」「客観的」であるとされてきた養育に関するそれまでの研究成果が，実際には政策誘導的な側面を有し，都市中間層における性別役割分業を自然なものとしてとらえ，母親の子育てへの献身を当然視していたと理解できる。

　一方で，1980年代以降，母親に集中した子育てにおける不安や辛さが当事者の立場から語られるようになり，宮坂はこの時期を「専業母・母性神話への懐疑と抵抗の時代」と表現した。「女性学」が誕生し，ジェンダー役割に基づいた養育者の位置づけについての異議申し立ても行われた。国際家族年（1994年）により，家庭内の民主化の必要性が強く意識されたことによる影響もあった。

　また，その後1.57ショックに象徴されるように，1990年以降は少子化問題が浮上し，ジェンダー平等への志向が強まっていった。少子化対策から次世代育成支援という考え方への転換が図られ，エンゼルプラン（1994年）を皮切りに，子育ての社会的支援体制の整備が図られていった。さらに『厚生白書（平成10年版）』では「３歳児神話には，少なくとも合理的な根拠は認められない」と論じられ，これまで定着してきた子育てに関する「３歳児神話」や「母性神話」といった言説

▶３歳児神話
子どもは３歳までは常時家庭において母親の手で育てないと，子どものその後の成長に悪影響を及ぼすという考え方。

▶団塊世代
日本において，第一次ベビーブームが起きた時期に生まれた世代を指す。第二次世界大戦直後の1947～1949年に生まれた戦後世代のことである。

▶高度経済成長
経済成長率が非常に高いこと。日本では戦後1955～1973年の約20年間にわたり，経済成長率（実質）年平均10％前後の高い水準で成長を続けた。

▶専業主婦
主婦業すなわち家事（炊事，洗濯，掃除，買い物，家計管理）や育児などに専念している女性。

▶M字型カーブ
女性の労働力率は，結婚・出産期に当たる年代に一旦低下し，育児が落ち着いた時期に再び上昇するという，いわゆるM字カーブを描くことが知られている。近年M字の谷の部分が浅くなってきている。

▶都市中間層
明治末期から大正期にかけ，産業構造の変容により，公務員や会社員等の給与生活者，あるいは専門・技術職等とその家族からなる新中間層が都市部で拡大する。こうした都市部の新たな中間層を都市中間層と呼ぶ。江戸期から比較的持続してきた都市部の生活様式がこの時期に変容した。

➡ **性別役割分業**
男女それぞれの責務や役割について明確に区分すること。

➡ **1.57ショック**
1989（平成元）年の合計特殊出生率が1.57ととなり、「ひのえうま」という特殊要因により過去最低であった1966（昭和41）年の合計特殊出生率1.58を下回ったことが判明したときの衝撃を意味することば。

に対し、懐疑の目が向けられた。さらに同書では、ジェンダー意識に基づいた母親に負担が集中する子育てのあり方の見直しの必要性についても論じられている。

　このように子育て支援においては、子育て支援サービスの整備のみならず意識変革をも視野に入れ、子育ての社会化や共有化を促進することが親・子ども双方にとって重要であると認識されるようになってきた。

☐ 次世代育成支援と家庭責任の強化

　しかしながら子育ての実態が大きく変容した訳ではなく、たとえば3歳未満児の保育所利用は、一部の出生率の高い欧米諸国と比較して少なく、保育・教育無料化も3歳未満児に関しては低所得層に限定されている。

　家庭における養育の重要性が強調され、「親のできは子どものでき」、「子どものできは親のでき」といった考え方が当たり前となり、保護者の養育上の責任意識は強化されている。

　政策的にも2000年以降、養育や教育の保護者の責任が強調され、保護者の第一義的責任について次世代育成支援対策推進法（2003年）、少子化社会対策基本法（2003年）、児童虐待防止法（2007年）、子ども・子育て支援法（2012年）、児童手当法（2012年）において規定された。

　また養育のみならず教育についても、保護者の第一義的責任が教育基本法（2006年）、いじめ防止対策推進法（2013年）に盛り込まれた。少子化対策基本法については、子育ての第一義的責任を親に、それをバックアップするものとして社会を措置するという位置づけや、育児を私的な家族の領域に任せるという考えと、社会に開放しようという考えの妥協と表現されている。

　2015年には厚生労働省社会保障審議会児童部会に「子ども家庭福祉のあり方検討会」が設置され、2016年の児童福祉法改正により「子ども家庭総合支援拠点」の設置がなされた。家庭を支援するという視点は重要ではあるが、実際には「家庭支援」＝「保護者支援」とならざるを得ず、子どもを主体に据えた直接的な支援が不十分な中で放置される子どもたちの存在が危惧される。したがって、子どもの周辺に育ちを支えるいわば疑似血縁的な社会的親や家庭以外の居場所を創造・確保し、育ちの体制の厚みを増す社会的取り組みの必要性が高まっているといえる。

◻ 児童・家庭福祉と社会福祉士の役割

　社会福祉士は，社会福祉学を基盤とした専門教育を受け，ソーシャルワーク実践を支える価値・知識・技術を身に付けた専門職である。そのため，一定の原理・原則に基づいて支援を行う。社会福祉士はソーシャルワーカーとして，個人のエンパワメントやウェルビーイングの促進を目的とし，個人や多様な構造へのアプローチを行う。すなわち個人を支援すると同時に，その個人を取り巻く家族・親族，近隣等や公民機関等にアプローチし，個人を直接的，間接的に支援する。

　社会福祉士は，児童・家庭福祉分野における児童福祉施設，児童相談所，市町村における相談支援機関，社会福祉協議会，民間の相談支援機関さらには病院や学校などで支援を行っている。社会福祉士は上記の目的達成に向け，個々の当事者への支援を行うと同時に，社会資源の開発や制度の改善（ソーシャルアクション），子どもや保護者といった当事者の権利擁護活動（アドボカシー活動），関係機関との連携・協働などの実践活動などを通して間接的に支援を行う。

　社会福祉士の倫理綱領（2020年）にはその前文で，「われわれ社会福祉士は，すべての人が人間としての尊厳を有し，価値ある存在であり，平等であることを深く認識する。われわれは平和を擁護し，社会正義，人権，集団的責任，多様性尊重および全人的存在の原理に則り，人々がつながりを実感できる社会への変革と社会的包摂の実現をめざす専門職であり，多様な人々や組織と協働することを言明する。（後略）」と述べられており，こうした理念に基づき具体的実践を行う。

　社会福祉士は人々の人生の一局面に関与し，人々のその後の人生に影響を与える。したがって，自身の行った実践を常に内省的に振り返る謙虚さと，多様な生き方を許容する多様性が求められる。先に述べたように，ソーシャルワークに関する知識や技術を活用すると同時に，児童・家庭福祉固有の知識を体得し，個々の子どもやその家族に応じてそれらを活用し支援を行う。本書はそうしたことを意図して作成されている。

◯注

(1)　落合恵美子（1994）『21世紀家族へ』有斐閣.
(2)　広田照幸（2006）「子育て・しつけ　序論」広田照幸編『子育て・しつけ』日本図書センター，3-17.
(3)　宮坂靖子（1999）「ジェンダー研究と親のイメージ変容」『家族社会学研究』11，37-47.
(4)　東野充功（2008）『子ども観の社会学』大学教育出版.

■第1章■
子ども観・子どもの権利と児童・家庭福祉の理念

① 子ども観の変遷と子どもの権利

☐ 多様な子ども観

フランスの歴史家アリエス（Ariès, P.）は著書『〈子供〉の誕生』で，17世紀までの中世芸術において今日でいう子どもらしい子どもは描かれていないが，それは技量不足によるものではなく，当時の社会に子ども期の場所が与えられていなかったからだと述べている。17世紀以前における絵画で子どもを題材にしたものは存在するが，そこに描かれている子どもは，背丈のみが大人と区別される特徴であり，それ以外は子どもの特徴を有していないとアリエスは分析している。

その後子どものとらえ方は社会の変容とともに変遷し，多様なとらえ方がなされてきた。たとえば，子どもを単なる安い労働力，あるいは子どもが家族の生活の犠牲となることを余儀なしとする子ども観や，子どもを大人の従属物とみなす子ども観が存在する一方で，子どもをより積極的にとらえ，子どもは未来の労働力，かつ社会の後継者であり，国の存立発展のためには次代の国民としての子どもの育成が重要な課題であるという近代的子ども観が，19世紀後半から20世紀前半にかけて，先進諸国の間で広まった。

また18世紀から19世紀にかけ，ルソー（Rousseau, J.-J.），ペスタロッチ（Pestalozzi, J.），フレーベル（Fröbel, F.），オウエン（Owen, R.）などが，子どもを固有の存在としてとらえ，特別な社会的対応の必要性をそれぞれの立場から主張した。彼らは後の子ども観，あるいは子ども思想に大きな影響を与え，今日に至っている。

スウェーデンの社会思想家であったケイ（Key, E.）が20世紀になって著した『児童の世紀』は，子どもたちへの積極的関心を向けた著書として世界的に関心を集めた。この時期アメリカにおいては，1909年ルーズベルト（Roosevelt, T.）大統領が招集した第1回のホワイトハウス会議（白亜館会議）において「家庭は人類が生み出した最高の産物」と宣言され，子どもが育つ基盤としての家庭という視点が政策に反映される端緒となった。

☐ 近代家族の誕生と「子どもの発見」

子どもの出産率が高く，成育過程において多くの子どもが死亡する傾向にあった産業化以前の多産多死社会では，子どもはできるだけ早

く成長することが要求され，子ども期は「必要悪」ですらあった。このような社会では，子どもには大人とは別の独自の世界があるという子どもの固有性への認識はなく，背丈のみが小さい「小さな大人」としてとらえられる傾向にあり，早くから労働に携わることを強いられた。

　社会において子どもの固有性を認識し，子どもが価値ある存在としてとらえられる条件として，産業化，近代家族の成立，避妊技術の進歩による子ども数のコントロール，近代医学の発達による子どもの死亡率低下などがあげられる。このような条件のもとで，子どもを大切に育てようという社会的風潮が生まれ，子どもがそれぞれ個性的な存在であることが，自覚的にとらえられるようになった。近代家族の形成はそれまでの子どものとらえ方を変え，家庭養育の重要性が社会的に認識されるようになった。

　近代における「子どもの発見」は同時に養育における母親役割の発見でもある。とくに18世紀末のフランスにおける子育ての実態に対し，ルソーは憤りを感じたといわれている。著書『エミール』の中で繰り返し批判しているのは，都市に住むようになった貴族たちの家庭であり，それはもはや生産共同体としての機能を失い，もっぱら消費文化の中心となっていた。いわゆるサロン文化にとって母性は拘束以外の何物でもなかった。それは上流階級に限定されたことではなく，中，下層階級においても状況は異なるが，同様なことがいえる。

　上流階級における主たる養育者は乳母であり，その背景には女性の母性的機能に対する無関心，あるいは嫌悪というものがあったといわれている。下層階級においては捨て子や口減らしを目的とした里親や養子縁組が広く活用されていた。こうした状況に対しルソーは危機感を感じ，母親による養育の重要性を主張した。したがって厳密にいうと，ルソーは現代でいうところの母親の社会的役割を見出したのである。当時の西欧では，現在いわれている母性といった考え方にはかなり拒否的反応があり，母性概念の歴史はそれほど長いものではなく，ましてや母性を女性の本能の如くとらえることには，かなり無理があるといえる。

子どもの権利保障の展開

　第一次世界大戦後イギリスにおいて設立された国際児童救済基金（Save the Children）は，1922年「世界児童憲章」を提案した。その趣旨や内容を反映した「児童の権利に関するジュネーブ宣言」が，1924年国際連盟において採択された。宣言には「人類が児童に対して最善

**➡️社会権規約（A
規約），自由権規約
（B規約）**

前者については正式に
は，「経済的，社会的
及び文化的権利に関す
る国際規約」であり，
1966年国連総会によっ
て採択された。社会権
を中心とする人権の国
際的な保障に関する多
国間条約である。日本
語では社会権規約と略
称される。同時に採択
された市民的及び政治
的権利に関する国際規
約（自由権規約，B規
約）に対してA規約と
呼ばれることもあり，
両規約（及びその選択
議定書）は併せて国際
人権規約と呼ばれる。

➡️国際児童年

1959年に国連総会で採
択された「児童の権利
に関する宣言」の採択
20周年を記念して，
1979年を国際児童年と
する決議が，1976年の
国連総会で採択された。
国際児童年の趣旨は，
子どもは未来に向けた
社会の尊い財産である
という考えに基づき，
ユニセフを中心として，
世界中の国々が子ども
の福祉向上について関
心を高める活動を推進
し，同時に子どもに関
する諸施策の充実を図
ろうというものであっ
た。

のものを与えるべき義務を負うこと」が前文で明記され，生存権レベ
ルでの保護の必要性が規定された。さらに第二次世界大戦後この宣言
を基礎に新たな原則を追加した「児童の権利に関する宣言（ニューヨ
ーク宣言）」が，1959年に国際連合で採択された。この宣言の前文は
「児童は，身体的及び精神的に未熟であるため，その出生の前後にお
いて，適当な法律上の保護を含めて，特別にこれを守り，かつ，世話
することが必要である」とし，子どもへの特別な関心の必要性を宣言
している。

　なお日本では「児童は人として尊ばれ，社会の一員として重んぜら
れ，よい環境のなかで育てられる」という前文に続く12か条から成る
「児童憲章」が1951年に制定された。

　しかしながらこうした子どもの権利規定は，救済的・保護的権利観
に基づいた内容に終始していた。一般市民を含め社会的弱者に対する
救済的・保護的権利という考え方から，市民的自由権を含むより包括
的権利保障への転換をはかる必要性があった。それを具体化したのが
国際連合において1966年採択され日本も批准した国際人権規約，すな
わち経済的，社会的及び文化的権利に関する国際規約（**社会権規約＝**
➡️**A規約**）および市民的及び政治的権利に関する国際規約（**自由権規約＝**
➡️**B規約**）である。この規約は全ての人間に共通の権利として規定され
1976年に発効した。

　国際人権規約が発効となった1976年，**国際児童年**➡️に関する決議が採
択され，「児童の権利に関する宣言」採択20周年を記念して，1979年
を国際児童年とした。これと並行して，「児童の権利に関する宣言」
の条約化が検討されることとなった。「児童の権利に関する条約」は，
「児童の権利に関する宣言」採択30周年記念日となる1989年11月20日
に国連総会で採択された。日本は1994年に批准国となり，2020年4月
1日現在の加盟国と地域は，国際連合加盟国と地域197のうち，アメ
リカを除く全ての国と地域である。

🔲 児童の権利に関する条約の意義

　「児童の権利に関する条約」は，それまでの救済的・保護的ともい
える子どもの権利観を大きく変化させた。すなわち子どもを権利行使
の主体として位置づけ，保護されるという受動的権利だけでなく，意
見表明権に代表される市民社会への参画に関する市民的自由権である
能動的権利を規定し，子どもの権利観を大きく進展させた。しかしな
がら日本では，この子どもの参画を視野に入れた子どもの「権利基盤
型アプローチ」が施策や実践場面において十分に具体化されていない

といわれている。

「権利基盤型アプローチ」は国連・子どもの権利委員会が明らかにした概念であり，日本ではあらゆる子ども施策におけるこうした視点の希薄化が指摘されている。権利の保有者を軸とした対話，参画，**エンパワメント**および**パートナーシップ**の精神にのっとり，子どもの人権や尊厳の確保を目的としたアプローチと定義できる。子どもが安心できる環境の保障に向け，管理者はパートナーシップ関係に基づき，子どもの運営への参画を促しつつ施策づくりに取り組む必要性がこの定義から認識できる。受動的権利のみならず，とりわけ参画を基盤とした能動的権利保障に向けた具体的取り組みを提示しているところに，このアプローチの特徴がある。

これまで子どもの参画の権利より，むしろ保護を受ける権利（受動的権利）が主張され，保護主義に基づいた対応が一般的であった。このような考え方の基盤には**国親思想**（パレンス・パトリエ思想）や，**パターナリズム**に基づいた考え方があり，法律に基づき保護や監督を受けることが子どもの権利の実質的内容であり，子どもの最善の利益に適うと考えられてきた。しかしながら今後，能動的権利保障のあり方についても具体化する必要があろう。

権利意識とは「自分を大切にしたい」と思う心のありようである。換言すれば，自尊感情と言える。この自尊感情を培うためには，幼少期における**愛着関係**を基盤に，「人から尊重されている」「人から大切にされている」といった思いを育むことが必要である。他人の人権や権利への認識はこうした「自分を大切にしたい」という意識の上に成り立つものである。自尊感情が他尊感情をも育むといえる。権利の侵害を受け，自尊感情を育むことが困難な子どもは，結果的に他者への権利侵害を犯すという悪循環に陥る。この悪循環に関与するところに子ども支援の専門性が要求される。どういった価値観でもってどういった関与をするかで，子どもの心のありようが大きく変わる。

一方，子どもの権利と責任は，車の両輪あるいは表裏一体としてとらえるべきことも指摘される。しかしながらこれまで述べてきたように，責任を果たせない，あるいは他人に配慮できない子どもの多くは，権利が十分に保障されてこなかった子どもたちである傾向にある。子どもの権利は，いかなる子どもであっても普遍的に尊重されるべき人権であるといえる。自身や他者の権利の重要性を認識できず，責任感をもって物事に取り組めない子どもこそ，その後の人生において権利が保障され，自らを大切な存在として実感できることが必要ではないだろうか。

→エンパワメント

個人や集団が自らの潜在的力を回復したり，権限を与えられること。

→パートナーシップ

子どもに関する施策づくりにおける政策立案者と，子どもとの協働関係。

→国親思想（パレンス・パトリエ思想）

国や社会は未成熟な子どもなどのために，親代わりになってその最善の利益を考慮して，社会的に合意された基準に従って，措置を取ることができるという考え方。パレンス・パトリエとは人民の父という意味のラテン語である。

→パターナリズム

強い立場にある者が，弱い立場にある者の利益になるように，本人の意志に反して行動に介入・干渉することをいう。日本語では「父権主義」「温情主義」などと訳される。

→愛着関係

子どもが特定の他者に対して形成する情緒的絆である。子どもの人間に対する基本的信頼感を育み，その後の発達や人間関係に大きく影響を与える。

② 子どもの権利と児童・家庭福祉の理念

▢ 子どもの権利と親権

➡️ 親権
成年に達しない子を監護，教育し，その財産を管理するため，その父母に与えられた身分上および財産上の権利義務の総称をいう。未成年の子に対し親権を行う者を親権者という。親権は，監護・教育権と財産管理権から構成され，前者には居所指定権，懲戒権，職業許可権が含まれる。

近年虐待が大きく取り上げられる中で，親権➡️のあり方を見直す必要性が主張され，議論されるようになってきた。教育現場では体罰が禁じられているが，近年まで家庭での体罰は禁じられてこなかった。懲戒権の行使として，体罰を容認する人たちも多い。体罰を全面肯定する者は少ないが，部分賛成者（体罰が必要な場合もある）は全面反対者より多い傾向にある。改めて体罰の弊害を認識する必要があるだろう。近年ようやく児童福祉施設や家庭内での体罰も法律において禁じられた。今後，罰を与えるというしつけ観を問い，子どもの人格を辱める，あるいは苦痛を与える体罰以外の罰を含め検討する必要がある。

近代社会では養育あるいは教育の名のもとに，子どもの権利を侵害してきた面は多分にある。これまで，大人は子どもに対して親権や指導権があるから子どもを支配できるといった誤った法意識や子ども観が，子どもを一方的に懲戒する考え方を助長させてきたともいえる。現在の子どもは，学校，幼稚園，保育所といった大人に囲い込まれた環境で，身につけることは大人によって教え込まれるという形をとる傾向にある。けれども，本来子どもというのは，地域や家庭の中で，遊んだり手伝いをしたりする生活の中で，見よう見まねで自然に身につけていくようなものがいっぱいあり，そういったところに子ども期の意義を見出されるが，そうした機会が失われてきている。

「子どもの発見」以降，子どもの固有性が認められ，子どもであるがゆえに必要な養育や教育が意識されるようになってきた。子ども本来のもっている力が忘れ去られ，一定の大人によって創り出された閉鎖的環境が，子ども本来の力を阻害してきたとも考えられる。子どもの人格を尊重し，子どもの内的可能性をできる限り引き出すような環境の創造が大人の義務であり，そうした環境で育つことが子どもの権利であるといえよう。

▢ 児童・家庭福祉の理念

2016（平成28）年の改正により，児童福祉法に初めて権利ということばが明記された。その第1条において，「全て児童は，児童の権利に関する条約の精神にのつとり，適切に養育されること，その生活を

保障されること，愛され，保護されること，その心身の健やかな成長及び発達並びにその自立が図られることその他の福祉を等しく保障される権利を有する」と規定された。すなわち国内法においても子どもを権利享受の主体として位置づけ，適切に養育される権利が規定された。また第2条では，「全て国民は，児童が良好な環境において生まれ，かつ，社会のあらゆる分野において，児童の年齢及び発達の程度に応じて，その意見が尊重され，その最善の利益が優先して考慮され，心身ともに健やかに育成されるよう努めなければならない」と，意見表明権が規定され，子どもを権利行使の主体としても位置づけている。

　さらに第3条の2では，「国及び地方公共団体は，児童が家庭において心身ともに健やかに養育されるよう，児童の保護者を支援しなければならない。ただし，児童及びその保護者の心身の状況，これらの者の置かれている環境その他の状況を勘案し，児童を家庭において養育することが困難であり又は適当でない場合にあつては児童が家庭における養育環境と同様の養育環境において継続的に養育されるよう，児童を家庭及び当該養育環境において養育することが適当でない場合にあつては児童ができる限り良好な家庭的環境において養育されるよう，必要な措置を講じなければならない」とされ，子どもが保護者とともに家庭で暮らすこと，それが困難である場合，家庭と同様な環境で育つことが原則とされた。

☐ 家庭の意義

　家庭と同様な環境や良好な家庭的環境とは，具体的には何を意味するのであろうか。家族や家庭という概念については，定まったものはない。これまで家族は，構成員や機能によって規定する試みがなされてきた。しかしながら，誰を家族構成員とみなすか（ファミリー・アイデンティティ）や機能についてもとらえ方は多様であるとともに，機能論が規範化することの問題についても指摘されてきた。

　家族や家庭状況の調査で活用されてきた概念に世帯がある。厚生労働省は世帯を「住居及び生計を共にする者の集まり又は独立して住居を維持し，若しくは独立して生計を営む単身者」と規定している。したがって，単身赴任者や子どもが入所施設に入所している場合などは別世帯となり，家族概念とは必ずしも一致しない。

　以下では子どもが育つ場を家庭ととらえ，その意義や要件について論じることとする。「里親ファミリーホーム養育指針」（2012年3月29日厚生労働省雇用均等・児童家庭局長通知）では，家庭の要件について以下のように記述されている。

① 一貫かつ継続した特定の養育者の確保

- 同一の特定の養育者が継続的に存在すること。
- 子どもは安心かつ安全な環境で永続的に一貫した特定の養育者と生活することで，自尊心を培い，生きていく意欲を蓄え，人間としての土台を形成できる。

② 特定の養育者との生活基盤の共有

- 特定の養育者が子どもと生活する場に生活基盤をもち，生活の本拠を置いて，子どもと起居をともにすること。
- 特定の養育者が共に生活を継続するという安心感が，養育者への信頼感につながる。そうした信頼感に基づいた関係性が人間関係形成における土台となる。

③ 同居する人たちとの生活の共有

- 生活の様々な局面や様々な時をともに過ごすこと，すなわち暮らしをつくっていく過程をともに体験すること。
- これにより，生活の共有意識や，養育者と子ども間，あるいは子ども同士の情緒的な関係が育まれていく。そうした意識や情緒的関係性に裏付けられた暮らしの中での様々な思い出が，子どもにとって生きていく上での大きな力となる。
- また，家庭での生活体験を通じて，子どもが生活上必要な知恵や技術を学ぶことができる。

④ 生活の柔軟性

- コミュニケーションに基づき，状況に応じて生活を柔軟に営むこと。
- 一定一律の役割，当番，日課，規則，行事，献立表は家庭になじまない。
- 家庭にもルールはあるが，それは一定一律のものではなく，暮らしの中で行われる柔軟なものである。
- 柔軟で相互コミュニケーションに富む生活は，子どもに安心感をもたらすとともに，生活のあり方を学ぶことができ，将来の家族モデルや生活モデルを持つことができる。
- 日課，規則や献立表が機械的に運用されると，子どもたちは自ら考えて行動するという姿勢や，大切にされているという思いを育むことができない。
- 生活は創意工夫に基づき営まれる。そうした創意工夫を養育者とともに体験することは，子どもの自立に大きく寄与し，子どもにとって貴重な体験となる。

⑤　地域社会に存在

- 地域社会の中でごく普通の居住場所で生活すること。
- 地域の普通の家庭で暮らすことで，子どもたちは養育者自身の地域との関係や社会生活に触れ，生活のあり方を地域との関係の中で学ぶことができる。
- また，地域に点在する家庭で暮らすことは，親と離れて暮らすことに対する否定的な感情や自分の境遇は特別であるという感覚を軽減し，子どもを精神的に安定させる。

　このような家庭の要件は，家庭における子どもの依存体験や生活体験を通して具体化される。しかしながら，こうした要件を家庭だけで担うわけではない。家庭の要件は，家庭内外の多様な社会資源を通しても提供される。そのため，主たる養育者や支援者はこうした社会資源と子どもがつながるよう支えることが重要となる。すなわちこうした要件は家庭の中で具体化されるが，家庭独自の要件ではない。このようにとらえれば，要件を具体化する多様な社会資源の創造もきわめて重要だといえる。

●注 ———————

(1)　「子ども」以外に「児童」「子供」ということばが一般的にはよく用いられる。「児童」の字源は漢和辞典（『新字源』角川書店）および『広辞苑』（岩波書店）によると，「児」は頭蓋骨が固まっていない者，「童」は奴隷，しもべ，召使いといった者を表す。また「子供」の「供」は，付き従って行く人，従者，従者としてつき従うことを表す。本章では「子ども」ということばを原則として用いる。ただし，本書のタイトル，法令名，法令の引用，組織名等で「児童」が使用されている場合は「児童」を用いることにする。

■第 2 章■
児童・家庭福祉の史的展開

❶ 日本——明治期以降

近代化の中での子どもと家庭問題

200年以上におよぶ鎖国によって，欧米列強の海外進出によってもたらされたグローバリゼーションに取り残された日本は，明治新政府の下で近代国家への道を一気に駆け上がろうとした。西洋文化・諸制度の導入（文明開化）と富国強兵政策（地租改正，徴兵令，四民平等など）が強力に推し進められ，明治20年代には大日本帝国憲法発布と帝国議会開設により近代国家としての体裁は整えられた。経済的には欧米諸国と同じく産業革命による資本主義化が進み，日清・日露戦争後に一層の飛躍をみた。

しかし，急激な社会変動（西洋化・近代化・資本主義化）は貧困問題や労働問題など多くの社会問題を生み出し，足尾鉱毒事件などの深刻な公害問題，濃尾大地震や三陸大津波など自然災害も重なって人々の生活に深刻な打撃を与えた。

このような状況の中で明治から大正期前半までの子どもやその家庭生活に対する公的な支援は，貧弱な救貧制度と非行・犯罪児への保護教育の萌芽がみられた程度であった。日本において「子どもの権利」に関する議論がみられるようになったのは大正期後半からであり，この頃より児童問題に対処する領域は「児童保護」と呼ばれる。その背景には国際連盟（第5回総会・1924年）が採択した「**児童の権利に関するジュネーブ宣言** ➡」の存在が大きい。これらの権利宣言の内容はまたたく間に当時の児童問題に関わる指導者たちに共有されていった。

たとえば**生江孝之**➡[1]は，児童は「生存の権利」と「より能く生きる権利」を持ち，具体的には「立派に生んで貰う」，「立派に養育して貰う」，「立派に教育して貰う」権利があると説いた。また，国立武蔵野学院初代院長の菊池俊諦も，『児童保護論[2]』などで児童の生命の発達・人格の向上を児童保護の共通原理とし，それらが国家的社会的に保障されることは「全ての子どもの権利」であるとした。

国際的な潮流のなかで大きく進展したかにみえた子どもの権利と児童保護であったが，未成熟な人権思想と強まる軍国主義体制の下では，国際競争や戦争遂行のための人的資源の育成や確保を目的としたものへ変質していった。このように，明治維新から始まる近代化と二度の大戦を通じて日本が民主主義国家として確立する激動の時代において

➡ 児童の権利に関するジュネーブ宣言

1924年9月に国際連盟によって採択された，児童の権利保障に関する最初の国際的なガイドラインである。その前文で「すべての国の男女は，人類が児童に対して最善のものを与えるべき義務を負うことを認め」と述べ，「身体的ならびに精神的の両面における正常な発達に必要な諸手段を与えられなければならない」，「飢えた児童は食物を与えられなければならない」，「病気の児童は看病されなければならない」など，5つの条文に掲げられた権利は，人種，国籍，信条に関係なく全ての児童に保障されるべきものだとした。これらの内容は，1959年の「児童権利宣言」（国際連合）などへ発展的に継承されていった。

➡ 生江孝之

1867年宮城県仙台に生まれる。東洋英和学校（現・青山学院）を経て北海道に渡り，集治監（重罪者専門監獄）の教誨師として留岡幸助らと活動を共にする（北海道バンド）。その後，欧米の先進的な社会事業を学ぶために留学を重ね，日本で最も海外事情に精通した社会事業家となった。内務省でも活躍した後，日本女子大学校（現・日本女子大）の教員となり研究を重ねた。彼の主著『社会事業綱要』（1923年）は，それまで個人の責任として認識された貧困問題を，

は社会的に弱い立場にある子どもたちは深刻な問題や被害に直面せざるを得なかった。貧困，虐待，孤児・捨て子，非行・犯罪，児童労働……それらは明治から昭和時代前期までの日本社会において程度の差はあれども決して消えることなく子どもたちの生活に影を落とした。

　本節では，日本の近代化の過程でみられた児童・家庭問題と当時の社会がどのように対処しようとしたのか，またその限界などについてもみていくこととする。また，子ども観や子どもの権利については，本書第1章も参照してほしい。

□ 貧困，養護問題

　富国強兵政策の中でも有名な「地租改正」は税負担に耐えられない農民が土地を手放して都市へ流出するきっかけとなり，その受け皿は職業も食料も十分な居住環境さえ整わない都市の貧民窟（スラム）であった。そこでは幼い子どもも含めた「一家総出」で働いても十分な食事を確保することすら困難であったし，産業革命を迎える時期には児童労働はますます家計を支えるための要となっていった。

　深刻化する貧困問題に対して，新政府はその発足直後から「棄児養育米給与方（1871年）」，「三子出産ノ貧困者へ養育料給与方（1873年）」，74年には「恤救規則」を制定している。同規則には「同独身にて13年以下の者」として子どもも救済対象として設定され，所定の量の米代が支給されたが，救済条件が厳しいため政策効果は期待できなかった。日露戦争以降の感化救済事業の下では，同規則によって救済を受ける人員の数は極限まで押さえ込まれた。

　大正期に入るとデモクラシーの機運，第一次世界大戦後の好景気と米騒動という全国的な騒擾事件を受けて，政府も貧困をはじめとした社会問題に対応した法制度を整備し始めた。その代表的なものが「救護法」（1929年）である。同法は困窮状態にある13歳以下の児童や妊産婦などを救護対象とし，救済に対する国家義務を示したことに大きな意義がある。しかし，昭和初期に入り世界恐慌の煽りを受けて日本経済が大不況に見舞われると，人身売買や親子心中などの問題が表面化し，後者の大半は生活に困窮した母子家庭であった。そのような状況を受け，政府は「児童虐待防止法」（1933年），「母子保護法」（1937年）を制定，1938年には厚生省を発足させた。

　戦前期までの日本において子どもたちが直面した問題は，「貧困」を起点として派生したものが多い。コレラなど伝染病，自然災害や戦争によって生じた孤児・棄児（捨子）についても例外ではない。東京府は養育院（後の東京市養育院）を1872年に開設し，府下の孤児・捨て

社会的・経済的要因に求める「社会貧」として捉え直す必要性を主張した社会福祉史における記念碑的な著作となった。

➡ 恤救規則

国内統一の救貧制度として制定された規則である。救済対象として設定されたのは「極貧の者独身にて廃疾に罹り産業を営む能はさる者」，「同独身にて70年以上の者重病或は老衰して産業を営む能はさる者」，「同独身にて疾病に罹り産業を営む能はさる者」，「同独身にて13年以下の者」などが対象となり，それぞれの所定の量にあたる米の代金が支給された。同規則は貧困の責任と原因は個人にあることを前提としており，救済の対象を「無告の窮民」に限定し，「人民相互の情誼」を強調して公的救済よりも血縁的・地縁的な共同体相互扶助（隣保相扶，親族相助）を優先させた。

子や浮浪者などを収容したが，1884年には公費による救済は惰民を増加させるとして府は施設経営から手を引いた。そのため施設長の立場にあった実業家・渋沢栄一は同院が東京市所管となるまでの約6年の間養育院の経営のために奔走した。

国・地方政府による救済事業が期待できない状況において，宗教者を中心として孤児らを保護・養育するための民間施設が創設されていくことになる。キリスト教の動きとしては，カトリック系の「浦上養育院」（1874年 長崎），プロテスタント系では石井十次の「岡山孤児院」（1887年 岡山）などがある。石井は小舎制による養育や里親委託，子どもの年齢に応じたケア（「時代教育法」）など先駆的な実践方法を展開，日本の養護事業をリードする役割を担った。さらに石井は濃尾大震災（1891年）や東北大凶作（1906年）の際に積極的に被災児童の救済に取り組み，一時は約1200名を同施設において保護した。日本初の知的障害児施設である滝乃川学園（1991年 東京）も濃尾大震災での救援活動をきっかけにして石井亮一が設立したものである。また，仏教系事業として福田会育児院（1979年）や大勧進養育院（1983年 長野）などの活動がある。

☐ 非行・犯罪児，携帯乳児

非行・犯罪児問題は，一面的には子どもを「加害者」としてとらえることもできるが，その背景に彼らを非行・犯罪に駆り立てる深刻な社会問題が存在するという事実を問題視すべきである。貧困問題の深刻化と不安定な家庭環境，若年での就労など原因は多岐にわたり，近代化の進展とともに国内の非行・犯罪児は急増し，1882年には2345名であった16歳未満の監獄収容児が，1992年には8192人へと急増した。当時は裁判によって犯罪児に責任能力がない（＝不論罪）と判断されても「懲治場」と呼ばれる監獄に留置されることがあった。

過酷な環境におかれた非行・犯罪児たちに対して，刑罰ではなく保護と教育によって，その更生を図ろうとする「感化教育」を推進する動きも明治中期から広まる。代表的な施設として留岡幸助の家庭学校（1899年 東京）があるが，そのような民間・宗教系施設を先行事例として1900年に政府は「感化法」を制定，1908年改正により全道府県に公立感化院が設置，1919年には国立施設・武蔵野学院が開設された（院長 菊池俊諦）。感化院は1933年の少年教護法により（少年）教護院，1997年の児童福祉法改正によって児童自立支援施設として現在に至る。このような動きは刑法の規定によって成人と同様の刑事責任を問われる14歳以上の未成年犯罪者などへも拡大し，大正期には「少年法」・

「矯正院法」（1922年）も制定され，東京・大阪に少年審判所と少年院（矯正院）が設置された（1942年全国施行）。

犯罪者の増加は子どもだけではなく女性も例外ではなかった。受刑者を母に持つ子が監獄で誕生し，母に伴われて監獄に収監される乳幼児がいた。このような乳幼児は「携帯乳児」（受刑者の携帯物として扱われる）と呼ばれ，社会に受け入れ先のない当時にあってはやむを得ない措置ではあったが，明治20年代前半から30年にかけては毎年約2000人の乳幼児が監獄に入ってくる状態が続いた。衛生状態や養育設備のない当時の監獄にあって，流産や死産，乳幼児の健康・発達などにも到底望ましい状態とはいえない。内務大臣経験者であった板垣退助などはこの制度を問題視し，里親支援などの必要性を訴えたが現在においてもこの制度は存在している。

☐ 教育と児童労働

イギリスから始まった産業革命の原動力が子どもや女性の労働力であったことは洋の東西を問わず，日本もその例外ではない。貧困問題の深刻化にともない，現在でいう学齢期の子どもは貧しい家計を支えるための貴重な「稼ぎ手」であり，同時に資本家からみれば利潤を生むための「使い捨てのできる安価な労働力」であった。日本では産業革命の中核であった製糸・紡績業において女子を中心とする幼年工の使役は盛んに行われたイメージがある。農商務省による調査結果では[3]，段通（手織りの高級敷物）工場で幼年工（14歳未満）の割合が約50%と最も大きく，男児に限るとガラス工場，女児では印刷・マッチ工場などあらゆる産業に児童が従事しており，過酷な労働条件が幼年工の生命や健全な発達を蝕んでいったことは想像に難くない。

次に明治期以降の子どもに関する重大な政策＝近代的市民を育成する教育制度をみてみたい。1871年に政府は文部省を設置。翌年には「学制」を布きその後も学校教育に対して国家統制を強力に進めた。ただし，教育を受けるための経済的負担はおろか子どもを働きに出さねばならない家庭は多く，1890年代に至って初めて小学校就学率は50%に届いた（教育無償化などにより就学率が95%に至ったのは1905年）。ただし，昼間の小学校教育が必ずしも保障されていたわけではなく，家庭の経済事情などにより子守学校・夜学校・特殊小学校などへ通う子どもが多数存在した。特殊小学校などでは通学児童の家庭向けに米の廉売などを行うなど家庭支援の機能を持つ学校もあった。

このような労働・家計補助のための不就学問題などに対して12歳未満の者の就業禁止を盛り込んだ「工場法」が制定されたのは1911年で

（監獄）で在監者の多くがその幼少時から家庭環境や境遇に恵まれなかったことを知ると，非行少年に対する感化教育を学ぶために渡米，帰国後「家庭にして学校」「学校にして家庭」という理念の下，不良・非行少年のための感化院・「家庭学校」を東京巣鴨に創設した。

ある。産業界の激しい反発にあって同法施行はその5年後とされ，様々な規制が実行されるまでにさらに15年間もの猶予期間がおくという即効性に乏しいものであった。しかし日本はベルサイユ条約によって誕生した ILO（国際労働機関） の常任理事国でもあったため，国際条約に対応する形で「職業紹介法」（1921年），「工場労働者最低年齢法」（1933年）など児童保護立法を次々と成立させていった。

➡ ILO（国際労働機関）
....
第一次世界大戦後のベルサイユ講和条約第13篇「労働」に基づいて誕生した国際機関。同機関の第1回総会（1919年）では，「8時間労働の原則」，工業労働従事者の「最低年齢」「深夜業の禁止」「失業防止」等に関する国際条約が採択され，第二回以降の総会においても船員，鉱夫等の最低年齢に関する条約等の画期的な国際ルールが誕生した。日本は同機関の設立当初より常任理事国であったことも影響して，国際条約に対応する児童保護立法が整備されることとなった。

☐ 児童福祉への架け橋

　これまでみてきたように近代化への駆け足の過程で発生した深刻な児童問題に対し，時の政府が積極的な解決に乗り出すことはなく，その対処については一部の領域を除いては自助努力や民間事業に負うところが大きかった。

　しかし，大正期に入るとこのような児童問題に対して，子どもの「人権」保障という観点からその問題解決を図ろうとする動きがみられた。戦時色が強まる時代状況の中で，子どもという存在は国力・軍事力維持のための「人的資源」という側面が強調され，やがては戦争の惨禍によって多くの子どもが犠牲となったのは歴史が示すとおりである。そのような反省と戦前期までの日本における子どもの人権・福祉に関する実践や研究などの成果が戦後の「児童福祉」へと着実につながっていったということは軽視してはならない。

② 欧米——救貧法から児童保護事業へ

☐ 救貧法制と子ども：16～18世紀まで

　西洋史の流れが中世から近世，近代へと移りゆく中でルター（Luther, M.）やカルヴァン（Calvin, J.）らに指導された宗教改革が進行すると労働と勤勉さにもとづく経済的自立が推奨され，「貧しさ」が尊重されるようなキリスト教の価値観は大きく修正された。さまざまな要因によって社会の中に生まれる貧民や孤児などは，社会秩序を乱すものとして為政者から忌避された。

　イギリスでは1530年代から物乞いや浮浪する貧民を処罰したりや都市部から放逐するための法令が整備されたが，16世紀後半に入ると労働力を有する者とそれ以外の貧民（高齢者や子どもなど）との処遇上の区別が図られ，前者には就労や矯正を施し，後者には住民から徴収する救貧税を財源とした救済が行われるようになった。これら一連の改

革は1601年の救貧法（**エリザベス救貧法** ➡）として結実した。

　しかし18世紀には囲い込みや産業革命のもとで貧民がさらに急増する。また，市民革命は旧来の身分制の軛（くびき）から人々を解き放ったが，「自由・平等」の権利と表裏一体である「自助自立」の原則によって，貧困は怠惰・放蕩・不道徳さなどの結果として貧民個人の責任問題として強く認識されていくようになった。惰民観（だみんかん）に基づく救貧費の抑制と各地に勃興しはじめた工場労働の担い手として一定年齢に達した保護児童は教区徒弟として長きにわたり就労する義務を負った。

　初期のイギリス産業革命を支えるために救貧対象の子どもなどは安上がりの労働力として活用されたが（「貧民の有利な雇用」），その悲惨な状況はイギリス最初の工場法（教区徒弟の健康と特性を保護するための法律：1802年）の成立を促すほどのものであった。

☐ 産業革命と子ども：18〜19世紀中頃まで

　周知のようにイギリスは産業革命をいち早く成功させ長期の繁栄を築いていくことになる。同時期に起こった農村地域における大規模な「囲い込み」によって，多くの農民が土地を失って都市部へ流入し，生計維持のために家族まるごと賃金労働者へと転化した。成人の男性労働者や教区徒弟に代わって一般女性や子どもの労働力が「世界の工場」を確立するエネルギー源となったのである。

　このような資本主義経済の進展とともに，階級分離や賃金労働者とその家族の生活困窮は，時期の差はあれども欧米諸国や日本でも共通してみられる現象であった。工業化の舞台となる都市部では過密状態，環境汚染など衛生上の問題は人々の健康や発達を蝕み，女性や子どもには苛酷な労働条件とともに大きなダメージとなった。工業化は，一般市民を賃金労働でしか生きる術がないという状況においこんだ反面，資本家側にとっては，機械化の進んだ工場の労働者は「交換可能」な部品でしかなかった。

　自由放任主義（レッセ＝フェール ➡）に彩られた当時にあって「工場法」（1833年）などによって児童労働の規制にも一定の成果がみられたものの，ひとたび失業や病気などによって生活の糧を失えば人間的救済を否定した新救貧法（1834年）に規程された救貧院（労役場）の「劣等処遇」が彼らを待ち受けた。

　過酷な環境に抗う術を持たない子どもたちにも，公的救済制度はほとんど例外なく過酷な対応で臨んだ。このような惨状は，宗教家たちなど民間有志の人々が児童保護活動に立ち上がる端緒ともなった。後に石井十次の岡山孤児院設立（1870年）に大きな影響を与えたミュラ

➡ **エリザベス救貧法**

エリザベス救貧法は，1572年から1601年にかけて制定された救貧法を総称したものであるが，その集大成として成立した1601年法をさす場合もあり，一般的に新救貧法（1834年）に対して旧救貧法とも呼ばれる。1601年法では救貧の対象を労働能力貧民・労働不能貧民・児童に区分し，労働能力貧民には労働を課して他の対象には保護を行った。救貧事務は教区ごとに行われ，治安判事と貧民監督官が救済事務にあたった。救貧の財源は，教区住民からの救貧税や法律違反者への罰金などでまかなわれた。

➡ **自 由 放 任 主 義（レッセ＝フェール）**

「経済学の父」アダム・スミスが『諸国民の富』（1776年）において主張した経済学用語。個人の経済活動を自由放任にすれば，個人のみならず社会全体にとっても最適な経済状態がもたらされるという考え方。産業革命が進行する当時の英国にあって，過重労働・失業・環境汚染などによって多くの市民が過酷な生活状況に陥ったが，自由「放任」主義の立場によればそのような市民への救貧制度（＝介入）は批判の対象となった。

ー（Müller, G.）が，ブリストル孤児院を設立（1836年）して2000人にも及ぶ孤貧児や棄て児を養育するきっかけとなったのも，救貧法制下で過酷に扱われる子どもたちを見過ごせなかったからだと言われる。バーナード（Barnard, T.）もロンドンにおける浮浪児たちの境遇に衝撃を受け，1870年に養護施設や孤貧児・虐待児などの受入相談を行うセンターを開設し，後の児童養護事業に大きな影響を与えた。

　また，家庭養育や学校教育をまともに享受することなく就労している子どもらは，飲酒・賭博などを入り口として非行や犯罪に手を染めるものも少なくなかった。ヴィヘルン（Wichern, J.）のラウエハウス（1833年：ドイツ）やメットレー感化院（1839年：フランス）などは監獄につながれる子どもたちを受入れ，施設の中に小舎制と呼ばれる家族形態をとったホームをつくり，そこで彼らを保護・教育してその自立を図った。特にヴィヘルンはラウエハウスをはじめ監獄や病院，救貧施設で働く職員養成も行い，家庭学校（1899年）を設立した留岡幸助の手本となった。

☐ 児童保護・教育制度の確立：19世紀後半

　19世紀後半には，欧米諸国が相次いで産業革命に成功し，経済や植民地経営，軍事面に及ぶ多国間競争が激化した。帝国主義と呼ばれる国益のみを追求する国家戦略は恒久的な労働力や軍事力を必要としたが，女性・子どもを中心とした労働力の，際限のない食いつぶしによってそれらは次第に困難になった。とりわけ次世代を担う子どもについては，先述のような生活環境の悪条件や過重労働，家庭生活の不安定さから引き起こされる棄児や虐待，無教育，非行化などの問題に加え，イギリスやフランスなどでは19世紀後半から早くも「少子化問題」が顕在化してきた。さまざまな社会問題を噴出させた資本主義経済のひずみは，各国政府や産業資本家らにとってもやがて無視できないものとなり，それらが「児童保護」制度の確立へと結びついていく。

　まず，社会の治安を乱す原因ともなる非行・犯罪児問題に対して，成人犯罪者と同様に扱う従来の対応では，かえって彼らが教育を受け立ち直る機会を失うことになるとして，家庭・学校教育と職業訓練による自立支援を行う方向性が打ち出された。イギリスでは矯正学校法（1854年）・授産学校法（1957年）が制定され，日本の感化法（1900年）などの手本とされた。アメリカ・イリノイ州では，少年裁判所（1899年）が設置され，ドイツなどヨーロッパ諸国でも少年（幼年）裁判所の設立が相次いだ。さまざまな境遇により十分な養育の望めない子どもや家庭に対して，国家（公権力）が介入するパレンス・パトリエ

（国親思想）を基本にした少年保護・少年司法制度が大きく発展した。

　また，南アフリカ戦争（1899年）などの苦戦によって，イギリスでは青少年の知能・体力低下，疾患など重大な問題が露呈し，すぐれた労働力（軍事力）の確保はたちまち国家的な課題となった。すべての子どもに均質の教育を実施（保障）するため，イギリスでは1870年に初等教育法が制定され義務教育がスタートした。1906年以降は学校給食や学校保健制度も整備された。民間活動としては陸軍将官であったベーデン-パウエル（Baden-Powell, R.）によってボーイスカウト運動が08年にスタートするなど，教育のみならず子どもの健康・発達面などにも社会の大きな関心が向けられたことが理解できる。

　義務教育の実施は，子どもたちが通う「学校」という存在を通じて各家庭における子どもの養育のあり方が可視的になることを意味する。このことは特に児童虐待という家庭内の深刻な養育問題を大きく浮かび上がらせることにつながった。

　アメリカでは，1874年の**メアリー・エレン事件**▶をきっかけにしてニューヨーク児童虐待防止協会が結成され，各国に児童虐待防止運動が広まった。イギリスではアメリカの運動を手本としたリバプール児童虐待防止協会が民間組織として1883年にスタートした。翌年にはロンドン児童虐待防止協会（後に全国組織へ発展）が設立され，子どもの不適切雇用，虐待・ネグレクトの防止，虐待防止と被害児童の保護のための法整備を求める活動を展開した。

　前者については家庭訪問や調査によって虐待傾向にある親への指導や被害児の発見・保護活動を行い，後者では児童虐待防止制定（1889年）へと結実した。

　このように19世紀後半から子どもの保護・教育に関する法制度は著しい発展を見せ，イギリスでは虐待・非行・貧困・孤児や棄て児などに対する包括的な保護立法である児童法（1908年）が成立している。一方で当時の児童立法が子どもの人権や発達保障などの観点から整備されたというよりは，いかに現在または将来における国力を確保するかという観点，すなわち資本や軍事力といった国富の源泉として子どもという存在に着目したものであるという点に留意しておく必要はあろう。

☐ 20世紀初頭から戦前期の児童保護の展開

　20世紀は児童の世紀──**エレン・ケイ**▶はその著『児童の世紀』（1900年）の中で子どもの権利と女性（母性）の保護の重要性を強く訴えた。しかし同世紀は二度の世界大戦に始まり，東西世界の対立とその冷戦

▶**メアリー・エレン事件**

1874年4月に米国のニューヨーク市で発覚した児童虐待事件。メアリーという8歳の女児に対して養父母によって残酷な身体的虐待が継続的に行われていたが，近隣の通告によりケースワーカーや動物虐待防止活動の関係者によって救出され，加害者の養父母は処罰された。この事件を契機として米国で児童虐待防止法が制定され，ニューヨーク市児童虐待防止協会が結成されるなど，欧米諸国において児童虐待防止運動が広がっていった。

▶**エレン・ケイ**（Key, E.）

1849年スウェーデンのストックホルムに生まれる。労働女学院で教師として働くかたわらで女性労働者の現状を知る。『児童の世紀』（1900年）などの著作を通じて，子どもの養育と家庭を重視しそれらが犠牲になるような女性の過重な労働を批判，女性の家庭労働の経済的な価値とその対価としての公的補助金の支給を訴えた。家庭における女性の男性との経済的対等性，「母性保護」の主張は平塚らいてふなどの女性運動へ大きな影響を与えた。

➡コルチャック
(Korczak, J.)
....
1878年，ポーランド
（当時はロシア支配下）
のワルシャワで，ユダ
ヤ系ポーランド人の家
庭に生まれる。本名は，
ゴールドシュミット，
H.。ワルシャワ大医学
部に学び，医師（軍
医）として日露戦争に
も従軍した。1912年に
ユダヤ系孤児たちを養
育する「孤児の家」院
長に就任，他の施設経
営やポーランドの養
護・療育事業に協力し
ながら，『王様マチウ
シ１世』など子どもの
ための文学作品も数多
く発表した。彼は著述
活動や施設経営を通じ
て子どもの自主性と権
利の尊重を強く訴え，
その精神は「子どもの
権利条約」（1989年）
へ結実するなど大きな
功績を残した。しかし，
多くの孤児たちととも
に彼自身も第二次大戦
とナチス・ドイツのユ
ダヤ人迫害政策の犠牲
となった。

後も世界各地で紛争が途絶えることのなかった「戦争の世紀」と呼んでも間違いではなかろう。その歴史の過程で数え切れないほどの子どもの人権が蹂躙され生命や家族が失われた。一方で自らが引き起こした大惨事から教訓を学び「子どもの権利」を人の世に掲げようと，**コルチャック**をはじめとした人々の活動や国際的な努力が積み重ねられた世紀だともいえよう。

　たとえばアメリカでは，革新的な時代潮流の中で1909年に第１回ホワイトハウス会議がルーズベルト（Roosevelt, T.）大統領の下で開催され，子どもに対する家庭養育を保障するための経済援助や児童労働の制限など，連邦政府（連邦児童局：1912年）をあげて取り組むべき課題が提起された。これらの取り組みは，1929年に始まる世界恐慌への対応として打ち出された社会保障法（1935年）の中で実現することになる。同法では社会保険制度のほか，母子保健サービスや子どもがいる家庭への経済的援助，孤児など要保護児への福祉サービスを連邦法として強力に推し進めることが謳われた。

　第一次世界大戦は人類がはじめて経験した総力戦となり，主戦場となったヨーロッパ諸国では多くの子どもたちが犠牲となった。戦後はベルサイユ条約に基づき ILO（国際労働機関）が設立され，第１回総会（1919年）では有名な「８時間労働（週48時間労働）」原則が打ち立てられた。同時に工業労働従事者の「最低年齢」を14歳と規定した「最低年齢（工業）条約第５号」など，深夜業の禁止・失業防止等に関する国際条約が採択された。同時期に発足した国際連盟においても世界大戦に対する反省から「人類が児童に対して最善のものを与えるべき義務を負う」として５つの条文からなる「児童の権利に関するジュネーブ宣言」を1924年に採択された。

　このように国や地域を越え，子どもの生命・家庭・教育などに関する「子どもの権利」の重要性を確認されたこと，にもかかわらず，二度目の世界大戦という悲劇によってより多くの国や地域で子どもや家庭が犠牲になった「史実」と，そこからより普遍的で実効性のある子どもの権利条約が誕生するまでの長い時間と人々の願いや努力も，20世紀の貴重な歴史的遺産といえよう。

○注
(1)　生江孝之（1923）『社会事業綱要』巌松堂書店．
(2)　菊池俊諦（1931）『児童保護論』玉川学園出版部．
(3)　農商務省商工局（1905）『工場調査統計表』農商務省．

◯**参考文献** ────────

室田保夫・二井仁美・蜂谷俊隆・倉持史朗編（2009-10）『子どもの人権問題資
　料集成　戦前編』全10巻，不二出版.

倉持史朗（2016）『監獄のなかの子どもたち』六花出版.

古川孝順・浜野一郎・松矢勝宏編著（1975）『児童福祉の成立と展開──その
　特質と戦後日本の児童問題』川島書店.

田澤あけみ（2006）『20世紀児童福祉の展開──イギリス児童虐待防止の動向
　から探る』ドメス出版.

井垣章二（2002）『児童福祉（第3版）』ミネルヴァ書房.

■第3章■

現代社会における
子ども・家庭の状況

① 現代の家庭をめぐる社会状況

▢ 社会・経済的状況の大幅な変化

　現代の日本社会における子ども・家庭の状況については，重要な時代背景として，1990年代後半以降の社会・経済的な環境の大転換があげられる。1950年代後半から1980年代にかけて高い経済成長率に支えられ，多くの男性に安定雇用・安定賃金を実現してきた日本社会は，1990年代後半以降，不況と低成長の時代に突入した。それ以来，雇用の流動化による非正規雇用の増加に加えて，正社員でも将来の雇用の安定や賃金の伸びが保証されない情勢となり，多くの男性に雇用と賃金の安定性を提供してきた戦後日本の社会モデルは，現在崩壊しつつある。⁽¹⁾⁽²⁾

　こうした社会・経済構造の変化は，家族のあり方にも大きな影響をもたらした。もともと戦後日本の家族福祉は，経済責任を夫に，ケア責任を妻に配分する性別役割分業を標準型として想定した上で，夫のみの片働きを前提とした男性稼ぎ主モデルのもと，家族の生計や福祉を男性の経済力に頼るものであった。⁽³⁾⁽⁴⁾ こうしたモデルからの転換が不十分な状態で，男性の雇用と賃金が不安定化したため，現代の日本では家族生活も不安定化し，格差や二極化が進展しつつある。⁽⁵⁾⁽⁶⁾⁽⁷⁾

　このような状況は若年層の経済力の不安定化を引き起こし，それが一因となっての未婚化や**少子化**も進んでいる。**図3-1**に示すように，1990年代以降，日本の**合計特殊出生率**は1.5を下回り，低迷を続けている（2019年で1.36）。この原因としてまず指摘されるのは，婚姻外での出産が極めて少ない日本において，未婚化が深刻なことである。国立社会保障・人口問題研究所の「出生動向基本調査（2015年）」によると，18〜34歳の若年未婚者のうち「一生結婚するつもりはない」と考える人は1割ほどしかいないが，現実の若年層の未婚率はこれをはるかに超えている。多くの先行研究は，とりわけ年収の低い男性の未婚率が深刻であることを指摘しており，やはり若年層の経済状況が大きな要因といえる。⁽⁸⁾

　また「出生動向基本調査」によると，結婚持続期間が15〜19年の夫婦のうち子どもが0人である割合は，2015年でも6.2％にとどまっており，子どものいない夫婦の存在は，世間でイメージされているほどには多くない。しかし一方で，夫婦の平均子ども数は1992年の2.21人

▶少子化
日本では1970年代後半以降，女性が一生のうちに産む子どもの数の平均（合計特殊出生率）が，人口置換水準である2.07を下回った状態が続いているが，こうした状況が1990年代から「少子化」として注目され，社会問題となっている。

▶合計特殊出生率
女性が一生のうちに産む子どもの数の平均。

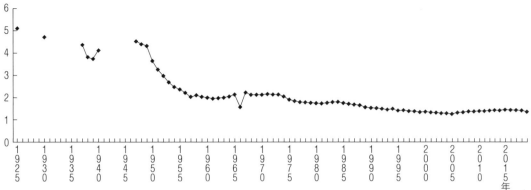

図3-1　合計特殊出生率の推移

出所：厚生労働省「人口動態統計」.

図3-2　専業主婦世帯と共働き世帯の推移

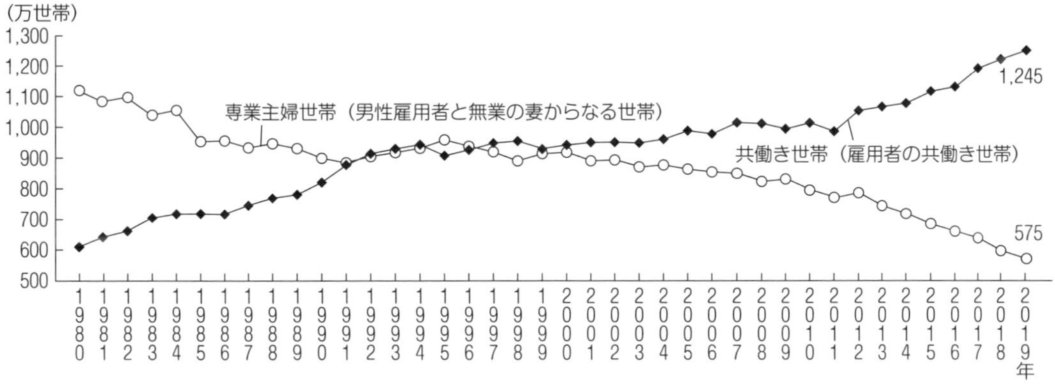

出所：総務省「労働力調査特別調査」「労働力調査（詳細集計）」.

から2015年の1.94人へと減少している。これは主にきょうだい数の減少によるものである。「出生動向基本調査（2015年）」は，夫婦が希望の子ども数を持たなかった理由も聞いているが，そこで圧倒的に多かった回答は，「子育てや教育にお金がかかりすぎるから」というものだった（18～49歳では56.3％，30～34歳では81.1％）。これらのデータをみる限り，やはり現代日本の少子化の要因としては，若年層の経済事情が非常に大きいといわざるをえない。[9]

☐ 共働き世帯の増加

　図3-2のように，1990年代後半以降の日本では共働きが多数派となっている。2019年の雇用者世帯のうち，共働きは全体の7割近くにも達する。その主因は，男性の雇用と賃金の不安定化である。日本家

族社会学会が実施する「全国家族調査（NFRJ）」の経年データの分析によると，妻の就業は夫の年収と連関しており，2000年代以降にはとりわけ育児期の女性が家計補助のためにパートで就労する傾向が強まっている。また総務省統計局の「家計調査」「労働力調査（詳細集計）」の2000年代のデータからも，夫の収入が多いほど妻の就業率が低下する傾向が示されている。近年の共働きの増加は，女性の自己実現というよりも，むしろ低成長と不況の時代における家族の経済的な事情によって進行しているものだといえるだろう。

　ところで，このような母親の就労は，子どもにとってどのような影響があるだろうか。これについては，母親の就労と子どもの発達には有意な関連がないとする研究のほか，母親の就業継続は子どもの独立心を有意に高めると示した研究のように，子どもへのポジティブな効果を示す知見もある。

　近年では，家計経済研究所が実施した「現代核家族調査」の父・母・子の三者セットデータの分析がある。これによると，実際に母親が就業している家庭の子どもは8割近くが母親の就労をポジティブに考えており，寂しさや家事の困難を感じている子どもはわずか1割台である。この点については，「母親の就労が子どもに悪影響を与えると考えている大人の心配とはうらはらに，子どもは母親の就労をポジティブに考えていることが読み取れる結果」だと指摘する研究もみられる。ただし他方では，母親が専業主婦である子どもに対して仮想状況にもとづいて母親の就労についてたずねたところ，寂しさや家事の困難を感じることになるだろうと予想する子どもが3割台に達し，当事者と非当時者の意識にはギャップがみられたという。

　その一方で，母親のパートタイム就労は，女子に対してのみ職業生活充足イメージを下げる効果をもち，母親のフルタイム就労は，男子に対してのみ私生活充足イメージを下げる効果があるため，子どもに対する影響は複雑な面をもつとする議論もある。諸説ある中で今後も議論の蓄積が見込まれるテーマだが，少なくとも「母親の就労は子どもにとって一律にネガティブだ」というような一面的な見方については，諸先行研究により概ね否定されているといえる。

☐ 共働きと性別役割分業の併存

　現代の日本では共働きが多数派になったとはいえ，就労している母親の過半数は**非正規雇用**であり，母親の経済力は概して低いという点は，特筆すべき日本の傾向である。確かに仕事をもつ母親の割合は2004年の56.7％に対して，2019年には72.4％にまで増加した（**図3-3**）。

➡非正規雇用

パート・アルバイト，派遣，嘱託といったような，正規雇用以外の雇用形態をいう。正規雇用と比べて賃金が低く，雇用が不安定なことが問題視されている。

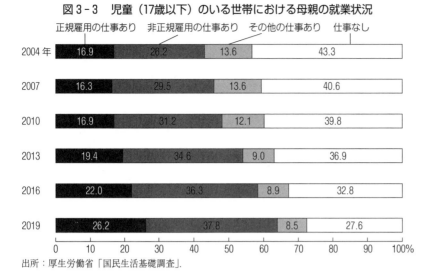

図 3-3 児童（17歳以下）のいる世帯における母親の就業状況

出所：厚生労働省「国民生活基礎調査」.

しかしその内訳をみると，いずれの年も働く母親の過半数は非正規雇用である。日本では出産や育児をきっかけにいったん仕事をやめる女性の割合が高く，国立社会保障・人口問題研究所の「出生動向基本調査」によれば，2010～2014年に出産した女性労働者の46.9％は，子どもが1歳の時点で無職になっている。

　このように，出産や育児の際に女性がいったん仕事をやめるM字型就労の働き方が，日本では現在も根強い。そして日本の雇用慣行上，こうした母親たちがキャリア中断後に正社員で採用されることは難しい。さらに日本では勤務時間・勤務内容・勤務地が明確に定められていない**無限定正社員**の働き方が社会の標準となっているため，家事・育児などのケア労働を一手に引き受けがちな日本の母親たちは，余計に正社員としての就業継続が困難になる。

　つまり，共働きが進んだ現在であっても，結果として日本の家庭における母親の経済力は低い状態にあり，経済責任の大半を父親に頼るケースが多い。**図 3-3**にみるとおり，正規雇用の職に就いている母親は2019年でも全体の4分の1に留まる。さらに2016年の「社会生活基本調査」から共働き夫婦の家事関連時間（家事・育児・介護・買物を含む）をみると，妻が4時間54分であるのに対し，夫は46分である。ここからもわかるように，家庭におけるケア労働の負担は，今も母親に一極集中している。現代の日本では，共働きしながら性別役割分業を続けている家庭が多いのである。

➡ 無限定正社員

勤務地・勤務内容・勤務時間が明確になっておらず無制限であるような，日本の正社員に特徴的な雇用形態。長時間労働や残業，突然の辞令による転勤が前提となった働き方であるため，家庭内のケア責任をメインで担っている者にとっては実現が困難な働き方でもある。

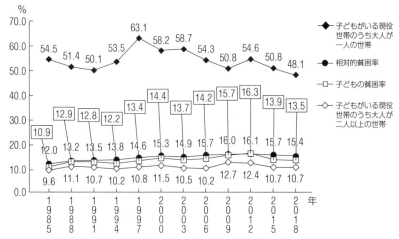

図 3 - 4　世帯構造別にみた相対的貧困率の推移

出所：厚生労働省「国民生活基礎調査」.

▢ 経済格差の増大

　1990年代後半以降の日本については，雇用の流動化とともに生活状況の二極化が進展し，貧困層が拡大しているという指摘もある。**図3 - 4**は，日本の相対的貧困率の推移を示したものである。OECD（経済協力開発機構）の基準では，各国における等価可処分所得の中央値の半分を「貧困線」とみなすが，この貧困線に満たない世帯員の割合を，相対的貧困率という。そして「子どもの貧困率」とは，17歳以下の子どもの相対的貧困率を示したものである。2018年時点での日本の子どもの貧困率は13.5％で，約7人に1人の子どもが相対的貧困に陥っていることになる。

　また日本では「大人が1人」の世帯，すなわちひとり親家庭の相対的貧困率が5割近くにも達し，OECD諸国の中でも最も高い。その最大の要因は，ひとり親家庭の9割近くを占めるシングルマザーの雇用の不安定さである。厚生労働省による2016年度の「全国ひとり親世帯等調査報告」によると，母子世帯の母の正規雇用比率は44.2％に留まる一方，パート・アルバイト等（43.8％）と派遣社員（4.7％）を合わせた非正規雇用比率は48.4％にも達する。調査主体は異なるが，労働政策研究・研修機構が2018年に行った「第5回子育て世帯全国調査」をみても，母子家庭の相対的貧困率は51.4％，父子家庭でも22.9％である。

　こうした状況の主因は，日本で社会的な標準となっている無限定正社員の働き方がケア担当者には困難であることに加えて，そもそも子どもをもつ母親の正規雇用比率自体が元から低いことである。M字型就労によって一度キャリアを中断した母親たちは，シングルマザーと

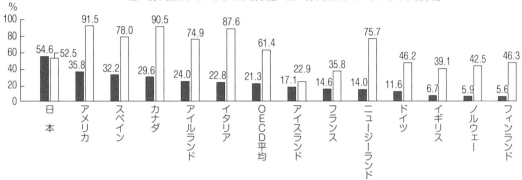

図3-5　就業の有無によるひとり親家庭の相対的貧困率（2008年）

■ 親が就業しているひとり親家庭　□ 親が就業していないひとり親家庭

出所：OECD（2017）"Ecucational Opportunity for All：Overcoming Inequality throughout the Life Course 2017" より筆者作成.

なっても正規雇用には就きづらく，**ワーキングプア**になりやすい。実際，OECD諸国のうち日本のみに際立つ特徴は，親が働いているひとり親家庭の相対的貧困率が極めて高く，親が無業のひとり親家庭と変わらない点である（**図3-5**）。どんなに働いても貧困から抜け出せないこうした社会構造は，非正規雇用のひとり親をもつ日本社会の子どもたちに，深刻な社会的不利益をもたらしている。

■ ワーキングプア

正社員あるいは正社員並みの労働時間で働いているにもかかわらず，貧困線以下の収入しか得られず，相対的貧困に陥ってしまう人々のことをいう。働いていても貧困から抜け出せないという点が，従来注目されてきた失業による貧困とは異なっており，近年になって特に問題化されている。

② 子育て環境の変化

☐ 近代社会における子育て水準の上昇

　家族のかたちは常に社会のあり方と連関するが，とりわけ社会の近代化は，いくつもの点で家族に重要な変化をもたらした。アリエス（Ariès, P.）が論じたように[16]，近代社会においてはプライバシーという概念が誕生し，家族が外の世界から切り離されるため，それまで地域ぐるみで行われていた子育てが，家族のものになっていく。また近代社会では家族の情緒的つながりが極めて重視されるため，子育てにおいても子どもへの愛情が強調されるようになる。家族生活が子ども中心に営まれ，子育てに多くのコストをかけるようになる「子ども中心主義」や，「家族（親）こそがしつけの中心的な担い手だ」と考える「教育する家族」の意識は，近代に特有の現象といえる[17][18][19]。

　こうした特徴をもつ近代社会では，とりわけ先進国を中心に子育てへの社会的な要求水準が上昇し，子育てに必要なコストは増大していく。そして増大した子育てのコストは，プライバシー領域となった家族に集中する。これは先進国全般に共通する社会問題であり，昨今の

少子化の一因でもある。

❏ 現代日本における子育て水準のさらなる上昇

　日本では1950～70年代にかけて子ども中心主義が一般化したが[20]，1980年代以降になると，子ども中心主義や子育てコストのさらなる増大が，さまざまな面から指摘されている。

　まず経済的な側面としては，大学進学率の上昇や通塾・習い事の一般化に伴い，子ども1人あたりにかかる年間教育費は1970年代から現在に至るまで，低成長期においてすら増大している[21]。また育児にかかる手間ひまについても，社会的に推奨される子育て方法が1980年代に大きく変容し，徹底的に子ども中心のペースで行われるようになったこと，その結果として親にかかる負担が増大したことが指摘されている[22]。

　1990年代半ばからは国の教育政策においても家庭教育の重要性が強調されるようになり[23]，現在では母親たちが子どもの教育に多大な労力を払う傾向が，とりわけ高学歴層で極めて強い[24]。「社会生活基本調査」のデータをみても，2000年代以降，専業主婦と共働きの双方において，母親の育児時間は増加し続けている。

　しかもすでにみたとおり，共働きをしながらも性別役割分業が続く現代の日本では，増大した教育費のほとんどは父親の負担として，そして増大した子育て時間や手間のほとんどは母親の負担として，それぞれ集中してしまう。だが低成長期の現代日本では，こうした過大な経済責任を十分に担える男性はそもそも減少している。また母親の多くも働いているため，仕事と家庭の二重負担も問題となる。過酷な労働条件によるストレスの増大は，子どもが育つ環境としても望ましくない。加えて高学歴・高収入の家庭に育つ子どもだけが十分な育児コストを投入されるような社会構造のもとでは，親世代の格差が子ども世代にも再生産され，世代間での階層の固定化が生じてしまう。収入が十分でないと感じる多くの若年男性が，家族形成を諦めざるをえない点も問題である。

❏ 子育ての社会化

　今後の日本社会については，性別役割分業を前提としない社会構造へのシフトチェンジとともに，増大した家族の子育て負担に対して，社会的・制度的な支援が望まれる。

　近年の先進諸国では，子育てを含むケアの負担を家庭のみに担わせつづけるのか，それとも社会全体で分担していくのかという点で，社

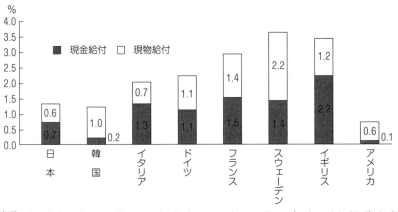

図3-6　各国の家族関係社会支出（対GDP比，2015年）

出所：OECD "Public expenditure on family by type of expenditure（cash and in kind），in % GDP" より筆者作成．

会的な対策の方向性に違いが生じている。そうした中で，日本の福祉制度はエスピン＝アンデルセン（Esping-Andersen, G.）が指摘するように「並はずれて強い家族主義」によって成立しており，ケア負担が家族に集中し，公的・社会的支援も市場化の度合いも少ないという特徴がある。[25] **図3-6**に見る通り，日本の家族関係社会支出（家族手当，出産・育児休業給付，保育・就学前教育，その他に対する国の支出）の割合（対GDP比）は，他の先進諸国と比べても高いとはいえない。

　しかし，今後は日本においても**子育ての社会化**が重要な課題になっていくと考えられる。子育ての社会化とは，**ケアの社会化**の一環であり，今後いっそうの増大が見込まれる介護や子育てなどのケアの負担を，家族だけでなく社会全体で支えていこうという動きのことをいう。共働きの進展の中，孤立化した家族に過度のケア責任が集中する現代日本の社会状況を考えると，行政や民間・地域・諸専門機関が連携しつつ，子育て支援の選択肢を増やしていくことが求められる。

家族の孤立化と密室化

　近代の家族はプライバシー領域となり，外部の介入を遮断した。ここから生じる家族の孤立化・密室化も，近代社会ならではの問題である。具体的には，地域から孤立した状態で子育てを行う家族が増えたり，虐待やDVや孤独死といった問題が家族の外部から見逃されやすくなる。近年の児童虐待の事例では，虐待自体を発見できずに深刻な結果となったケースも多く，児童相談所や学校・病院・地域などの連携，自治体を超えた情報共有のあり方なども問題になっている。さらに児童福祉司など専門知識をもった職員の不足も指摘されて久しい。この方面でもやはり子どもの育ちを社会全体で支えるという理念のも

▶子育ての社会化

子育ての担い手を家族に限定するのではなく，社会全体に広げていこうという近年の動きのこと。具体的には，地域社会や専門機関，行政・民間の保育サービスなどといった，家族以外のアクターによるさまざまな形での子育てへの参入が注目されている。

▶ケアの社会化

介護や育児といったケアの負担が年々増大していく中で，こうした負担を家族だけでなく社会全体で支えていこうという動きのこと。介護領域においては2000年からサービスが開始された介護保険が，ケアの社会化の動きを大きく前進させた。

➡社会関係資本
（ソーシャル・キャ
ピタル）

ソーシャル・キャピタ
ルとは近年注目されて
いる概念で，経済的な
資本とは別に，社会の
中での人間関係やつな
がりやネットワークを
一つの重要な資源とみ
なすもの。日本語に直
訳した場合は「社会資
本」となるが，この「社
会資本」という用語は
日本では以前から「公
的機関によって提供さ
れる社会的インフラス
トラクチャー」の意味
で使われることが多か
ったため，これと区別
するために「社会関係
資本」という言葉が当
てられることが多い。

➡選択縁

血縁関係で決定される
「血縁」や，居住地域
で決定される「地縁」
は，近代化以前の社会
の相互扶助において，
最も重要な人間関係を
提供してきた。しかし
現代ではこのような
「血縁」「地縁」の重要
性が薄れ，その相互扶
助の機能も弱まりつつ
ある。そのため「血
縁」や「地縁」とは異
なり，互いに相手を選
びあって作り上げてい
く自由で開放的なネッ
トワークとしての「選
択縁」が，これからの
社会では重要となって
くる。「選択縁」の名
称は，社会学者の上野
千鶴子によるもの。

➡核家族

夫婦とその未婚の子ど
ものみから成る家族の
こと。イギリスやフラ
ンスなどの社会では，
成人した子どもは両親
と同居しないことが一
般的であり，伝統的に
この核家族の形が支配
的だった。一方，日本
では，結婚した跡継ぎ
の子どもが両親と同居
する直系家族の形が，

と，制度や政策・運用面での改善が急務である。

　また，近代の家族はプライバシーとともに地域共同体からの自律性を獲得したが，これは子どもの視点から見た時には，日常生活に関わってくれる大人が減少したということでもある。そのため，子どもが家庭と学校以外に頼れる場所をいかに確保するかという点も，子育ちの環境を考える際には課題となる。**社会関係資本（ソーシャル・キャピタル）**の蓄積や，**選択縁**の形成などにより，支援のネットワークを制度的・人為的に構築していくことも重要である。

☐ 家庭環境の多様性

　「国民生活基礎調査」によると，18歳未満の子どもがいる世帯の中では，1986年に27.0％だった三世代同居が2019年には13.3％まで減少した一方で，二人親の**核家族**で育つ子どもは1986年の65.4％から2019年の76.0％へと相対的に増えている。他方，有配偶離婚率の増加とともに，ひとり親家庭も1986年の4.2％から2019年の6.5％まで増加した。さらに再婚率も上昇しており，厚生労働省の「人口動態調査」によれば，2017年の全婚姻件数のうち夫婦どちらかが再婚であるケースは26.6％に達する。そのため，親の再婚によって血縁関係のない継親子関係を含むようになった家族，**ステップファミリー**の増加もみられる。血縁関係のない親子関係としては，他にも特別養子縁組や里親養育などがあげられる。[26][27]

　また1965〜87年には1％を切っていた婚外子[28]も，1990年代から微増しており，2010年代には2％ほどになっている。[29]近年では**セクシュアル・マイノリティ**の当事者が子どもを産み育てるケースもある。[30]さらに日本で生活する外国出身者の増加とともに，親が日本語話者でない子どもも増加しており，こうした子ども・家庭への支援の必要性も増大している。

　このような近年の動向は，家族の多様化という言葉で表現される。「初婚を継続している（日本人の・異性の）両親と子ども」のみから成る家族を標準と見なす考え方は，現代日本の現実にはそぐわない。福祉においても多様な家族を想定した制度の設計と運用が求められる。

乳幼児期の子どもの育ちの状況

乳幼児期の子どもをもつ家庭の日本的な傾向

　この時期の家庭の日本的な特徴は，母親の育児時間が極めて長く，父親の寄与が非常に少ない点である。国際的にも，日本の父親の家事・育児時間は極めて短いことで知られる。無限定正社員の父親は家事・育児に参入しづらく，家事・育児時間が母親に偏っていることもあって，第1節でも見たように日本では母親がM字型就労をすることが多い。そのため子どもの乳幼児期には母親が無職である割合が特に高い。

　その一方で，父親たちは長時間労働のため，家庭においては不在がちである。1990年代後半から2000年代の父親の子育てを分析した研究によると，日本の長時間労働は一貫して父親の育児参加頻度を下げる要因であり続けている。これは子どもの育ちにとっては，父親との関わりの希薄さにつながる。0歳〜小学生までの子どもをもつ家庭のうち，平日の夕食を毎日母子のみでとるケースは41.9％に達するという2012年の調査結果もある。父子家庭の研究からは，父子の関わりの希薄さが子どもの教育達成に負の効果を与えている可能性も指摘されており，父子間の親子関係資源の形成は社会的な課題ともいえる。

日本における母性規範の強さ

　日本の父親たちが子どもの育ちに関わることが少ない理由は，賃金労働の環境の問題に加えて，日本における強烈な母性規範の存在によるところも大きい。特に近代以降の日本社会では「子育ては母親でなければならない」という社会意識が非常に強いことが指摘されている。ただしこのような価値観は，制度的・規範的に構築された側面が大きく，必ずしも全ての時代や地域に共通する普遍的な観念ではない。

　たとえば，1990年代〜2010年代の日本・韓国・北朝鮮・中国・台湾の主婦のあり方を比較した研究では，日本と韓国・北朝鮮の社会は「母性」に対する要求が特に強いため，子育てにおける母親の役割が非常に強調されがちであると指摘する。また子どものケアのあり方について，日本・韓国・中国・台湾・タイ・シンガポールの6か国を比較分析した研究では，やはり日本と韓国は他のアジアの国々と比べて，子育ての負担が母親のみにとりわけ集中しがちな社会であると結論づ

社会の中で長らく支配的だった。しかし近年の日本では，結婚した子どもが両親と同居することが激減し，結果として幼い子どもは核家族の環境で育つケースが増えている。

▶ステップファミリー

親の再婚によって，血縁のない継親子関係が1組以上含まれるようになった家族のこと。1980年代以降，日本では離婚件数が増加しているが，それとともに再婚件数も増加しているため，結果としてステップファミリーの当事者も増加しつつある。

▶セクシュアル・マイノリティ

肉体的な性別が男性にも女性にも当てはまらないインターセックスや，性自認（自らの性別をどう認識しているか）が肉体の性別と一致しない性別違和，また性的指向が必ずしも異性に向くとは限らない両性愛や，性的指向が同性にしか向かない同性愛など，人間の生物学的な性別（セックス）は「男か女か」の二元論には必ずしも当てはまらない。しかし社会的には「性別は男か女の2種類しかない」という思い込みが強く存在しているため，こうした二元論に当てはまらない性別の当事者は，マイノリティ（社会的弱者）となっている。

けている。[39]

　とりわけ乳幼児期の子育ちに関しては，日本では「３歳までは母の手で育てなければならない」という「３歳児神話」の存在が知られる。これについては，1961年の３歳児健診の開始を機に当時の国家・行政が世論づくりを行う中で，大衆的意識としての３歳神話が人為的・積極的に形成されていったという経緯が，明らかになっている。[40]なお日本同様に母性規範の強い韓国でも，「３歳まで」と子どもの年齢を限定する形で母性を強調する意識は希薄であり，３歳児神話が日本特有の価値観であることは，こうした方向からもしばしば指摘されている。[41]

　以上のような日本社会における母性規範の強さは，母親に強い育児不安や育児ストレスをもたらすなど，さまざまな弊害も生んでいる。母親自身はもちろん，子どもの育ちという観点からみた場合にも，こうした不安要素の強い育児環境は問題である。父親役割の見直しや，子育ての社会化・ケアの社会化といった方向性は，以上のような側面からも重要である。

☐ 公的・社会的支援の現状と課題

　前節でみたように，日本の家族関係社会支出は少なく，家族に子育て費用の負担が偏りがちである。日本・韓国・アメリカ・フランス・スウェーデンの子育て支援を比較分析した研究においても，日本の特徴として「子育てや教育にかかる家族の費用負担の重さ」を指摘する。[42]またこの研究によれば，日本の子育て支援はもっぱら未就学児をもつ正規雇用の共働き夫婦をターゲットとした少子化対策として進められてきたため，実際に大多数を占めている性別役割分業型の家庭に対しては，子育て支援が圧倒的に不足したままであるということが分析されている。[43]

　さらに現行の子育て支援自体も，保育施設の不足や待機児童問題，保育士の労働環境や低賃金からくる保育士不足の問題など，さまざまな面で解決すべき課題は多い。

4　学童期以降の子どもの育ちの状況

❑ 学童期以降の子どもをもつ家庭の日本的な傾向

　この時期の家庭環境の日本的な特徴は，子どもの成長と共に経済的な理由によって母親が（非正規雇用で）再就労する家庭が多いことである。また，父親たちの長時間労働も相変わらず続いている。さらに1990年代以降，小学生や高校生の子どもの通塾率と通塾日数も増加しているため，結果として家族が全員そろって過ごせる時間は減りがちである。たとえば2012年のデータでは，中高生の子がいる家庭で，平日の夕食が家族全員バラバラになることが「めったにない」という割合は，49.3％しかない。

　また2000年代以降の日本については，公的教育に比べて私的教育の重要性が高まっているという指摘がある。特に日本では高学歴の母親たちが，小学校高学年以降の子どもに対して教育的かかわりを増やす傾向が強く，実際に高学歴の母親ほど，子どもが3～15歳の時の就業率が低い。さらに日本では，通塾の送り迎えの手間や塾のカリキュラムそのものが，母親の全面的な協力やコミットメント（献身・関与）を前提としており，家庭教育を代替する機能がないという指摘もある。実際のデータをみても，成績上位層や，親が専業主婦である子どもの方が，通塾率や通塾時間が多い。ここからは経済的に豊かで母親が専業主婦でいられる家庭の子どもの方が，塾をフル活用して教育達成しやすい状況になっているという可能性が示される。また，通塾環境には地域格差があるため，居住地域の都市規模によって子どもの教育達成に格差が生まれやすい構造ともいえる。

　このように，2000年代以降，教育達成に対する家庭の影響は増大している。家庭教育や通塾を通じて，私的教育による**階層の再生産**が生じているのである。

❑ 公的・社会的支援の現状と課題

　図3-7のとおり，教育に対する日本の公的支出の割合は低く，2016年にはOECDの比較可能な35か国中で最低であった。日本では子どもの教育達成にとって，家庭からの支出や教育投資が重要になっていることが示される。これは家庭の経済力によって学業達成に格差が生じやすい社会構造でもある。

➡ **階層の再生産**
人々が世代間または世代内で社会階層を移動することが少なく，親の階層によって子どもの階層が決まってしまうこと。機会の不平等や格差の固定化につながるため問題視されているが，2000年代以降の日本では階層の再生産が進みつつあるという指摘も相次いでおり，今後の社会的課題のひとつであるといえる。

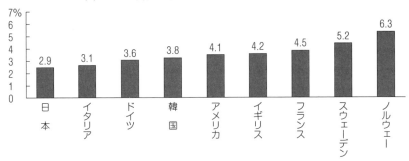

図 3 - 7　各国の教育支出（対 GDP 比，2016年）

出所：OECD（2019）"Education at a Glance 2019" より筆者作成.

　子どもの育ちという観点からは，教育における公的支出の比重の見直しや，塾や家庭教育に投資できない環境の子どもに向けた教育面での公的支援が望まれる.

◯注

(1)　山田昌弘（2005）『迷走する家族──戦後家族モデルの形成と解体』有斐閣.

(2)　宮本みち子（2008）「雇用流動化の下での家族形成──崩壊する若年層の『近代家族』形成基盤」舩橋惠子・宮本みち子編著『家族社会学研究シリーズ6　雇用流動化のなかの家族──企業社会・家族・生活保障システム』ミネルヴァ書房，79-98.

(3)　大沢真理（2007）『現代日本の生活保障システム──座標とゆくえ』岩波書店.

(4)　山田昌弘（2015）「女性労働の家族依存モデルの限界」小杉礼子・宮本みち子編著『下層化する女性たち──労働と家庭からの排除と貧困』勁草書房，23-44.

(5)　永瀬伸子（2008）「女性の就業をめぐる状況──90年代後半の雇用流動化と規制改革はどう女性労働を変えているのか」舩橋惠子・宮本みち子編著『雇用流動化のなかの家族──企業社会・家族・生活保障システム』ミネルヴァ書房，55-76.

(6)　落合恵美子（2011）「個人化と家族主義──東アジアとヨーロッパ，そして日本」ウルリッヒ＝ベック・鈴木宗徳・伊藤美登里編『リスク化する日本社会──ウルリッヒ・ベックとの対話』岩波書店，103-125.

(7)　(4)と同じ.

(8)　山田昌弘（2016）『モテる構造──男と女の社会学』ちくま新書.

(9)　山田昌弘（2020）『日本の少子化対策はなぜ失敗したのか？──結婚・出産が回避される本当の原因』光文社新書.

(10)　鈴木富美子（2016）「育児期のワーク・ライフ・バランス」稲葉昭英ほか編『日本の家族1999-2009──全国家族調査［NFRJ］による計量社会学』東京大学出版会，187-202.

(11)　厚生労働省（2017）『平成29年版 労働経済の分析──イノベーションの促進とワーク・ライフ・バランスの実現に向けた課題』（https://www.mhlw.go.jp/wp/hakusyo/roudou/17/17-1.html）（2020. 7. 30）.

(12)　長津美代子（1982）「母親の就労が子どもの自主性発達に及ぼす影響──東京都内の調査結果から」『ソシオロジ』26(3)，63-80.

⒀　末森慶（2002）「母親の就業は子どもに影響を及ぼすのか——職業経歴による差異」『家族社会学研究』13(2)，103-112.

⒁　永井暁子・盧回男・御手洗由佳（2017）「女性就業の増加と子ども・家庭生活への影響」『季刊家計経済研究』No. 114，69-74.

⒂　三輪哲・青山祐季（2014）「子どもの意識に対する母親の働き方の影響の再検討」『東北大学大学院教育学研究科研究年報』62(2)，19-36.

⒃　Ariès, P.（1960）*L'Enfant et la vie familiale sous l'Ancien Règime*, Paris: Seuil.（＝1980，杉山光信・杉山恵美子訳『〈子供〉の誕生——アンシャン・レジーム期の子供と家族生活』みすず書房）

⒄　落合恵美子（1989）『近代家族とフェミニズム』勁草書房.

⒅　山田昌弘（1994）『近代家族のゆくえ——家族と愛情のパラドックス』新曜社.

⒆　広田照幸（1999）『日本人のしつけは衰退したか——「教育する家族」のゆくえ』講談社現代新書.

⒇　落合恵美子（1997）『21世紀家族へ——家族の戦後体制の見かた・超えかた（新版）』有斐閣選書.

㉑　鈴木菜月（2018）「子どもの減少と相反する一人あたり教育費の増加」参議院調査室編『経済のプリズム』第170号（https://www.sangiin.go.jp/japanese/annai/chousa/keizai_prism/backnumber/h30pdf/201817005.pdf）（2020. 7. 30）.

㉒　品田知美（2004）『〈子育て法〉革命——親の主体性をとりもどす』中公新書.

㉓　本田由紀（2008）『「家庭教育」の隘路——子育てに脅迫される母親たち』勁草書房.

㉔　品田知美（2016）「子どもへの母親のかかわり」稲葉昭英ほか編『日本の家族1999-2009——全国家族調査［NFRJ］による計量社会学』東京大学出版会，203-215.

㉕　Esping-Andersen, G.（1999）*Social Foundations of Postindustrial Economics*, OxfordUniversity Press.（＝2000，渡辺雅男・渡辺景子訳『ポスト工業経済の社会的基礎——市場・福祉国家・家族の政治経済学』桜井書店）.

㉖　和泉広恵（2006）『里親とは何か——家族する時代の社会学』勁草書房.

㉗　野辺陽子ほか（2016）『〈ハイブリッドな親子〉の社会学——血縁・家族へのこだわりを解きほぐす』青弓社.

㉘　婚外子とは，法律的な婚姻関係にない両親から生まれた子どものことである。歴史的には「非嫡出子」と呼ばれていたこともあったが，「非嫡出子」の用語は差別的なニュアンスも含むため，近年では用いられなくなってきている。

㉙　下夷美幸（2019）『日本の家族と戸籍——なぜ「夫婦と未婚の子」単位なのか』東京大学出版会.

㉚　三部倫子（2017）「セクシュアル・マイノリティにとっての子育て」永田夏来・松木洋人編『入門　家族社会学』新泉社，181-198.

㉛　品田知美（2007）『家事と家族の日常生活——主婦はなぜ暇にならなかったのか』学文社.

㉜　⑽と同じ.

㉝　松田茂樹（2016）「父親の育児参加の変容」稲葉昭英ほか編『日本の家族1999-2009——全国家族調査［NFRJ］による計量社会学』東京大学出版会，147-162.

㉞　品田知美・野田潤・畠山洋輔（2015）『平成の家族と食』晶文社.

㉟　稲葉昭英（2012）「ひとり親世帯と子どもの進学期待・学習状況」内閣府子ども若者・子育て施策総合推進室編『親と子の生活意識に関する調査報告書』191-198.

㊱　天野正子ほか編（2009）『新編日本のフェミニズム 5　母性』岩波書店.

㊲　瀬地山角（1996）『東アジアの家父長制――ジェンダーの比較社会学』勁草書房.

㊳　瀬地山角編著（2017）『ジェンダーとセクシュアリティで見る東アジア』勁草書房.

㊴　落合恵美子・山根真理・宮坂靖子編（2007）『アジアの家族とジェンダー双書ジェンダー分析15』勁草書房.

㊵　小沢牧子（1989）「乳幼児政策と母子関係心理学――つくられる母性意識の点検を軸に」『臨床心理学研究』26(3)，22-36.

㊶　㊳と同じ.

㊷　松田茂樹（2014）「国際比較からみた日本の少子化・家族・政策」渡辺秀樹・竹ノ下弘久編著『越境する家族社会学』学文社.

㊸　㊷と同じ.

㊹　太田昌志（2015）「学校外の学習機会」『第 5 回学習基本調査報告書』ベネッセ教育総合研究所，113-124.

㊺　㉞と同じ.

㊻　苅谷剛彦（2008）『学力と階層――教育の綻びをどう修正するか』朝日新聞出版.

㊼　㉔と同じ.

㊽　平尾桂子（2004）「家族の教育戦略と母親の就労――進学塾通塾時間を中心に」本田由紀編『女性の就業と親子関係――母親たちの階層戦略　双書ジェンダー分析 6』勁草書房.

㊾　㊹と同じ.

㊿　㊽と同じ.

❏参考文献 ─────

OECD（2017）"Ecucational Opportunity for All：Overcoming Inequality throughout the Life Course 2017"（https://www.oecd-ilibrary.org/education/educational-opportunity-for-all_9789264287457-en）（2018. 11. 7）.

OECD（2019）"Education at a Glance 2019"（https://www.oecd-ilibrary.org/education/education-at-a-glance_19991487）（2020. 7. 31）.

OECD "Public expenditure on family by type of expenditure（cash and in kind），in ％ GDP"（https://stats.oecd.org/Index.aspx?DataSetCode=SOCX_AGG#）（2020. 7. 30）.

■第4章■
児童・家庭福祉を支える法制度

1 児童・家庭福祉を支える児童福祉法

□ 児童福祉法の成り立ちと目的・理念

　児童福祉法は，新憲法下の第1回国会に提出され，一部修正のうえ，次代の担い手である児童一般の健全な育成，福祉の積極的推進を基本精神とする，児童についての根本的な総合的法律として，1947年12月12日に制定・公付され，翌48年4月1日から全面的施行となった。

　児童福祉法制定当時の日本は，第二次世界大戦敗戦の影響を受け，国民の生活は劣悪で経済的困窮も深刻な状態であったことから，伝統的な救済・保護の援助観を基本とした内容での法律制定が検討されていた。その中で，当時の担当部局の責任者（松崎芳伸）は「児童は歴史の希望である」として，子どもたちの育成に望みを託す方向での法律制定を実現し，わが国において戦後制定最初の「福祉法」としての役割を果たしてきたといえる。

　その後，時代の変化に伴い，対象とする児童福祉施設や事業の内容に変化があるたびに改正されてきたが，2016年の改正まで，児童福祉の理念に関わる部分は変更がなされずに約70年間維持されてきた。子どもの権利条約批准等，これまでも児童福祉法の見直しの必要性が指摘される中でも変わることがなかったのは，日本国のすべての子どもの福祉向上の理念が包含されていると主張されてきたことによるものといえるだろう。

　2016年には「児童の権利に関する条約の趣旨にのっとり」の文言が加えられ，児童福祉法の理念の見直しが行われた。また，「国及び地方公共団体の責務」として第3条には追記がなされ（**資料4-1**），家庭において保護者による養育が叶わない場合は，家庭的養護優先の原則の考え方に基づいて，家庭養育環境に近い養育代替を公的責任で用意するべきであるとの趣旨が記載された。戦後約70年間変わらなかった児童福祉法の理念は，子どもの福祉の保障をさらに積極的に進めていくために，子どもの健やかな育ちの環境整備を「権利」としてとらえ，そのための行政施策の整備が進めていけるように改正された。

　法律の対象となる「児童」とは，満18歳に満たない者とされており，乳児，幼児及び少年に分類されている。体系は，機関，資格等では，児童委員，児童相談所，福祉事務所，保健所などの児童福祉機関の役割と業務，保育士資格について規定されている。福祉の保障として障

資料4-1　児童福祉法第1～3条

〔児童の福祉を保障するための原理〕
第1条　全て児童は，児童の権利に関する条約の趣旨にのつとり，適切に養育されること，その生活を保障されること，愛され，保護されること，その心身の健やかな成長及び発達並びにその自立が図られることその他の福祉を等しく保障される権利を有する。
〔児童育成の責任〕
第2条　全て国民は，児童が良好な環境において生まれ，かつ，社会のあらゆる分野において，児童の年齢及び発達の程度に応じて，その意見が尊重され，その最善の利益が優先して考慮され，心身ともに健やかに育成されるよう努めなければならない。
②　児童の保護者は，児童の心身ともに健やかに育成することについての第一義的責任を負う。
③　国及び地方公共団体は，児童の保護者とともに，児童を心身ともに健やかに育成する責任を負う。
〔原理の尊重〕
第3条　前二条に規定するところは，児童の福祉を保障するための原理であり，この原理は，すべて児童に関する法令の施行にあたつて常に尊重されなければならない。
第3条の2　国及び地方公共団体は，児童が家庭において心身ともに健やかに養育されるよう，児童の保護者を支援しなければならない。ただし，児童及びその保護者の心身の状況，これらの者の置かれている環境その他の状況を勘案し，児童を家庭において養育することが困難であり又は適当でない場合にあつては児童が家庭における養育環境と同様の養育環境において継続的に養育されるよう，児童を家庭及び当該養育環境において養育することが適当でない場合にあつては児童ができる限り良好な家庭的環境において養育されるよう，必要な措置を講じなければならない。

出所：『児童福祉六法（平成31年版）』（2019）中央法規出版.

害児等の保護，障害児入所給付費等の支給，要保護児童の保護措置，児童福祉施設への入所等が規定されている。また，法律に規定された内容を具体的に実施するために，児童福祉法施行令（政令），児童福祉法施行規則（省令）等が定められている。加えて，この下には各種通達・通知が出されて，児童福祉法に規定された内容の実施が可能になっている。

☐ 法改正の変遷

　児童福祉法は，制定以来，部分的に改正を50数回経ているが，保育所制度のあり方が見直された1997（平成9）年の改正以降は，少子化対策として頻繁に新しい業務が誕生していることや「児童の虐待防止に関する法律」等関連法の施行や改正に伴って，重要な改正が行われてきた。特に1997（平成9）年の改正では，保育の措置から実施への制度の改正，児童養護施設，母子生活支援施設，児童自立支援施設等児童福祉施設の機能の見直しと名称変更，放課後児童健全育成事業の法定化，児童家庭支援センターの創設と児童相談所の機能強化など，児童福祉事業に関わる大きな改正が行われた。その後，2000（平成12）年以降，毎年のように改正が行われており，国民生活の変化，社会意識の変化などの動向を受けて，時代のニーズに対応する体制を構築することが目指されている。

① 2000（平成12）年の改正

　主に社会福祉法の改正に伴うものであった。児童短期入所に係る事務手続きの市町村への委譲，児童居宅生活支援事業の支援費方式導入が規定された。その他，急増する児童虐待への対応のため，児童委員を介した通告が可能とされ，また緊急時の児童委員による児童相談所長への通知が認められた。

② 2001（平成13）年の改正

　主に保育所関係と児童・主任児童委員関係の改正が行われた。認可外保育施設の都道府県知事への届出の義務化，都道府県による立入調査，業務停止命令などのほか，保育所整備促進のための措置，保育士資格の法定化が行われた。その他に児童委員の職務明確化とともに主任児童委員が法定化された。

③ 2002（平成14）年の改正

　主に児童虐待防止に関する法律の制定に伴って関連事項の改正が行われた。児童相談所長，児童福士司の任用資格の厳格化，児童相談所一時保護期間に関する規定が書き込まれた。

④ 2003（平成15）年の改正

　少子化対策，次世代育成支援対策に基づく各種政府の取り組み，方針の規定に基づく内容が改正され，要保護児童対策や保育などの狭義の児童福祉政策が中心として構成されていた児童福祉法が，すべての子育て家庭への支援を行うためのものとして，一般児童向けの子育て支援対策の根拠法となったことで，大きくその意味を転換することとなった。

⑤ 2004（平成16）年の改正

　主に児童虐待防止法の改正に連動する事項が中心であったが，市町村が子ども家庭相談の一義的窓口として位置づけられることとなり相談体制が見直された。加えて，社会的養護体制の強化が行われ，乳児院，児童養護施設の年齢要件の見直し，アフターケア業務の法定化，里親に係る定義規定が盛り込まれた。

⑥ 2010（平成22）年の改正

　子育て支援に関する事業の制度上の位置づけの明確化がなされ，翌年子育て支援事業，家庭的保育事業が法定化された。これにより，長らく法に規定されていなかった家庭的保育事業が，保育所等の施設型の保育事業とともに積極的に取り組むための法的環境が整備された。その他，里親制度の改正，小規模居住型児童養育事業の創設，要保護児童対策地域協議会の機能強化，施設内虐待の防止等の要保護児童関係の改正も行われた。

⑦　2011（平成23）年の改正

障害児施設の再編に伴う改正が行われ，障害児入所施設と児童発達支援センターの2つに大きく再編された。同年，民法の改正が行われたことから親権の喪失等の家庭裁判所への請求権者の見直し，施設長等の権限と親権との関係の明確化，里親委託中，一時保護中の児童相談所長の親権代行について規定された。

⑧　2012（平成24）年の改正

子ども・子育て支援関連3法の成立による改正が行われた。子ども・子育て支援法の施行を受けて，児童福祉法にも子ども・子育て新システムの市町村の実施権限と責務を規定し，保育所の認可制度の改正，小規模保育事業等の規定，地域型保育事業の創設等が盛り込まれた。

その後，2016年4月には前述したように総則にあたる第1条〜第3条の改正が行われた（本書第1章第2節も参照のこと）。

② 児童・家庭福祉の基本的関連法

　児童・家庭福祉制度を安定的に実施し，国民生活の中で必要とされる事業・サービスを円滑に行い，社会的に普及していくためには，一定のルールに基づいた運用についての規定が必要である。また，児童・家庭福祉は人間の尊厳や基本的人権の保障にも大きく関わる領域であり，児童の健やかな成長発達の責任は児童の保護者とともに国・地方公共団体の責務でもあるため，多岐にわたる範囲での法律が適応される（**表4-1**）。まずは日本国憲法に基づいて，基本的人権の尊重（第11条），個人の尊重および幸福追求権（第13条），法の下の平等（第14条）健康で文化的な生活保障（第25条）をはじめとして，児童・家庭福祉制度の前提になっている決まりがある。

　日本国憲法に規定されている基本的人権の尊重や無差別平等の原則等は，子どもの権利に関する条約の前文においても触れられており，国際的な観点からみても，人権尊重が福祉制度の基盤にあることの共通理解がなされているといえるだろう。日本国憲法の中でも第25条の理解は，国として社会福祉推進の根拠を示す重要な条文であり，特に児童・家庭福祉の領域においては，児童の**ウェルビーイング**の保障を目指す必要性に対する共通理解を促す根拠となるものである。この日

➡ウェルビーイング

個人の権利や自己実現が保障され，身体的・精神的・社会的に良好な状態にあることを意味する概念。もともとは，1946年世界保健機構憲法草案において「健康」を定義する用語として well-being（良好な状態）をあらわす表現として用いられたもの。伝統的な福祉観に基づいた援助を超えて，長期的な子どもの最善の利益に配慮した予防的・促進的・啓発的なかかわりの重要性を強調する必要性から，児童家庭福祉の領域で意識して用いられている。

表4-1　児童・家庭福祉にかかわる法律

●社会の基礎に関わる法律 日本国憲法／民法／少子化社会対策基本法／男女共同参画社会基本法
●社会福祉制度に関わる法律 社会福祉法／生活保護法／民生委員法／精神保健及び精神障害者福祉に関する法律／売春防止法／配偶者からの暴力の防止及び被害者の保護等に関する法律／障害者基本法／発達障害者支援法／障害者の日常生活及び社会生活を総合的に支援するための法律／生活困窮者自立支援法
●児童・家庭福祉制度に関わる法律 児童虐待の防止等に関する法律／児童買春・児童ポルノに係る行為等の規制及び処罰並びに児童の保護等に関する法律／次世代育成支援対策推進法／子ども・若者育成支援推進法／子どもの貧困対策の推進に関する法律／就学前の子どもに関する教育，保育等の総合的な提供の推進に関する法律／民間あっせん機関による養子縁組のあっせんに係る児童の保護等に関する法律
●児童・家庭の生活に関わる法律 ［教育］教育基本法／学校教育法／いじめ防止対策推進法 ［司法］少年法／少年院法／少年鑑別所法 ［保健・医療］地域保健法／学校保健安全法／母体保護法／食育基本法 ［労働］育児休業，介護休業等育児又は家族介護を行う労働者の福祉に関する法律／男女雇用機会均等法／勤労青少年福祉法／雇用保険法

出所：関係資料を参考に筆者作成.

本国憲法をベースに児童福祉法をはじめ児童・家庭福祉に関する関連法が規定され，それに基づいて児童・家庭の生活の中で必要とされ，実施される教育，労働，保健等の関連分野での法律が施行されている。

1　児童福祉 6 法

児童福祉法を含む以下の 6 つの法律は「児童福祉 6 法」と呼ばれる。

▢ 児童扶養手当法

1961（昭和36）年制定。父または母と生計を同じくしていない児童が育成される家庭の生活の安定と自立促進に寄与するため，扶養手当を支給することを規定したもの。法律制定時は母子家庭のみを対象としていたが，2010年の法改正により父子家庭にも手当が支給されることとなった。ひとり親家庭の子どもが18歳に達する日以後の最初の 3 月末日までが対象となる（一定の障害を有する場合は20歳未満）。

▢ 特別児童扶養手当等の支給に関する法律

1964（昭和39）年制定。精神または身体に障害を有する児童に対して支給する手当について規定したもの。当該児童を家庭において監護・養育している父母等の養育者に対して手当を支給することが規定されている。この手当の支給は住所地の市町村窓口への申請により，所得審査を経て，原則毎年 4 月， 8 月，12月に分けて支給される。この法律が対象としている手当は次の 3 種である。
　① 特別児童扶養手当
　20歳未満で一定の障害状態にある障害児を監護している養育者に対して支給。
　② 障害児福祉手当
　日常生活において常時介護を必要とする等，重度の障害児に対して支給。
　③ 特別障害者手当
　20歳以上で著しく重度の障害の状態にあり，日常生活において常時特別の介護を必要とする者に対して支給。

▢ 母子及び父子並びに寡婦福祉法

1964年（昭和39）年制定。この法律は「母子福祉法」として制定されたが，その後1981（昭和56）年に母子家庭の母であった寡婦を加えて，「母子・寡婦福祉法」と改称された。その後，2014（平成26）年に

法律の対象に父子家庭を加えることとなり，「母子及び父子並びに寡婦福祉法」と改称された。第1条には，「母子家庭等及び寡婦に対し，その生活の安定と向上のために必要な措置を講じ，もつて母子家庭等及び寡婦の福祉を図ること」と記載されており，「母子家庭等」に父子家庭を含む記載となっている。ひとり親家庭に対する福祉資金の貸付金制度，母子福祉施設，母子・父子相談員による相談や自立に必要な指導等について規定されている。なお，この法律での「児童」とは20歳未満をさす。

☐ 母子保健法

1965（昭和40）年制定。従来児童福祉法に規定されていた母子保健に関する事項を取り出し個別に法律化することにより，乳幼児及び就学前児童とその母親の保健環境の向上を目指したものである。第1条には母性及び乳児及び幼児の健康の保持及び増進を図るため，母子保健に関する原理を明らかにし，母性並びに乳児，幼児に対する保健指導，健康診査，医療その他の措置により国民保健の向上に寄与することを目的としていることが規定されている。2016年の改正により，児童虐待防止の機能についての記述が追加され，妊娠期から切れ目のない支援を行う母子健康包括支援センターの設置が市町村に義務づけられるなど，現代にあっても重要な働きを担っている。

☐ 児童手当法

1971（昭和46）年制定。児童手当制度は，法律制定時の1971年以降，その時代の政権による政争の道具として扱われてきた経緯をもち，そのたびにそのあり方や支給金額や範囲について，改正が繰り返されてきた。法律の第1条には「児童を養育している者に児童手当を支給することにより，家庭等における生活の安定に寄与するとともに，次代の社会を担う児童の健やかな成長に資すること」を目的とされている手当である。

2010（平成22）年度には民主党政権下において，子ども手当と名称を変更し支給対象も所得制限なしの全ての子育て家庭を対象とされるなどの改正が行われた。しかし，その後2012（平成24）年には子ども手当は廃止され，所得制限ありの従来の児童手当に戻り，その後もこの形を踏襲している。

2　その他の関連法律

　児童・家庭福祉行政において関係している法律は多岐にわたっている。日本国憲法や民法等の国家枠組みの全体に関わる法律の他，社会福祉制度全体に関わるものや，子どもが生活していく中で関係している教育や医療，交通，警察など幅広い。下記の表はその内容に沿って関係している法律をカテゴリーにまとめ，抽出したものである。これら以外にも関連する法律は数多くある。

　ここでは，**表4-1**に示した法律の中から，いくつかについて詳細をみておく。

☐ 児童虐待の防止等に関する法律（児童虐待防止法）

　2000（平成12）年制定。児童虐待が児童の人権を著しく侵害し，その心身の成長および人格の形成に重大な影響を与え，次世代の育成の観点からも重大な懸念を及ぼすことに鑑み，制定された法律。児童の権利条約批准後も具体的な児童虐待を禁止する法律が存在していないことが国際的に問題視された背景から成立が急がれた。そのため，成立当初は付帯事項を条件として施行された。

　虐待の定義の他，児童虐待の予防，早期発見その他の児童虐待防止に関して，国と地方公共団体に責務があることを規定された。これまで複数回改正され，立入調査の権限の強化や児童相談所の機能に関わることなど，児童虐待防止に対する国民全体での取り組みを進めるための法律として，日本の虐待防止の基本となるものである。

☐ 配偶者からの暴力の防止及び被害者の保護等に関する法律（DV防止法）

　2001（平成13）年に議員立法により制定。配偶者からの暴力（ドメスティック・バイオレンス）に対応するために制定された基本法。制定当初は「保護に関する法律」であったが，数回の改正を経て「保護等に関する法律」と法律名が改称された。それは，配偶者暴力から保護するのみならず，通報，相談を徹底し，保護の後の自立支援までの体制を構築することを目的としたものとして整備されたことによる。これにより，都道府県により配偶者暴力支援センターの設置を行い，早期発見から相談援助，一時保護，情報提供等の一連の支援を行う体制の整備が図れることになった。被害者の保護のために接近禁止命令等を出すこともできるようになった。

❏ 次世代育成支援対策推進法

　2003（平成15）年制定。急速な少子化傾向に歯止めをかけるとともに，家庭と地域における児童育成環境の変化を鑑みて制定された法律。次世代育成支援のため，都道府県，市町村に2005（平成17）年から5年を1期として，地域の子育て支援サービスの整備目標を盛り込んだ次世代育成支援地域行動計画の策定を義務づけたものである。加えて，地方公共団体（特定事業主）と事業者（一般事業主）は，従業員の育児休業等の取得状況を向上するための「事業主行動計画」の策定も規定された。

　成立当初は10年間の時限立法とされ，2014（平成26）年度末までであったが，継続が必要であるとされたため，さらに10年間延長され，企業や地方自治体の行動計画の策定・推進が継続された。

❏ 少子化社会対策基本法

　2003（平成15）年に議員立法により制定。急速に進展している少子化により，将来的な国民生活に深刻かつ多大な影響を及ぼすものであるため，長期的な視点に立った対応が必要と考えられ制定された。前文には「家庭や子育てに夢を持ち，かつ，次代の社会を担う子どもを安心して生み，育てることができる環境を整備し，子どもがひとしく心身ともに健やかに育ち，子どもを生み，育てる者が真に誇りと喜びを感じることのできる社会を実現し，少子化の進展に歯止めをかけること」を目的とすることが示されている。

　少子化対策の目的や基本理念を示し，国や地方公共団体の責務を規定し，関連施策の充実のために取り組んでいくための事項が書き込まれている。また少子化社会対策会議を内閣府に設置することが規定されており，今後，少子化対策の中心的監督省庁が内閣府であることが示された。

❏ 売春防止法

　1956（昭和31）年制定。売春を行うおそれのある女子（要保護女子）に対して保護更生を働きかけ，売春の防止を目的とした婦人保護事業の根拠法である。法律の第1条には「売春が人としての尊厳を害し，性道徳に反し，社会の善良の風俗をみだすものであることにかんがみ，売春を助長する行為等を処罰するとともに，性行又は環境に照らして売春を行うおそれのある女子に対する補導処分及び保護更生の措置を講ずることによつて，売春の防止を図ること」が目的と規定されている。

❏ 子ども・子育て支援法

　2012（平成24）年制定。2015（平成27）年度から実施されている子ども・子育て支援制度を進めていくための根拠法。就学前児童の保育・教育の一体的提供を目指し，ワークライフバランスの実現等，子育てしやすい生活の実現等，一連の少子化対策の強化をめざしたものである。

　子ども・子育て支援法の第2条第1項には，「子ども・子育て支援は，父母その他の保護者が子育てについての第一義的責任を有するという基本的認識の下に，家庭，学校，地域，職域その他の社会のあらゆる分野における全ての構成員が，各々の役割を果たすとともに，相互に協力して行われなければならない」とあり，社会連帯を基本とした子育て支援体制を地域社会の中で確立していくための基本法であることが示されている。そのためには，幼児期の学校教育，保育，地域の子ども家庭の子育て支援を総合的に推進し，サービスの量的拡充をめざすことにより，子どもが健やかに育つ社会の実現を目指す制度を支える法律といえる。就学前児童の教育・保育サービスの利用を進め，子ども・子育て支援給付その他の子ども及び子どもを養育している者に必要な支援を行い，一人ひとりの子どもが健やかに成長することができる社会の実現に資することを目的としている。

❏ 就学前の子どもに関する教育，保育等の総合的な提供の推進に関する法律（認定こども園法）

　2006（平成18）年制定。　就学前の子どもの保育，幼児教育を一体的に行うための「認定こども園」に伴う法律。第1条にはこの法律の背景として急速に進行する少子化傾向の中での就学前児童の保育・教育需要が多様なものになっているということに加え，基本的に幼児期の教育及び保育が生涯にわたる人格形成の基礎を培う重要なものであることがあげられている。その上で地域における創意工夫を生かし，小学校就学前の子どもに対する教育及び保育並びに保護者に対する子育て支援の総合的な提供を推進するための措置を講じ，地域において子どもが健やかに育成される環境の整備に資することが目的と記されている。「認定こども園」の定義のほか，運営に関わる詳細が規定されている。

❏ 子どもの貧困対策の推進に関する法律（子どもの貧困対策法）

　2013（平成25）年制定，2019（令和元）年6月に一部改正。貧困の状況にある子どもの将来が，生まれ育った環境によって教育の機会や生

活環境において左右されることがないよう，貧困状況にある子どもが健やかに育成される環境の整備とともに，全ての子どもの健やかな成長と，教育の機会均等を計ることを子どもの権利条約の主旨に則って貧困対策を行うこととした。国や地方公共団体の責務を，貧困率の低下等の目標数値を定めた都道府県計画等の策定により，明らかにし，子どもの貧困対策を現在から将来にわたり，総合的に推進することを目的とした。

　第2条には子どもの貧困対策の基本理念が掲げられているが，教育の支援，生活の支援，就労の支援，経済的支援等を行うにあたり，新たに第1項が新設され，子どもの年齢及び発達に応じて子どもの意見が尊重されるべきであるなど子どもの権利条約の主旨が書き込まれている。

　具体的には2014（平成26）年に閣議決定された「子供の貧困対策に関する大綱について」に基づいて実施されているが，2019（令和元）年の改正では，大綱の記載事項の拡充も盛りこまれ，「一人親世帯の貧困率」，「生活保護世帯に関する子どもの大学進学率」などの具体的な検証評価の施策の推進が図られている。基本方針には当面5年間の重点施策を掲げ，中長期的な視野から継続的に取り組むべきであるとされている。

□ 子ども・若者育成支援推進法

　2009（平成21）年制定。次世代の社会を担い，将来的な社会の発展に寄与する存在として社会的に重要である子ども・若者の育成環境を見直し，子ども・若者が健やかに成長でき，円滑な社会生活の営みが実現できるようにするための基盤整備を図るための法律である。そのため，国民全体の合意形成を図り，国・地方公共団体の責務を明らかにした上での支援や取り組みが必要であることを規定したものである。

　それらを推進していくために，内閣府内に，子ども・若者育成支援推進本部を設置し，他の関係省庁との施策との整合性を図り，総合的な子ども・若者育成支援のための施策を推進することが第1条に規定されている。子ども・若者育成支援推進本部は，子供・若者育成支援推進大綱を作成するとして教育，福祉，保健，医療，矯正，更正保護，雇用その他の関連分野における施策に関する事項を扱うこととされている。また，地域レベルでの相談の充実のために，子ども・若者総合相談センター　や，子ども・若者支援地域協議会を設置するなどの取組みも記載されている。

□ いじめ防止対策推進法

　2013（平成25）年制定。この法律は，いじめがいじめを受けた児童等の教育を受ける権利を著しく侵害し，その心身の健全な成長と人格の形成に重大な影響を与え，生命または身体に重大な危険を生じさせるおそれがあるものであるという認識のもと，児童の尊厳保持のためにいじめの防止等（いじめの防止，いじめの早期発見及びいじめへの対処）の対策を統一的理念のもとで取り組むためのものである。

　国・地方公共団体のみならず，学校設置者，学校及び学校教職員，保護者の責務を明記した上での取り組みを規定している。この法律では，いじめの定義を「児童等に対して，当該児童等が在籍する学校に在籍している等当該児童と一定の人的関係にある他の児童等が行う心理的又は物理的な影響を与える行為（インターネットを通じて行われるものを含む。）であって，当該行為の対象となった児童等が心身の苦痛を感じているもの」と定義している。いじめ問題を個人の問題としてではなく，学校，地域，社会の問題として認識し，家庭と学校の連携を促し，子どもの健やかな成長に資する社会としていかなければならないという意思表示をしたものである。

■第5章■
児童・家庭福祉の実施体制

① 行政の責務と公私の役割分担

行政とは，各法律の目的に基づき，国や地方公共団体の執行機関が業務を行うことをいう。本節では，児童・家庭福祉について行政の責務や役割について概観し，公私の役割について理解する。

☐ 国及び地方公共団体の責務

① 国及び地方公共団体の育成責任

国や地方公共団体はどのような責務を負っているのだろうか。児童福祉法第2条第3項において「国及び地方公共団体は，児童の保護者とともに，児童を心身ともに健やかに育成する責任を負う」と児童の育成責任を規定している。

② 国民と保護者の育成責任

同法第2条第1項において「全て国民は，児童が良好な環境において生まれ，かつ，社会のあらゆる分野において，児童の年齢及び発達の程度に応じて，その意見が尊重され，その最善の利益が優先して考慮され，心身ともに健やかに育成されるよう努めなければならない」とし，国民に対し児童が健やかに育成されるよう努めなければならないと規定している。

第2条第2項は「児童の保護者は，児童を心身ともに健やかに育成することについて第一義的責任を負う」と子育てに関わる第一義的な責任は保護者にあることを規定している。

③ 国及び地方公共団体の責務

児童福祉法第3条の2において，「国及び地方公共団体は，児童が家庭において心身ともに健やかに養育されるよう，児童の保護者を支援しなければならない。（後略）」と規定している。ただし，児童を家庭において養育することが困難であり，または適当でない場合，児童が家庭における養育環境と同様の養育環境（**里親**や**ファミリーホーム**）において継続的に養育されるよう，「児童を家庭及び当該養育環境において養育することが適当でない場合にあっては児童ができる限り良好な家庭的環境において養育されるよう，必要な措置を講じなければならない」としている。

このように，児童の最善の利益を目指して児童が健やかに育成されるよう努める国民の義務と，子育てに係る保護者の第一義的な「私」

➡ 里親

里親は，一般家庭において要保護児童の養護を行う形態である家庭養護の代表的な制度である。児童福祉法第6条の4において，養育里親・専門里親，養子縁組里親，親族里親が定められている。

➡ ファミリーホーム

小規模住居型児童養育事業のことであり，2008年の児童福祉法改正（2009年4月施行）により規定された第2種社会福祉事業である。5，6名の子どもを家庭的な環境のもとで養育する形態で，家庭養護の一つとされている。2人の養育者及び1人以上の補助者を置かなければならず，2人の養育者は一の家族を構成しているもの（夫婦であるもの）とするとされている。

としての責任とともに，国と地方公共団体が「公」として取り組み，具体的な法制度により支える関係にある。

☐ 国・都道府県・市町村の役割

　児童家庭福祉は，国，都道府県，市町村のレベルで実施されており，国，都道府県，市町村それぞれの役割は，児童福祉法第3条の3に示されている（**表5-1**）。

　児童家庭福祉の実施体制をみると，**図5-1**のようになる。実施体制のあり方は，行政機関や児童福祉施設に対する役割だけでなく専門職が果たす役割や支援の方法にも関連する。そのため，児童家庭福祉の実施体制のあり方や法改正に伴う変更について理解していることが求められる。以下，実施主体について概観する。

☐ 国の機関

　国において福祉行政を担う行政機関は，厚生労働省である。省内には，児童家庭福祉の担当部局として子ども家庭局がおかれ，総務課，保育課，家庭福祉課，子育て支援課，母子保健課の5課がある。児童家庭に関する福祉行政全般についての企画調整，監査指導，事業に要する予算措置等，中枢的な機能を担っている。

　ただし，障害児福祉については，社会・援護局障害保健福祉部障害福祉課が所管しており，子ども・子育て支援制度は厚生労働省，文部科学省が所管する事項のほか，内閣府子ども・子育て支援本部が所管するなど，領域によっては部局や省庁を超えた対応をしている。

☐ 都道府県

　都道府県は，市町村を包括する地方公共団体として，広域にわたる事務，市町村間の統一的な処理を必要とする事務等を管轄し，児童家庭福祉については専門的な相談援助，児童福祉施設入所の決定，児童福祉施設の設置・認可，条例での基準の制定，児童相談所や福祉事務所，保健所等の設置運営，市町村が実施する児童家庭に関する相談に関する業務の市町村相互間の連絡調整，市町村に関する情報提供，研修その他必要な援助，広域的な見地からの実情の把握等を行う。

　政令指定都市においても都道府県とほぼ同様の業務を行うほか，中核市も児童家庭福祉の一部の事務を行っている。

☐ 市町村

　市町村は，**表5-1**に示したとおり，基礎的な地方公共団体として

表5-1　国，都道府県，市町村の役割（児童福祉法第3条の3）

市町村（含特別区）	都道府県	国
児童が心身ともに健やかに育成されるよう，基礎的な地方公共団体として，第10条第1項各号に掲げる業務の実施，障害児通所給付費の支給，第24条第1項の規定による保育の実施その他この法律に基づく児童の身近な場所における児童の福祉に関する支援に係る業務を適切に行わなければならない。	市町村の行うこの法律に基づく児童の福祉に関する業務が適正かつ円滑に行われるよう，市町村に対する必要な助言及び適切な援助を行うとともに，児童が心身ともに健やかに育成されるよう，専門的な知識及び技術並びに各市町村の区域を超えた広域的な対応が必要な業務として，第11条第1項各号に掲げる業務の実施，小児慢性特定疾病医療費の支給，障害児入所給付費の支給，第27条第1項第3号の規定による委託又は入所の措置その他この法律に基づく児童の福祉に関する業務を適切に行わなければならない。	市町村及び都道府県の行うこの法律に基づく児童の福祉に関する業務が適正かつ円滑に行われるよう，児童が適切に養育される体制の確保に関する施策，市町村及び都道府県に対する助言及び情報の提供その他の必要な各般の措置を講じなければならない。

図5-1　児童家庭福祉行政のしくみ

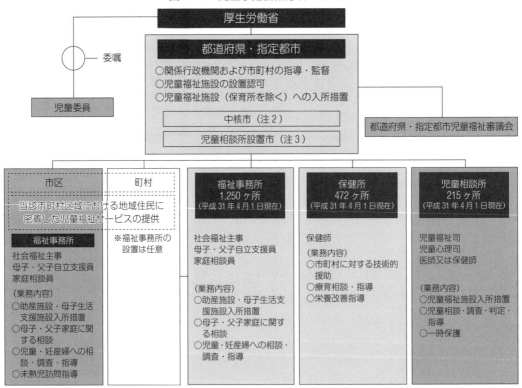

（注2）中核市	平成8年4月より，中核市が設けられ，特定児童福祉施設の設置認可等，一部の児童福祉行政について都道府県・指定都市の事務を行うこととされた。
（注3）児童相談所設置市	平成18年4月より，児童相談所設置市（指定都市以外の市であって政令による指定を受けて児童相談所を設置する市）が設けられ，児童福祉施設への入所措置等，一部の児童福祉行政について，都道府県の事務を行うこととされた。なお，「児童福祉法等の一部を改正する法律」（平成28年法律第63号）において，平成29年4月より特別区についても政令の指定を受けて，児童相談所を設置することができることとされた。

出所：公益財団法人児童育成協会（2020）『目で見る児童福祉2020』中央法規出版，10を一部改変．

住民に密着した行政を実施している。児童家庭福祉では，児童及び妊産婦の福祉に関し必要な実情の把握や情報提供，家庭その他からの相談に応じ必要な調査及び指導を行い，必要に応じて児童相談所に援助依頼を行うことができる。通告を受けた児童に対し，必要に応じて児童相談所に**送致**し，市及び福祉事務所を設置する町村は，社会福祉主事等に指導させる等の措置をとらなければならない。児童相談所から送致された児童の支援も行う。

2005（平成17）年度以降は，児童家庭相談の第一義的窓口と位置づけられており，児童相談所や都道府県福祉事務所と並び要保護児童の通告を受けるなど，基礎自治体としての役割が強化されている。子ども家庭相談に係る通知として，2017（平成29）年度より**市町村子ども家庭支援指針**に基づいた相談支援を実施している。

① 要保護児童対策地域協議会（要対協）

市町村が子ども家庭相談の窓口となるのと同時に，要保護児童等に対する支援のために要保護児童対策地域協議会が法定化され，全国的に整備された。

要保護児童対策地域協議会は，「（前略）要保護児童若しくは要支援児童及びその保護者（延長者等の親権を行う者，未成年後見人その他の者で，延長者等を現に監護する者を含む。）又は特定妊婦（以下「支援対象児童等」という。）に関する情報その他要保護児童の適切な保護又は要支援児童若しくは特定妊婦への適切な支援を図るために必要な情報の交換を行うとともに，支援対象児童等に対する支援の内容に関する協議を行う（後略）」（児童福祉法第25条の2第2項）ための公的ネットワークである。

要保護児童対策地域協議会は，子ども家庭福祉主管課，小中学校，保育所，幼稚園，児童福祉施設，**民生・児童委員**，病院，警察，家庭裁判所等により構成され，守秘義務が課せられる。代表者会議，実務者会議，個別ケース検討会議の3層構造の会議により，支援の検討をしている。

なお，ケースの進行管理や連絡調整のため，要保護児童対策調整機関を1つ指定することとなっており，**児童福祉司**やそれに準ずる資格をもつ者を配置しなければならない。

② 市区町村子ども家庭総合支援拠点

2017（平成29）年度には，「市町村は児童及び妊産婦の福祉に関し，（中略）必要な支援を行うための拠点の整備に努めなければならない」（児童福祉法第10条の2）とされ，市区町村子ども家庭総合支援拠点が児童福祉法に法定化された。この拠点は，コミュニティを基盤にした

➡ 送致
児童に対する援助の所管を児童相談所から市町村，市町村から児童相談所等へ移す手続きをいう。

➡ 市町村子ども家庭支援指針
2016（平成28）年の児童福祉法改正における理念の改正を受け，各市町村において，すべての子どもとその家庭及び妊産婦等を対象として，その福祉に関し必要な支援に係る業務全般が適切に実施されるよう策定されたガイドライン。

➡ 民生・児童委員
児童委員は，児童家庭福祉の民間奉仕者として，厚生労働大臣の委嘱により任命され，民生委員法に基づく民生委員を兼務する。担当区域の児童家庭及び妊産婦について，その生活及び環境の状態を把握し，必要な援助や指導を行うとともに，社会福祉主事，児童福祉司の職務に協力する。

➡ 児童福祉司
児童相談所において児童の保護や福祉に関する相談に応じ，専門的技術に基づく必要な指導を行う。児童福祉司には担当区域があり，区域内の市町村長に協力を求めることができる。児童福祉法第13条に規定される任用資格である（本書73頁も参照）。

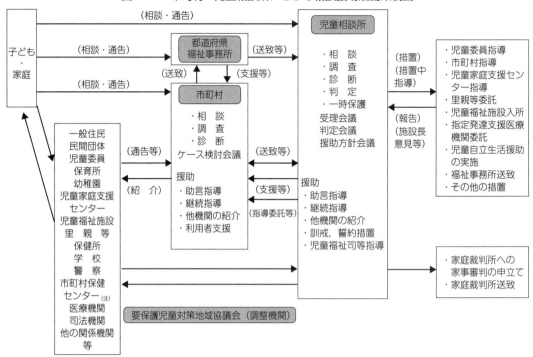

図5-2　市町村・児童相談所における相談援助活動系統図

注：市町村保健センターについては，市町村の児童家庭相談の窓口として，一般住民等からの通告等を受け，相談援助業務を実施する場合も想定される。

出所：厚生労働省「児童相談所運営指針」181.

➡️母子健康包括支援センター

2016（平成28）年の母子保健法改正によりその第22条に規定された。主に妊産婦及び乳幼児の実情を把握し，妊娠・出産・子育てに関する各種の相談に応じ，必要に応じて支援プランの策定や，地域の保健医療または福祉に関する機関との連絡調整を行い，母子保健施策と子育て支援施策との一体的な提供を通じて，妊産婦及び乳幼児の健康の保持及び増進に関する包括的な支援を行うことにより，もって地域の特性に応じた妊娠期から子育て期にわたる切れ目のない支援を提供する体制を構築することを目的として設置される。「子育て世代包括支援センター」とも呼ばれる。市町村はこのセンターを設置するように努めなければならないこととされた。

ソーシャルワークの機能を担い，全ての子どもとその家庭及び妊産婦等を対象として，その福祉に関し必要な支援に係る業務全般を行う。

2018（平成30）年12月に決定された児童虐待防止対策体制総合強化プラン（新プラン）の一環として，2022（令和4）年度までに全市区町村への設置が目標となっている。母子保健法に基づく**母子健康包括支援センター**との役割整理等の課題もあるが，市町村における包括的・継続的な支援を担う機関として期待できる。都道府県と市町村との相談援助の体系は**図5-2**のとおりである。

市町村は，先述の拠点や要保護児童対策地域協議会を含め，既存の資源の役割を整理して効果的な体制を構築することが課題となっている。

🔲 審議機関

児童家庭福祉の審議機関として，国（厚生労働省）には社会保障審議会に児童部会が設置され，都道府県及び指定都市には，児童福祉審議会または地方社会福祉審議会児童福祉専門分科会が設置されている。特別区を含む市町村は，任意で市町村児童福祉審議会を置くことができるとされている。

これら審議機関には，児童家庭福祉の行政担当者や専門家，市民等が参画しており，児童，妊産婦の福祉，母子福祉や母子保健等に関する事項を調査・審議し，それぞれが属する行政機関の諮問に答申し，関係行政機関に対し意見具申をすることができるといった機能がある。

2　実施機関・施設

本節では，児童家庭福祉の実施機関と児童福祉施設等を概観する。

□ 児童相談所

①　法的位置づけと運営指針

児童相談所は，「児童に関する各般の問題につき，市町村からの援助依頼や送致を受けた事例のほか，家庭その他からの相談に応じ，児童が有する問題または児童の真のニーズ，児童の置かれた環境の状況等を的確に捉え，個々の児童や家庭にもっとも効果的な援助を行い，もって児童の福祉を図るとともにその権利を保障すること（相談援助活動）」を目的として設置される(1)（児童相談所運営指針）。

児童福祉法第12条及び第59条の4に基づき，都道府県と指定都市に児童相談所の設置義務がある。政令で定める市（児童相談所設置市，特別区を含む）は，設置することができるとされている。

なお，児童相談所の運営にかかわる法律には児童福祉法，同法施行令，同法施行規則のほか，通知として児童相談所運営指針がある。

②　組　織

児童相談所は，相談，判定，指導，措置，一時保護の5つに大別される業務を担う。要保護児童の児童福祉施設入所措置，里親委託や家庭裁判所への審判請求等は，都道府県知事による事務の一部であり，児童相談所長に権限が委任される形で実施されている。

所長をはじめ児童福祉司，児童心理司，医師，児童指導員，保育士等が配置され，2017（平成29）年度には弁護士が配置されることとなった（配置に準ずる措置を含む）。

児童相談所では，**チームアプローチ**と合議制により，判定や指導，措置等を行う。相談援助活動の体系・展開は**図5-3**のとおりである。

③　具体的な業務

相談・助言，**カウンセリング**や**心理療法**，**一時保護**等を行うほか，要保護児童の児童福祉施設入所措置や障害児施設給付決定等の施設入

▶チームアプローチ

チームアプローチは，児童福祉司，児童心理司，相談員，医師，一時保護所の保育士，児童指導員等の多職種連携に基づくチームによる支援を指す。児童相談所における相談援助活動の原則のひとつとなっている。また，児童相談所の専門性は，各種専門職のそれぞれの専門性を尊重した合議により作成する判定および援助指針並びにそれに基づく援助が大きな特徴となっている（児童相談所運営指針）。

▶カウンセリング

家庭・学校・職場などにおける個人の適応上の問題を解決することを目的とした臨床心理学的な援助方法で，より一般的で広義に用いられる。

▶心理療法

何らかの問題に直面している人（来談者）に対し，共感的理解や受容を基盤として関わり心理的に交流することで来談者の自己成長を促し問題解決を図る臨床心理学的援助の方法。

▶一時保護

児童福祉法第33条に基づき，棄児や迷子，虐待等の緊急保護，子どもの援助決定のための行動観察，短期入所指導の必要が生じる時に行われる行政処分。児童相談所長又は都道府県知事等が必要と認める場合には，子どもを一時保護所に一時保護し，又は警察署，福祉事務所，児童福祉施設，里親その他児童福祉に深い理解と経験を有する適当な者（機関，法人，私人）に一時保護を委託することができる。

図5-3　児童相談所における相談援助活動の体系・展開

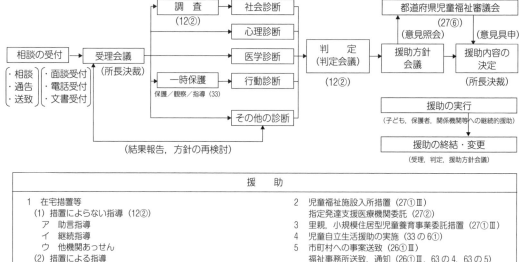

注：数字は児童福祉法の該当条項等。
出所：厚生労働省「児童相談所運営指針」180.

所援助と，児童福祉司指導措置等による在宅援助が行われている。家庭裁判所に対する親権喪失宣告請求や親権の一時停止の審判請求も行う。市町村の業務の実施に関し，市町村相互間の連絡調整，市町村に対する情報の提供，市町村職員の研修その他必要な援助を行うこと及びこれらに付随する業務の実施も児童相談所の役割である。

　里親に関する普及啓発，里親の相談に応じ，必要な情報の提供，助言，研修その他の援助を行うこと，養子縁組に関する者につき，その相談に応じ，必要な情報の提供，助言その他の援助を行う。このように，専門的な相談援助を行う第一線の相談機関である。

④　近年の状況

　2021（令和3）年4月1日現在，全国225か所の児童相談所，145か所の一時保護所が設置されている。子ども虐待へのさらなる対応強化のため，2016（平成28）年から2019年度までの4年間に専門職の増員とその専門性の向上等を盛り込んだ児童相談所強化プランを2015（平成27）年から前倒しで取り組んできたが，さらに2019（令和元）年度から2022（令和4）年度までに取り組む新プラン（児童虐待防止対策体制総合強化プラン）も策定，実施されている。

☐ 福祉事務所

　福祉事務所は，社会福祉法に基づく福祉に関する事務所である。都道府県，市及び特別区に設置義務があり，町村は任意設置である。福祉6法（生活保護法，母子及び父子並びに寡婦福祉法，老人福祉法，身体障害者福祉法，知的障害者福祉法，児童福祉法）を担当する総合的な社会福祉行政機関である。児童家庭福祉分野については，児童福祉法に基づき，児童及び妊産婦の福祉に関し，実情の把握，相談，調査，指導を行うことが主な業務となる。

　福祉事務所の指導は，児童福祉法第10条，第25条の8に基づき，**社会福祉主事**や**知的障害者福祉司**により個別または集団的に行う。助産施設，母子生活支援施設，保育所入所の申し込みがあった場合，適当と認められる者がいるときは，福祉事務所長は都道府県知事，市町村長に報告または通知しなければならないとされている。実際には，この申し込みに対応する権限を福祉事務所長に委任できるため，委任を受けている場合には福祉事務所長が入所の応諾を行う。市町村が負う保育の実施義務は，市町村の福祉事務所のみ委任を受けて決定することが可能である。

　1964（昭和39）年度より，「家庭児童相談室の設置運営について（通知）」に基づき，福祉事務所の児童家庭福祉の専門技術を必要とする業務に関する機能強化のため，家庭児童相談室が設置されているが，設置は義務ではない。家庭児童相談室は，地域において児童相談所のような権限行使や判定を要しない相談支援を担当している。市町村が児童家庭相談対応の第一義的窓口となったことから，その役割が強化されている。

☐ 保健所

　保健所は，都道府県と指定都市，中核市，政令で定める市及び特別区に設置され，地域保健法に基づいて地域における**公衆衛生**の中核的な行政機関として広域的・専門的な事業を担う。

　児童福祉法における保健所の業務は，児童の保健について，正しい衛生知識の普及を図ること，児童の健康相談に応じ，又は健康診査を行い，必要に応じ，保健指導を行うこと，身体に障害のある児童及び疾病により長期にわたり療養を必要とする児童の療育について，指導を行うこと。児童福祉施設に対し，栄養の改善その他衛生に関し，必要な助言を与えることとされている（同法第12条の6）。市町村保健センターは，妊産婦や乳幼児等の健康診査，訪問指導等母子保健の観点からのサービスを中心に地域に密着した業務を担う。

▶ **社会福祉主事**

福祉事務所に登用される任用資格である。社会福祉法に定められる援護，育成または更生の措置に関する業務に携わる。社会福祉法第18条及び第19条により，都道府県，市及び福祉に関する事務所を設置する町村に，社会福祉主事を置く（それ以外の町村は置くことができる）とされている。

▶ **知的障害者福祉司**

市町村の更生援護の実施に関し，市町村相互間の連絡及び調整，市町村に対する情報の提供その他必要な援助を行うこと並びにこれらに付随する業務を行うことのうち，専門的な知識及び技術を必要とするものを行うことに加え，知的障害者に関する相談及び指導のうち，専門的な知識及び技術を必要とするものを行う。知的障害者福祉法第13条及び第14条により，都道府県は，その設置する知的障害者更生相談所に，知的障害者福祉司を置かなければならないと定められており，市町村は，その設置する福祉事務所に，知的障害者福祉司を置くことができるとされている。

▶ **公衆衛生**

ウィンスローによる定義が広く用いられており，その定義は「公衆衛生とは，組織的な地域社会の努力を通じて疾病を予防し，寿命を延伸し，身体的および精神的健康と，能率（efficiency）の増進を図る科学であり，技術である」とされている。公衆衛生は，社会福祉や社会保障と並び，その向上に努めることが国に義務づけられている（日本国憲法第25条第2項）。

□ 児童福祉施設

① 児童福祉施設の種類

児童福祉施設には，助産施設，乳児院，母子生活支援施設，保育所，幼保連携型認定こども園，児童厚生施設，児童養護施設，障害児入所施設，児童発達支援センター，児童心理治療施設，児童自立支援施設および児童家庭支援センターの12種類が規定（児童福祉法第7条）されており，児童厚生施設や障害児入所施設，児童発達支援センターにはさらに類型がある。

児童福祉施設は施設の目的に沿い，児童とその保護者等に対し適切な生活環境等を提供する。保護，養育，訓練，退所後の相談を含めたアフターケア等により児童の福祉を図り，その自立を支援する。施設の利用は，行政機関による措置や施設給付費の支給決定を要する施設，児童や保護者の意思で利用可能な施設に分けられる。なお，施設には入所型と通所型があり，病院・診療所の設備と職員を要する医療型施設と，その必要のない福祉型施設がある（表5-2）。

② 児童福祉施設の設置

国には児童自立支援施設と障害児入所施設，都道府県には児童自立支援施設の設置義務がある。その他の児童福祉施設は，都道府県，指定都市，中核市の条例等に基づき設置される。指定都市と中核市を除く市町村は，あらかじめ必要な事項を都道府県等に届け出ることにより施設を設置できる。国，都道府県，市町村以外の者が施設を設置しようとする場合，都道府県知事等の認可を得なければならない。

③ 児童福祉施設の設備及び運営に関する基準

児童福祉施設の運営は，児童福祉施設の設備及び運営に関する基準によっている。基準には，職員の一般的要件，児童処遇の原則，懲戒権濫用禁止や苦情への対応等の規定がある。2011（平成23）年に国の児童福祉施設最低基準が改正され，この名称となった。職員配置基準や設備基準等が改正され，最低基準は都道府県等の条例に委任されたため，都道府県等が条例で定める基準を最低基準と呼ぶ。

この基準に基づき，都道府県知事等による監査が実施され，基準に満たない場合は，施設設置者に対する改善勧告や命令，事業停止命令，許可・認可の取り消し，閉鎖命令等の措置が採られる。障害児施設や保育所，幼保連携型認定こども園等は最低基準のほか，児童福祉法に基づく指定障害児入所施設等の人員，設備及び運営に関する基準，子ども・子育て支援法に基づく，特定教育・保育施設及び特定地域型保育事業の運営に関する基準等が定められている。

表 5 - 2　児童福祉施設の種類

児童福祉法	施設の種類	施設の目的及び対象	配置される主な職員
第36条	助産施設	保健上必要があるにもかかわらず，経済的理由により，入院助産を受けることができない妊産婦を入所させて，助産を受けさせること	助産師
第37条	乳児院	乳児（保健上，安定した生活環境の確保その他の理由により特に必要のある場合には，幼児を含む。）を入院させて，これを養育し，あわせて退院した者について相談その他の援助を行うこと	医師，看護師，栄養士，保育士，児童指導員，家庭支援専門相談員，心理療法担当職員
第38条	母子生活支援施設	配偶者のない女子又はこれに準ずる事情にある女子及びその者の監護すべき児童を入所させて，これらの者を保護するとともに，これらの者の自立の促進のためにその生活を支援し，あわせて退所した者について相談その他の援助を行うこと	母子支援員，心理療法担当職員，少年指導員，保育士，医師（嘱託）
第39条	保育所	保育を必要とする乳児・幼児を日々保護者の下から通わせて保育を行うこと	保育士，医師（嘱託）
第39条の 2	幼保連携型認定こども園	義務教育及びその後の教育の基礎を培うものとしての満 3 歳以上の幼児に対する教育及び保育を必要とする乳児・幼児に対する保育を一体的に行い，これらの乳児又は幼児の健やかな成長が図られるよう適当な環境を与えて，その心身の発達を助長すること	保育教諭，養護教諭，栄養教諭，薬剤師（嘱託），医師（嘱託）
第41条	児童養護施設	保護者のない児童（乳児を除く。ただし，安定した生活環境の確保その他の理由により特に必要のある場合には，乳児を含む。以下この条において同じ。），虐待されている児童その他環境上養護を要する児童を入所させて，これを養護し，あわせて退所した者に対する相談その他の自立のための援助を行うことを目的とする施設	児童指導員，保育士，職業指導員，栄養士，医師（嘱託），心理療法担当職員，家庭支援専門相談員
第42条 1 号	福祉型障害児入所施設	障害児を入所させて，保護，日常生活の指導及び独立自活に必要な知識技能を付与すること	嘱託医（障害別の診療科），医師（自閉症の場合），児童指導員，保育士，看護師（障害による），栄養士，調理員，職業指導員，心理指導担当職員，児童発達支援管理責任者
第42条 2 号	医療型障害児入所施設	障害児を入所させて，保護，日常生活の指導，独立自活に必要な知識技能の付与及び治療すること	医療法に規定する病院として必要とされる従業者，児童指導員，保育士，理学療法士または作業療法士，職業指導員，心理指導担当職員（重症心身障碍児の場合），児童発達支援管理責任者
第43条 1 号	福祉型児童発達支援センター	障害児を日々保護者の下から通わせて，日常生活における基本的動作の指導，独立自活に必要な知識技能の付与又は集団生活への適応のための訓練をすること	嘱託医，児童指導員及び保育士，栄養士，調理員，言語聴覚士，児童発達支援管理責任者
第43条 2 号	医療型児童発達支援センター	障害児を日々保護者の下から通わせて，日常生活における基本的動作の指導，独立自活に必要な知識技能の付与又は集団生活への適応のための訓練及び治療をすること	医療法に規定する診療所として必要とされる従業者，児童指導員，保育士，看護師，理学療法士または作業療法士，児童発達支援管理責任者
第43条の 2	児童心理治療施設	家庭環境，学校における交友関係その他の環境上の理由により社会生活への適応が困難となつた児童を，短期間，入所させ，又は保護者の下から通わせて，社会生活に適応するために必要な心理に関する治療及び生活指導を主として行い，あわせて退所した者について相談その他の援助を行うこと	医師，心理療法担当職員，看護師，児童指導員，保育士，家庭支援専門相談員
第44条	児童自立支援施設	不良行為をなし，又はなすおそれのある児童及び家庭環境その他の環境上の理由により生活指導等を要する児童を入所させ，又は保護者の下から通わせて，個々の児童の状況に応じて必要な指導を行い，その自立を支援し，あわせて退所した者について相談その他の援助を行うこと	児童自立支援施設長，児童自立支援専門員，児童生活支援員，職業指導員，精神科医師（嘱託），家庭支援専門相談員，心理療法担当職員
第40条	児童館	屋内に必要な設備を設け，児童に健全な遊びを与えて，その健康を増進し，又は情操をゆたかにすること	児童の遊びを指導する者
第40条	児童遊園	屋外に必要な設備を設け，児童に健全な遊びを与えて，その健康を増進し，又は情操をゆたかにすること	児童の遊びを指導する者
第44条の 2	児童家庭支援センター	地域の児童の福祉に関する各般の問題につき，児童に関する家庭その他からの相談のうち，専門的な知識及び技術を必要とするものに応じ，必要な助言を行うとともに，市町村の求めに応じ，技術的助言その他必要な援助を行うほか，指導を行い，あわせて児童相談所，児童福祉施設等との連絡調整その他厚生労働省令の定める援助を総合的に行うこと	相談・支援を担当する職員，心理療法担当職員

出所：「児童福祉法」及び「児童福祉施設の設備及び運営に関する基準」をもとに筆者作成.

④ 施設長の権限と義務

　施設長は，正当な理由がない限り，子どもの措置委託を拒むことができない。親権者のいない入所児童や後見人のいない児童は，施設長が親権を行使する（未成年後見制度は，2012（平成24）年の民法改正により法人後見や複数後見も可能）。入所児童に親権者がいても，子どもに必要な監護，教育，懲戒について必要な措置をとることが認められているが，懲戒権の濫用は禁止されている。施設長は入所児童を就学させなければならない。また，子どもとその家庭環境調整を行い，退所した者に対するアフターケア，地域の子育て家庭に対する支援も求められている。

⑤ 被措置児童等虐待

　入所型の施設に措置されている子どもに対する被措置児童等虐待の通告，子ども本人からの相談受付，都道府県等の対応に関するしくみとガイドラインが2009（平成21）年度より設けられている。なお，被措置児童等虐待とは，小規模住居型児童養育事業（ファミリーホーム）や里親，乳児院や児童養護施設等の社会的養護の施設，児童相談所の一時保護所や委託一時保護等の生活の場において，施設職員や里親などから虐待を受けることをいう。制度的には，主に入所型の施設・里親を対象としているが，特定教育・保育施設及び特定地域型保育事業並びに特定子ども・子育て支援施設等の運営に関する基準（第25条）により，「特定教育・保育施設の職員は，教育・保育給付認定子どもに対し，児童福祉法第33条の10各号に掲げる行為（身体的虐待，性的虐待，ネグレクト，心理的虐待を指す）その他当該教育・保育給付認定子どもの心身に有害な影響を与える行為をしてはならない」（カッコ内筆者加筆）と虐待等の禁止がある。

☐ 児童福祉施設以外の関係機関

① 家庭裁判所

　家庭裁判所は家事部と少年部に分かれる。家事部では，夫婦関係や親子関係等の家庭内の紛争解決に関わる援助を担当し，子どもの特別養子縁組，親権の一時停止及び喪失宣告等を扱う。少年部は，原則14歳以上の**非行少年**に関わる保護事件の審判を担当する。**触法少年**については，児童相談所からの送致を受け審判することとなり，**ぐ犯少年**の対応は，児童相談所と家庭裁判所が連携を図っている。

② 警　察

　警察法により個人の権利と自由を保護し，公共の安全と秩序を維持することを任務とする。子どもに関わる事項には，触法少年，ぐ犯少

➡ 非行少年

少年法において，犯罪少年，触法少年，ぐ犯少年の定義が定められている。非行については，少年法と児童福祉法で対応するが，後者での対応は触法少年とぐ犯少年の一部で，子どもの福祉を図る観点から各種の援助が行われる。

➡ 触法少年

14歳に満たないで刑罰法令に触れる行為をした少年をいう。

➡ ぐ犯少年

性格・環境に照らして，将来罪を犯し，または刑罰法令に触れる行為をするおそれのある少年をいう。

年の通告，迷子・棄児・被虐待児等の通告・調査（立入調査，臨検・捜索），少年補導，非行防止活動，配偶者暴力の防止と保護等がある。

③　配偶者暴力相談支援センター

配偶者からの暴力の防止及び被害者の保護等に関する法律（以下DV防止法）により，都道府県が設置義務を負い，一時保護施設を有する婦人相談所や適切な施設を指定し，配偶者暴力相談支援センターの機能を果たすこととされている。また，DV防止法により売春防止法に基づく婦人保護施設が，配偶者からの暴力の被害者の保護を行うことができるとされている。DV被害者からの相談及びカウンセリング，被害者の保護（委託も可能）のほか，自立支援や保護命令制度の利用，保護施設に関する情報提供を行う。

④　その他

上述のほか，市区町村子ども家庭総合支援拠点（本章第1節参照）や母子保健法に基づき妊娠期から子育て期にわたる支援をする母子健康包括支援センター（子育て世代包括支援センター）があり，地域包括的・継続的な支援の展開が期待される。

子ども・若者育成支援に関する相談に応じ，関係機関の紹介その他の必要な情報の提供及び助言を行う拠点として，子ども・若者総合相談センターが設置されているほか，15〜39歳までの若者に対する就労支援機関として，**地域若者サポートステーション**➡がある。

③　利用方式

☐　措置制度から契約制度への移り変わり

2000（平成12）年に社会福祉事業法が改正・改称され，社会福祉法が制定された。「パターナリズムからパートナーシップへ」というスローガンのもと，施設から在宅・地域へ，措置から契約へ，保護から自立へ等の大きな理念の変容と援助方法の転換が図られた。この影響を受け，児童家庭福祉分野のサービス利用方法も変化したが，要保護児童の福祉については，児童の権利擁護と最善の利益の観点から，主に公的責任による措置制度が中心的な役割を担っており，児童の意見表明権をはじめとする権利擁護システムが必要とされている。

➡**地域若者サポートステーション**
働くことに悩みを抱えている15〜49歳までの者に対し，キャリアコンサルタントなどによる専門的な相談，コミュニケーション訓練などによるステップアップ，協力企業への就労体験などにより，就労に向けた支援を行う施策。厚生労働省が委託したNPO法人，株式会社等により実施されており，身近な相談機関として全都道府県に設置されている。

児童福祉施設入所のしくみ

① 措置制度

措置制度では，児童相談所に対し児童の施設入所に関する相談があったとき，児童相談所がその調査や判定に基づいて児童養護施設等への入所決定を行う。この決定は行政処分であり，本来的には児童相談所を設置する都道府県知事や政令市の市長，児童相談所設置市の市長により行われるものであるが，実際は，調査や判定を行い，児童とその保護者の状況をよく把握している児童相談所の長に権限の委任がなされている。

② 保育所等入所のしくみ

保育所入所について，市町村は，保育の必要性の認定を受けた保護者から保育所に対する入所の申し込みがあった場合，それらの乳幼児を保育所において保育しなければならない。保護者は，市町村や保育所から提供される保育所の施設・設備や運営の状況，保育内容等に関する情報をもとに，利用を希望する保育所を選択し，申し込む。市町村はその申し込みに基づき，乳幼児の状況を確認し，適当であると判断される場合に保護者が希望する保育所での保育の実施を決定し，児童への保育サービスを提供する。

ただし，定員を一定以上超える場合は，市町村の客観的な選考基準と方法により調整が行われる。費用は，利用者の個人給付分を委託費として施設に全額支払い，市町村が保護者から保育料として費用を徴収する。徴収額は，家計に与える影響や児童の年齢等に基づき決定される。虐待やリスク要因を抱える保護者に対して，市町村は保育所入所を勧奨する義務が課せられており，**職権保護**➡ による入所もできる。

母子生活支援施設，助産施設については，保育所の入所のしくみとほぼ同様であって，実施主体である都道府県，市及び福祉事務所を設置する町村に対し，利用を希望する者が申し込む。申し込みを受けた実施主体は，利用要件の確認を行い，利用者が希望する施設に入所させ，委託費を支払う。利用者は，収入に応じて実施主体に対して負担額を支払う。

なお，2012（平成24）年に制定された子ども・子育て支援法，認定こども園法の一部改正法，児童福祉法など関係法律の整備法が施行されたことに伴い，教育・保育施設は施設型給付に基づいて利用者と事業者が公的契約を結ぶ方式がとられることになった。私立保育所は保育の実施義務が継続され，市町村が委託する制度によっている。

③ 障害児施設給付制度

障害児の施設利用においては，2006（平成18）年の障害者自立支援

➡ 職権保護

福祉サービスは原則申請に基づき行われるが，生命の危機など急迫した事情にある場合，申請がなくとも保護が実施されることをいう。子ども家庭福祉においては，たとえば児童相談所による一時保護は，保護者の同意に基づくものであるが，児童福祉法第33条に基づいて児童相談所長が必要と認めるときは，職権により保護者の同意がなくても子どもを保護することができる。

法（現・障害者の日常生活及び社会生活を総合的に支援するための法律）と改正児童福祉法の施行により障害児施設給付制度が導入され，その後，2010（平成22）年には障害児施設給付費から，障害児入所給付費，障害児通所給付費のしくみへと変更された。

　障害児入所施設の利用を希望する保護者は，都道府県に対し，障害児入所給付費の支給を申請しなければならない。申請を受けた都道府県は，障害児の心身の状態や障害児の介護を行う者の状況等を勘案し，障害児入所給付費の支給の要否を決定する。都道府県は，障害児入所給付費の支給決定を受けた保護者に対し，入所受給者証を交付し，保護者はそれを持って指定障害児入所施設等へ行き，契約を結ぶことで入所による支援を受けることができる。ただし，虐待等児童の権利擁護の観点から措置による入所が必要であると児童相談所が判断する場合，措置制度による施設入所も行われる。

　なお，児童発達支援センターの入所決定は，障害児相談支援事業者の作成するケアプランに基づき市町村が決定するしくみである。

④ 関連専門職

　児童やその保護者の複雑で多様なニーズに対し，相談，助言，心理的ケア等具体的なサービスを担うのは，児童家庭福祉の専門職である。以下，児童家庭福祉の代表的な専門職を概観する。

☐ 相談援助の専門職
① 児童福祉司
　児童福祉司は，児童相談所において児童の保護や福祉に関する相談に応じ，専門的技術に基づき必要な指導を行う。児童福祉司には担当区域があり，区域内の市町村長に協力を求めることができる。

　児童福祉法第13条に規定される**任用資格**である。その要件として，「都道府県知事の指定する児童福祉司若しくは児童福祉施設の職員を養成する学校その他の施設を卒業し，又は都道府県知事の指定する講習会の課程を修了した者」「学校教育法に基づく大学又は旧大学令に基づく大学において，心理学，教育学若しくは社会学を専修する学科又はこれらに相当する課程を修めて卒業した者であつて，厚生労働省令で定める施設において１年以上児童その他の者の福祉に関する相談に応じ，助言，指導その他の援助を行う業務に従事したもの」「医師」

➡ 任用資格
国によって認められた一定の条件を満たすことにより与えられる資格。特定の職種に就くことで活用される。

「社会福祉士」等のうち1つを満たせばよい。

2016（平成28）年の改正で，同条第2項により児童福祉司の数は，政令（児童福祉法施行令第3条）で定める基準を標準として都道府県が定めることとされている。また，同条第8項により児童福祉司は，厚生労働大臣が定める基準に適合する研修を受けなければならない。

② 児童心理司

児童心理司は，児童相談所において児童や保護者などからの相談に応じ，診断面接，心理検査，観察等により心理診断，心理判定を担当するほか，心理療法やカウンセリングなどにより助言指導を行う。児童福祉法第12条の3第5項に「判定をつかさどる所員」として規定される任用資格であり，その任用要件は，「医師であって精神保健に関して学識経験を有する者またはこれに準ずる資格を有する者」及び「学校教育法に基づく大学または旧大学令に基づく大学において，心理学を専修する学科またはこれに相当する課程を修めて卒業した者もしくはこれに準ずる資格を有する者」または公認心理師である。

③ 家庭相談員

家庭相談員は，厚生事務次官通知「家庭児童相談室の設置運営について」によれば，都道府県または市町村が設置する福祉事務所に設置される家庭児童相談室に配置される。主たる業務は，家庭児童福祉に関する専門的技術を要する相談指導を行うことである。家庭相談室には，社会福祉主事も配置され，家庭相談員とともに業務にあたる。家庭相談員は，人格円満で社会的信望があり，健康で，家庭児童福祉の増進に熱意をもつ者であって，「学校教育法に基づく大学又は旧大学令に基づく大学において，児童福祉，社会福祉，児童学，心理学，教育学若しくは社会学を専修する学科又はこれらに相当する課程を修めて卒業した者」「医師」「社会福祉士」等の要件のうちいずれかを満たせばよい。都道府県または市町村の非常勤職員として勤務していることが多い。

④ 母子・父子自立支援員

母子・父子自立支援員は，母子及び父子並びに寡婦福祉法第8条に基づき都道府県知事，市長，福祉事務所を管理する町村長に委嘱され，福祉事務所等に配置される。配偶者のない者で現に児童を扶養している者及び寡婦からの相談に応じ，その自立に必要な情報提供及び指導，職業能力の向上，求職活動の支援を主たる業務とする。

☐ 児童委員・主任児童委員

児童委員は，児童家庭福祉の民間奉仕者として，厚生労働大臣の委

嘱により任命され，民生委員を兼務する。担当区域の児童家庭及び妊産婦について，その生活及び環境の状態を把握し，必要な援助や指導を行うとともに，社会福祉主事，児童福祉司の職務に協力することとされる。1994（平成6）年から区域を担当しない主任児童委員が置かれ，児童委員と一体的な活動をしている。

☐ 児童福祉施設の専門職

児童福祉施設には，児童の生活に密着したきめ細かな支援をするための専門職が配置される（**表5-2**，69頁参照）。児童福祉施設における職員は，児童福祉施設の設備及び運営に関する基準（以下，設備運営基準）により，資格要件や配置基準等が規定されている。

① 保育士

保育士は，保育士登録簿に登録を受け，「保育士の名称を用いて専門的知識及び技術をもつて，児童の保育及び児童の保護者に対する保育に関する指導を行うことを業とする者」である（児童福祉法第18条の4）。保育士の業務には，「児童の保育」と「児童の保護者に対する保育に関する指導」の2つがある。2001（平成13）年の児童福祉法改正により名称独占の国家資格として位置づけられ（児童福祉法第18条の23），守秘義務や信用失墜行為の禁止が課せられた。

保育士となるためには，都道府県知事が指定する保育士を養成する学校その他の施設を卒業した者や都道府県が実施する保育士試験に合格した者（保育士となる資格をもつ者）が，都道府県が備える保育士登録簿に登録を受けなければならない。都道府県から保育士登録証が交付されることにより，保育士の名称を使用できる。

保育士は，保育所や乳児院，児童養護施設，各障害児施設，児童相談所などで18歳未満の全ての児童の生活全般を支えている。

② 児童指導員

児童指導員は，設備運営基準第43条に規定される任用資格であり，児童養護施設や児童心理治療施設，障害児入所施設，児童発達支援センターに配置しなければならない。

任用要件は，「都道府県知事の指定する児童福祉施設の職員を養成する学校その他の養成施設を卒業した者」「社会福祉士の資格を有する者」「精神保健福祉士の資格を有する者」「学校教育法の規定による大学の学部で，社会福祉学，心理学，教育学若しくは社会学を専修する学科又はこれらに相当する課程を修めて卒業した者」等のうち1つに該当すればよい。

児童指導員は，生活指導，学習指導，職業指導及び家庭環境の調整，

自立支援計画の策定など施設サービスにおいて中心的な役割を担う。生活指導は，児童の自主性を尊重し，基本的生活習慣の確立や豊かな人間性及び社会性を養い，児童の自立を支援することを目的として行われており，福祉に関する専門的知識・技術のほか，生活全般の幅広い知識・技術が求められる。

③ 児童自立支援専門員

児童自立支援施設には，児童自立支援専門員，児童生活支援員等を配置しなければならない（設備運営基準第80条）。児童自立支援専門員は，児童生活支援員と協力して個別の児童自立支援計画を策定し，児童の生活指導，職業指導，学科指導，家庭環境調整を担う。その任用資格は，「医師であつて，精神保健に関して学識経験を有する者」「社会福祉士の資格を有する者」「都道府県知事の指定する児童自立支援専門員を養成する学校その他の養成施設を卒業した者」等の１つを満たせばよい。児童生活支援員の任用資格は，「保育士の資格を有する者」「社会福祉士の資格を有する者」「３年以上児童自立支援事業に従事した者」の要件の１つを満たせばよい。

④ 児童の遊びを指導する者

児童厚生施設である児童館と児童遊園には，児童の遊びを指導する者を置かなければならない（設備運営基準第38条）。1998（平成10）年以前は児童厚生員と呼ばれていた。児童厚生施設における遊びの指導は，児童の自主性，社会性及び創造性を高め，地域における健全育成活動の助長を図るよう行われるものとされている。任用要件は，「都道府県知事の指定する児童福祉施設の職員を養成する学校その他の養成施設を卒業した者」「保育士の資格を有する者」等のうち１つを満たせばよい。

⑤ 母子支援員

母子生活支援施設には，母子の生活支援を行う者として母子支援員を置かなければならない（設備運営基準第27条）。母子支援員の任用資格は，「都道府県知事の指定する児童福祉施設の職員を養成する学校その他の養成施設を卒業した者」「保育士の資格を有する者」「社会福祉士の資格を有する者」等のうち１つを満たせばよい。

⑥ 家庭支援専門相談員

家庭支援専門相談員（ファミリーソーシャルワーカー）は，児童福祉の関係機関，直接ケア職員等と連携し，家庭環境調整の強化を図り，早期の家庭復帰をめざすことを目的とする。家庭支援専門相談員は，「社会福祉士若しくは精神保健福祉士の資格を有する者」等の要件を満たす者でなければならない（設備運営基準第21条）。

　1999（平成11）年度より非常勤職員として定員20人以上の乳児院に配置され，2002（平成14）年度には全ての乳児院，2004（平成16）年度には児童養護施設，情緒障害児短期治療施設（現・児童心理治療施設），児童自立支援施設に拡充された。現在は，乳児院（設備運営基準第21条），児童養護施設（同第42条），児童心理治療施設（同第73条），児童自立支援施設（同第80条）にも配置しなければならない。

⑦　心理療法担当職員

　心理療法担当職員は，乳児院，児童養護施設または母子生活支援施設に配置する場合，「学校教育法の規定による大学において，心理学を専修する学科若しくはこれに相当する課程を修めて卒業した者であって，個人及び集団心理療法の技術を有するもの又はこれと同等以上の能力を有すると認められる者」とされる。児童自立支援施設，児童心理治療施設に配置する場合，「学校教育法の規定による大学において，心理学を専修する学科若しくはこれに相当する課程を修めて卒業した者又は同法の規定による大学において，心理学に関する科目の単位を優秀な成績で修得したことにより，（中略）大学院への入学を認められた者であつて，個人及び集団心理療法の技術を有し，かつ，心理療法に関する1年以上の経験を有するもの」とされる。

　設備運営基準によって，児童心理治療施設（第73条）では必置とされ，乳児院（第21条），母子生活支援施設（第27条），児童養護施設（第42条），児童自立支援施設（第80条）において，対象者10人以上に心理療法を行う場合に心理療法担当職員の配置が義務づけられた。なお，福祉型障害児入所施設で心理指導を行う必要があると認められる児童5人以上に心理指導を行う場合（第49条）と，主として重症心身障害児を入所させる医療型障害児入所施設（第58条）には，心理指導を担当する職員を配置しなければならない。

⑧　個別対応職員

　個別対応職員は，乳児院，児童養護施設，児童心理治療施設，児童自立支援施設及び母子生活支援施設に配置される。虐待を受けた児童等の施設入所の増加に対応するため，被虐待児童等の個別対応が必要な児童への1対1の対応，保護者への援助等を行う職員を配置し，虐待を受けた児童等への対応の充実を図ることを目的とする。

⑨　里親支援専門相談員

　里親支援専門相談員は，里親支援ソーシャルワーカーとも呼ばれる。里親支援を行う児童養護施設及び乳児院に配置される。児童養護施設及び乳児院に，地域の里親及びファミリーホームを支援する拠点としての機能をもたせ，児童相談所の里親担当職員，里親委託等推進員，

里親会等と連携して，所属施設の入所児童の里親委託の推進，退所児童のアフターケアとしての里親支援，所属施設からの退所児童以外を含めた地域支援としての里親支援を行い，里親委託の推進及び里親支援の充実を図ることを目的とする。

里親支援専門相談員は，社会福祉士もしくは精神保健福祉士の資格を有する者等の要件のうち1つを満たす者でなければならない。なお，里親支援専門相談員は，里親委託の推進と里親支援を行う専任職員のため，施設の直接処遇職員の勤務ローテーションには入らず，必要に応じて施設の所在する都道府県等の所管区域を越えて里親支援を行うことができるとされている。

財 源

➡ 地方交付税交付金

本来地方公共団体の税収入により実施されるべき事業について，地方自治体間の財源の不均衡を調整するために支出されている交付金のこと。すべての地方自治体が一定の水準を維持できる財源を保障するため，国税として国が代わって徴収し，一定の合理的な基準（積算基準等）によって再配分することにより，地方自治体のサービス格差を少なくする。なお，地方交付税交付金は，一般財源として位置づけられるため，使途の制限がない。

➡ 国庫補助金

国が国以外の者に対して交付する補助金，負担金（国際条約に基づく分担金を除く），利子補給金，その他相当の反対給付を受けない給付金であって政令で定めるものをいう（補助金等に係る予算の執行の適正化に関する法律）。地方交付税交付金とは異なり，使途が限定される。

☐ 児童・家庭福祉の財源

財源には，公費及びこれに準ずる公的資金と民間資金があり，公費は，法律に定められ公の責任とされる児童・家庭福祉事業，国や地方公共団体が児童と子育て家庭の福祉増進のために行う事業等に充てられる。国費の支出は，**地方交付税交付金**➡と**国庫補助金**➡等に大別される。地方交付税交付金は，国税から地方公共団体に配分される資金であり，児童相談所の運営に要する費用等がそれにあたる。使用については，地方の裁量に委ねられている。

国庫補助金等は，目的のある各種事業の達成のために効果的に使用されなければならない財源であり，国や地方の責任のもち方により負担の考え方や負担割合が異なる。補助金等に係る予算の執行の適正化に関する法律によって，補助金等とは，国が国以外の者に対して交付する補助金，負担金（国際条約に基づく分担金を除く），利子補給金，その他相当の反対給付を受けない給付金であって政令で定めるものをいうとされる。

児童福祉法に定められた児童・家庭福祉の実施にかかる費用（児童福祉行政や施設入所等）は，その性格や内容によって支弁義務者を定め，国，都道府県，市町村の財政負担の割合を規定している。また同法は，扶養義務者からの費用徴収についても規定している。

2015（平成27）年度から実施されている子ども・子育て支援制度については，年金特別会計によって，被用者に対する児童手当の支給や地域子ども・子育て支援事業に用いられている。

❑ 近年の動向

　近年は，地方分権改革や規制緩和による国庫補助金の削減，税源移譲，地方交付税改革を一体的に実施する三位一体改革が行われ，2005（平成17）年度以降は，子育て支援事業等に次世代育成支援対策交付金制度が導入され，従来の補助金が統合補助金化されるなど，国の負担割合が減少し，地方の負担が増えている。

　財源のなかでも児童福祉法による児童入所施設措置費等国庫負担金は，要保護児童が児童養護施設や里親に措置あるいは委託された際の保護や養育に関する最低基準を守る費用であり，児童・家庭福祉における重要な財源の１つである。**措置**を決定した都道府県または市町村が支弁義務者として，施設や里親に対し毎月**支弁**する。保護者に対しては，所得税や住民税の課税状況によって判断する**応能負担**により，費用を徴収することができる。

　児童入所施設措置費等国庫負担金は，各年度においてその地方公共団体における支弁給額（個々の施設等に対する各月の支弁額の年間の合計額の全施設等の合計額をいい，その額が，その地方公共団体が児童等の措置等のために要した実支出額（当該費用のための寄付金があるときは，その寄付金の額を控除するものとする）を超えるときは実支出額とする）から，保護者から徴収した費用を除いた額の２分の１を国が負担する。その残りの２分の１を経費の種別によって都道府県が負担したり，都道府県と市町村と半分ずつ（その場合はそれぞれ４分の１ずつ）負担がなされている。

　障害児入所給付費，障害児通所給付費にかかる契約入所の場合の費用は，行政がサービス利用者である保護者に対して施設支援として給付し（施設が代理受領），利用者がその費用の一部を負担している。保護者からの費用徴収は，応能負担を原則とする。国２分の１，都道府県２分の１であり，通所の場合の費用負担は，国２分の１，都道府県４分の１，市町村４分の１となる。

➡ 措置

行政庁が行う行政処分のことである。この措置権者は，都道府県知事や市町村長となる。子ども家庭福祉分野では，たとえば児童養護施設への入所決定や里親委託の決定がそれにあたり，この措置権者は都道府県（知事）であるが，実際は児童相談所長に委任されている。

➡ 支弁

費用について支払うことをいう。

➡ 応能負担

サービス利用に係る費用負担について，サービスを利用した量に応じた負担とするのではなく，所得に応じた負担とすることをいう。所得税や住民税の課税状況によって判断する。

◯注 ─────────

⑴　柏女霊峰（2020）『子ども家庭福祉論（第 6 版)』誠信書房，70.

◯参考文献 ─────────

柏女霊峰（2020）『子ども家庭福祉論（第 6 版)』誠信書房.
厚生労働省「児童相談所運営指針」.
厚生労働省「市町村子ども家庭支援指針（ガイドライン）」.
厚生労働省「要保護児童対策地域協議会の概要」.
厚生労働省「市区町村子ども家庭総合支援拠点の設置運営等について」.
山縣文治・福田公教・石田慎二監修／ミネルヴァ書房編集部編（2019）『ワイ
　　ド版社会福祉小六法2019資料付』ミネルヴァ書房.

■第6章■

子ども・子育て支援

子ども・子育て支援を取り巻く状況

➡️少子化社会対策大綱

少子化社会対策基本法に基づく総合的かつ長期的な少子化に対処するための施策の指針のこと。2004年，2010年，2015年に続く第4次大綱「少子化社会対策大綱　～新しい令和の時代にふさわしい少子化対策へ～」が2020年5月に閣議決定された。基本目標として「希望出生率1.8」の実現に向け，令和の時代にふさわしい環境を整備し，国民が結婚，妊娠・出産，子育てに希望を見出せるとともに，男女が互いの生き方を尊重しつつ，主体的な選択により，希望する時期に結婚でき，かつ，希望するタイミングで希望する数の子どもを持てる社会をつくることを掲げている。

➡️生産年齢人口

国内の生産活動を中心となって支える人口のこと。経済協力開発機構（OECD）は15～64歳の人口と定義している。労働力の中核をなし，経済活動と社会保障を支えている世代である。日本においては少子高齢化が進むことで，生産年齢人口が減少し，近い将来の経済競争力の低下や現役世代の社会保障負担の増大が問題となっている。生産年齢人口に対し，14歳以下を年少人口，65歳以上を老年人口と呼ぶ。

❑ 少子化と核家族化がもたらす影響

　少子化対策は，1994（平成6）年のエンゼルプランから，現在まで25年以上行われているが，未だ解決していない。2020（令和2）年5月に閣議決定された**少子化社会対策大綱**では，「希望出生率1.8」の実現に向けた「新しい令和の時代にふさわしい少子化対策」が掲げられている。[1]

　少子化は，社会と子どもの双方に影響する。前者では少子化と同時に急激な高齢化が進む中で，国全体の生産力を支える**生産年齢人口**が減少し経済成長率を低下させる可能性，年金・医療・福祉等の社会保障の現役世代の負担増大などが指摘されている。[2]後者では，子どもの数が減ることで，子ども同士が触れ合う機会の減少や親の過保護・過干渉が起き，子どもの社会性が育ちにくくなっているとの指摘や，核家族化も相まって青年期に乳幼児と接する機会がないままに大人になることによる子育て不安等も懸念されている。

　子どもがいる世帯では，核家族化で夫婦と子どものみの場合が増えている。少子化の影響で子どもの数が減少する中，地域で子育て世代同士のつながりをもつことが一段と難しくなっている。そのため子育て家庭が地域から孤立し，子育てと向き合う保護者の子育て不安・負担感の増大が指摘されている。たとえば，祖父母の手助けを得られないため，困ったことがあっても他人に相談できず抱え込んでしまう，日中子どもと母親のみで過ごし，大人と話す機会は夜遅くに帰ってきた夫とのみで社会から切り離された気持ちがする，など例を挙げれば枚挙にいとまがない。

　また核家族化で自分の親から子育ての知恵が伝達されにくく，代わりに育児本やインターネットの育児情報を頼りにすることで，自分の子どもがそれら情報源と少し異なると不安になるなども実際に起きている。子育て不安・負担感の増大は児童虐待にもつながる可能性がある大きな課題である。

❑ 仕事と子育ての両立困難と子育てのマイナスイメージ

　価値観や経済状況の変化により共働き世帯が増加しているが，一方

で保育所等に入所したくてもできない待機児童問題は深刻な社会問題の一つである。この問題は小学校までスライドし，放課後児童クラブでも待機児童となるなど就学期を迎えても保護者に重くのしかかる地域もある。

　男性の育児参加が注目されるようになったが，共働き家庭の母親の家事・育児負担は大きく，仕事と子育ての両立はまだ容易ではない。時短勤務やフレックスタイム制，在宅勤務の導入など企業による仕事と子育ての両立支援の動きは一定あるが，まだ十分とはいえない。共働き家庭の6歳未満の子どもをもつ夫婦の育児・家事関連時間を1日あたりで計算すると，母親が6時間10分に対し父親は1時間24分と5時間近くの差がある。また男性の**育児休業**🔹取得率も上昇傾向にあるとはいえ，6.16％（2018年度）と低調である。

　さらに教育費などの子育て費用も負担となっている。少しデータは古いが2009（平成21）年の内閣府の調査（「平成21年度インターネット等による少子化施策の点検・評価のための利用者意向調査」）では，保育所・幼稚園費，学校教育費，学習塾などの教育費の順に負担との回答が多く，教育関連費用が上位を占めていた。ひとりの子どもを育てるのに塾などの費用を含めると約2,000万円かかるとの試算もあり，子育て家庭への影響は大きい。

　そして子育て家庭の孤立，子育ての不安感・負担感の増大，仕事と子育ての両立の困難，待機児童問題，経済的負担などから"子育ては大変でしんどいもの"といった情報やイメージがクローズアップされ，子どもを育てる喜びや楽しみなど積極的側面が十分に伝達されにくくなっている。多様な選択が可能な社会のもと，子育ての喜びや楽しみが十分に伝えられ，安心して子どもを産み育てられる，また，子どもが健やかに成長していくことのできる社会となることが求められる。

🔹**育児休業**

子が1歳（一定の場合は，最長で2歳）に達するまで，申出により仕事を休業することができる制度。正社員に限らず，パート社員，派遣社員，契約社員であっても一定の条件を満たせば取得可能である。父母ともに育児休業を取得する場合は，子が1歳2か月に達するまでの間の1年間となる「パパ・ママ育休プラス」制度もある。また，産後8週間以内の期間に育児休業を取得した場合は，特別な事情がなくても申出により再度の育児休業取得が可能（パパ休暇）である。

② 子ども・子育て支援の体系

☐ 子ども・子育て支援と子ども・子育て支援制度

　子ども・子育て支援とは，ここまで述べたさまざまな状況に対し，次代の社会を担う子ども一人ひとりの育ちを社会全体で応援するための子育てにかかる経済的負担の軽減や，安心して子育てができる環境整備のための施策などの総合的な支援のことを指す。そこで重要な役割を果たすのが，子ども・子育て支援新制度（以下，新制度）である。

➡️ **子ども・子育て関連3法**

子ども・子育て支援法（平成24年法律第65号），就学前の子どもに関する教育，保育等の総合的な提供の推進に関する法律の一部を改正する法律（平成24年法律第66号），子ども・子育て支援法及び就学前の子どもに関する教育，保育等の総合的な提供の推進に関する法律の一部を改正する法律の施行に伴う関係法律の整備等に関する法律（平成24年法律第67号）のこと。保護者が子育てについての第一義的責任を有するという基本的認識の下に，幼児期の学校教育・保育，地域の子ども・子育て支援を総合的に推進することを趣旨とする。

➡️ **幼稚園**

学校教育法に基づく教育施設。また，子ども・子育て支援法（平成24年法律第65号）に基づく教育・保育施設。3歳以上の幼児（未就学児）を対象として保育を行い，適当な環境を与えて，その心身の発達を助長することを目的とする学校であって，小学校以降の生活や学習の基盤を培う学校教育のはじまりとしての役割を担っているもののことを指す。幼稚園では，幼稚園教育要領に従って教育課程が編成されている。

➡️ **保育所**

児童福祉法に基づく児童福祉施設。また，子ども・子育て支援法（平成24年法律第65号）に基づく教育・保育施設。0歳以上の未就学児のうち，保護者の就労などの保育を必要とする事由によって家庭で保育できない場合に利用する。児童福祉法では，第39条において

新制度は，すべての子どもへの良質な成育環境の保障を行い，子育てしやすい社会にするために，子ども・子育て家庭を社会全体で支え合うしくみを構築する(6)ことを目的に新たに制度設計され，**子ども・子育て関連3法**➡️等に基づき2015（平成27）年4月より本格施行されている。

新制度では「保護者が子育てについての第一義的責任を有する」という基本的な認識のもとに，幼児期の学校教育・保育，地域の子ども・子育て支援を総合的に推進する(7)。①施設型給付及び地域型保育給付の創設，②認定こども園制度の改善，③地域の実情に応じた子ども・子育て支援の充実，④市町村が実施主体，⑤社会全体による費用負担，⑥内閣府に子ども・子育て本部を設置，⑦子ども・子育て会議の設置，が特徴である。(8)

❑ 子ども・子育て支援新制度の実施体制

これまで幼稚園は文部科学省，保育所は厚生労働省が担当するなど，制度ごとに異なった政府の推進体制を整備し，内閣府に子ども・子育て本部を設置した。子ども・子育て本部は，子ども・子育て支援のための基本的な政策や少子化の進展への対処に係る企画立案・総合調整などを所管する機関であり，この本部を中心として関係省庁が緊密な連携を図りつつ，少子化対策や子ども・子育て支援施策を推進していく。(9)

子ども・子育て会議は，有識者・地方公共団体・子育て担当者・子育て支援担当者などが政策プロセス等に参画・関与できるしくみとして，国（内閣府）に2013（平成25）年4月に設置された。子ども・子育て支援法に基づく「基本指針」や施設・事業の各種基準等の検討を行ってきた。また，市町村，都道府県でも地方版子ども・子育て会議が設置努力義務（子ども・子育て支援法第77条）とされ，2014（平成26）年度で98.2％の自治体で設置済または今後対応予定と報告されている。(10)地方版子ども・子育て会議では，子ども・子育て支援事業計画の策定・変更の際や，子ども・子育て支援に関する施策の総合的かつ計画的な推進に関し，必要な事項や実施状況などを調査審議する。(11)

新制度の実施主体は，基礎自治体である市町村である。子ども・子育て支援法では，すべての市町村，都道府県に事業計画策定を義務づけている。とくに市町村には，幼児期の学校教育・保育，地域子ども・子育て支援事業の量の見込みと確保方策を示した計画策定が求められる。都道府県は計画作成段階で市町村間の調整を行い，また一定期間ごとに市町村との間で協議・調整を行う。市町村計画を「子ども・子育て支援事業計画」，都道府県計画を「子ども・子育て支援事

図6-1　子ども・子育て支援制度の概要

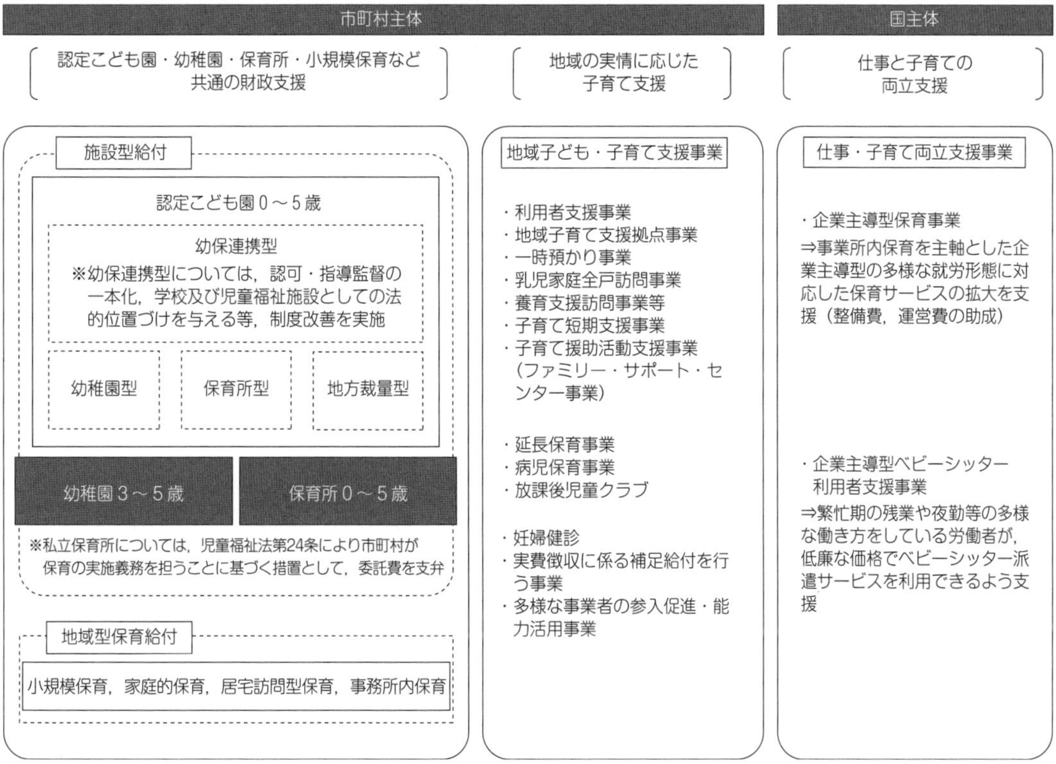

出所：内閣府子ども・子育て本部（2019）「子ども・子育て支援新制度について（令和元年6月）」.

業支援計画」という。計画は5年を1期として見直しが行われ，2020（令和2）年4月から第2期がスタートしている。

☐ 教育・保育施設と地域子ども・子育て支援事業

　教育・保育施設とは，就学前児童を対象とした**幼稚園**，**保育所**，**認定こども園**および小規模保育事業等の地域型保育を指す。そのうち幼稚園，保育所，認定こども園に対する財政支援を施設型給付という。新制度では施設型給付を創設することで，幼稚園は学校，保育所は福祉の体系とバラバラだった財政支援の財布を一つにした。また，小規模保育，家庭的保育，居宅訪問型保育，事業所内保育のことを地域型保育といい，地域型保育の財政支援のしくみを地域型給付という。地域子ども・子育て支援事業とは，子ども・子育て支援法第59条に定められた13事業である。2017（平成28）年度より企業による子ども・子育て支援を応援するために，国が主導する仕事・子育て両立支援事業を創設した（図6-1）。

「保育を必要とする乳児・幼児を日々保護者の下から通わせて保育を行うことを目的とする施設（利用定員が20人以上であるものに限り，幼保連携型認定こども園を除く）とする」と定められている。

➡ 認定こども園

幼稚園と保育所の機能や特長をあわせ持ち，地域の子育て支援も行う施設。0～2歳については，保育所の利用と同様に保護者の就労等の保育を必要とする家庭で保育ができない場合に利用する。3～5歳については，就労の有無などに関係なく利用できるが，保育を必要とする事由に該当するか否かで，利用時間が異なる。該当しない場合は，幼稚園と同じ教育時間となる。

③ 子ども・子育て支援のサービス

☐ 教育・保育施設の利用の条件

　教育・保育施設の利用に必要な認定や条件などを述べる。利用には認定が求められ, 教育標準時間認定（１号給付）と保育認定（２号・３号給付）がある（表６-１）。保育認定（２号・３号給付）には,「保育を必要とする事由」への該当が必要である。

　「保育を必要とする事由」とは, 就労, 妊娠, 出産等（資料６-１）であり, いずれか一つへの該当が条件となる。新制度への移行で, 就労についてはフルタイム勤務のみでなくすべての就労に事由が拡大された。求職活動や就学, 虐待やドメスティック・バイオレンス（DV）のおそれがある場合なども事由に追加されている。また, 保育を必要とする事由が就労の場合, 保護者の就労時間によって利用時間も決定される。「保育標準時間（11時間）」または「保育短時間（８時間）」である。前者はフルタイム就労を, 後者はパートタイム就労などを想定している。さらにひとり親家庭, 生活保護世帯, 子どもに障害がある場合などは, 保育の優先的な利用が必要と判断される場合があるが, 具体的な「優先利用」の事項は, 市町村で決定される。

☐ 教育・保育施設の利用

　教育・保育施設の利用の申し込み, 利用料等について述べる。教育と保育のどちらの希望かで申し込み手順が異なる。教育の場合は, 直接利用したい施設（幼稚園・認定こども園）に申し込み, 内定した園を通じて教育標準時間認定（１号給付）の申請を行う。保育の場合には市町村が利用調整を行うため, 市町村に認定の申請をし, 保育認定（２号・３号給付）を受け, 希望の保育所・認定こども園・地域型保育（満３歳未満）の利用申し込みを行う（認定の申請と同時に利用申請も可）。保育の必要な事由に基づき優先順位などが決定され利用調整がされるため, 定員数より希望者が多い場合は, 待機児童となることがある。

　利用料は, ０〜２歳までの子どもは認定区分や保護者の所得に応じて設定されており, 国が定める水準を限度として市町村で決定される。年収約360万円未満相当の世帯は軽減措置が拡充, 多子世帯やひとり親世帯等は保育料の負担軽減がなされている。

表6-1　教育・保育施設の認定区分と利用できる施設

認定区分	子どもの年齢	利用できる施設	備　考
教育標準時間認定（1号給付）	満3歳以上	幼稚園・認定こども園	教育を希望
保育認定（2号給付）	満3歳以上	保育所・認定こども園	保育を希望
保育認定（3号給付）	満2歳まで	保育所・認定こども園・地域型保育	保育を希望

出所：筆者作成.

資料6-1　保育を必要とする事由

保育を必要とする事由（下線は，新制度によって新たに加えられた事由）
- 就労（フルタイムのほか，パートタイム，夜間，居宅内の就労など）
- 妊娠，出産
- 保護者の疾病，障害
- 同居又は長期入院等している親族の介護・看護
- 災害復旧
- 求職活動（起業準備を含む）
- 就学（職業訓練校等における職業訓練を含む）
- 虐待やDVのおそれがあること
- 育児休業取得中に，すでに保育を利用している子どもがいて継続利用が必要であること
- その他，上記に類する状態として市町村が認める場合

出所：内閣府（2016）「子ども・子育て支援新制度　なるほどBOOK（平成28年4月改定版）」より筆者作成.

表6-2　保育施設の無償化の対象

対　象	利用施設	認定の種類等	備　考
3歳～就学前	幼稚園・認定こども園	1号給付	月額上限2.57万円
	保育所・認定こども園	2号給付	
	企業主導型保育事業	必要書類を申請	
	幼稚園の預かり保育	「保育の必要性の認定」が条件	月額上限1.13万円
	認可外保育施設＊	「保育の必要性の認定」が条件	月額上限3.7万円
	障害児の発達支援		保育所等との併用も対象
0～2歳の子どものいる住民税非課税世帯	保育所・認定こども園・地域型保育	3号給付	
	企業主導型保育事業	必要書類を申請	
	認可外保育施設＊	「保育の必要性の認定」が条件	月額上限4.2万円

注：＊認可外保育施設に加え，一時預かり事業，病児保育事業，ファミリー・サポート・センター事業
　　も対象.
出所：内閣府「幼児教育・保育の無償化」（https://www.8.cao.go.jp/shoushi/shinseido/musyouka/index.
　　html）より筆者作成.

🔲 幼児教育・保育の無償化

　2019（令和元）年10月より，満3歳になった後の4月1日から小学校入学前までの3年間（幼稚園は入園できる時期に合わせて満3歳から），幼稚園，保育所，認定こども園等を利用するすべての子どもの利用料が無償化された。また0～2歳までの子どもの利用料は，住民税非課税世帯を対象に無償化された。消費税10％への増税による税収入を財源とした新しい制度である。上記以外にも企業主導型保育事業，幼稚園の預かり保育，認可外保育施設等を利用している場合も，一定の条件をもとに無償化された（**表6-2**）。なお，通園送迎費・食材料費・

行事費などは，これまでどおり保護者の負担となる（年収360万円未満相当世帯と第３子以降の子どもは副食（おかず・おやつ等）の費用が免除）。

❏ 地域型保育

　地域型保育は，０〜２歳の保育認定（３号給付）の子どもが利用する事業である。地域型保育には，次の４つがある。小規模保育は，利用定員６〜19人以下の小規模の保育所で，少人数を生かしたきめ細かな保育を行う。家庭的保育とは，保育ママともいわれ，０〜５人以下の保育を家庭的雰囲気のもとで行う。

　居宅訪問型保育とは，障害・疾患などで個別のケアが必要な場合などに保護者の自宅で１対１の保育を行う。

　事業所内保育とは，企業や病院などの事業所の保育施設で，従業員の子どもと地域の子どもを一緒に保育する事業である。新制度によって地域の子どもを一定数受け入れることで地域型給付の対象となった。地域型保育は３歳児クラスに上がる際に，保育所または認定こども園に移らなければならないため，保育内容の支援や進級の際の受け皿を担う連携施設の設定が原則求められている。

❏ 地域子ども・子育て支援事業

　地域子ども・子ども子育て支援事業は，子ども・子育て支援法第59条に定められた，①利用者支援事業，②地域子育て支援拠点事業，③妊婦健康診査，④乳児家庭全戸訪問事業，⑤養育支援訪問事業，⑥子育て短期支援事業，⑦ファミリー・サポート・センター事業（子育て援助活動支援事業），⑧一時預かり事業，⑨延長保育事業，⑩病児保育事業，⑪放課後児童クラブ（放課後児童健全育成事業），⑫実費徴収に係る補助給付を行う事業，⑬多様な事業者の参入促進・能力活用事業の13事業のことである（表６-３）。市町村は子ども・子育て支援事業計画で各事業の量の見込みと確保方策を定め，それに従って実施を行っている。

❏ 仕事・子育て両立支援事業

　2016（平成28）年度より，仕事・子育て両立支援を国主導で行っている（図６-１，85頁）。企業主導型保育事業とは，待機児童対策の一環として企業等が，2016（平成28）年４月以降に新設する保育施設の整備費・運営費を国が補助するものである。2018（平成31）年までに計９万人の受け皿整備を行っており，**新子育て安心プラン**に基づき今後も整備を行っていく。企業主導型ベビーシッター利用者支援事業とは，

表6-3　地域子ども・子育て支援事業

事業名	事業内容	新制度移行及びその後の法改正による変更点など
①利用者支援事業	子ども及びその保護者等の身近な場所で，教育・保育・保健その他の子育て支援の情報提供及び必要に応じ相談・助言等を行うとともに，関係機関との連絡調整等を実施する事業	新規事業 基本型・特定型・母子保健型
②地域子育て支援拠点事業	乳幼児及びその保護者が相互の交流を行う場を提供し，子育てについての相談，情報の提供，助言その他の援助を行う事業	利用者支援を担うことなどが期待され，役割が拡大
③妊婦健康診査	妊婦の健康の保持及び増進を図るため，妊婦に対する健康診査として，①健康状態の把握，②検査計測，③保健指導を実施するとともに，妊娠期間中の適時に必要に応じた医学的検査を実施する事業	妊婦健康診査に係る費用の助成拡大
④乳児家庭全戸訪問事業	生後4か月までの乳児のいる全ての家庭を訪問し，子育て支援に関する情報提供や養育環境等の把握を行う事業	
⑤養育支援訪問事業	養育支援が特に必要な家庭に対して，その居宅を訪問し，養育に関する指導・助言等を行うことにより，当該家庭の適切な養育の実施を確保する事業 •子どもを守る地域ネットワーク機能強化事業（その他要保護児童等の支援に資する事業）要保護児童対策協議会（子どもを守る地域ネットワーク）の機能強化を図るため，調整機関職員やネットワーク構成員（関係機関）の専門性強化と，ネットワーク機関間の連携強化を図る取組を実施する事業	
⑥子育て短期支援事業	保護者の疾病等の理由により家庭において養育を受けることが一時的に困難となった児童について，児童養護施設等に入所させ，必要な保護を行う事業（短期入所生活援助事業（ショートステイ事業）及び夜間養護等事業（トワイライトステイ事業）	
⑦ファミリー・サポート・センター事業（子育て援助活動支援事業）	乳幼児や小学生等の児童を有する子育て中の保護者を会員として，児童の預かり等の援助を受けることを希望する者と当該援助を行うことを希望する者との相互援助活動に関する連絡，調整を行う事業	
⑧一時預かり事業	家庭において保育を受けることが一時的に困難となった乳幼児について，主として昼間において，認定こども園，幼稚園，保育所，地域子育て支援拠点その他の場所において，一時的に預かり，必要な保護を行う事業	①一般型，②幼稚園型Ⅰ（在籍児），③幼稚園型Ⅱ（3号認定を受けた2歳児），④余裕活用型，⑤居宅訪問型，⑥地域密着Ⅱ型（地域子育て支援拠点等）がある。②及び④は新制度にて新設。⑥は2歳児を中心とした待機児童対策として2018（平成30）年度より開始。
⑨延長保育事業	保育認定を受けた子どもについて，通常の利用日及び利用時間以外の日及び時間において，認定こども園，保育所等において保育を実施する事業	保育士の加配や訪問型などを新制度にて新設
⑩病児保育事業	病児について，病院・保育所等に付設された専用スペース等において，看護師等が一時的に保育等する事業。①病児対応型，②病後児対応型，③体調不良児対応型，④送迎対応型がある。	施設の安定的な運営確保に関する方策が検討され，新制度により充実
⑪放課後児童クラブ（放課後児童健全育成事業）	保護者が労働等により昼間家庭にいない小学校に就学している児童に対し，授業の終了後に小学校の余裕教室，児童館等を利用して適切な遊び及び生活の場を与えて，その健全な育成を図る事業	小学3年生までから小学校6年生までに対象拡大，質の向上の明記
⑫実費徴収に係る補足給付を行う事業	保護者の世帯所得の状況等を勘案して，特定教育・保育施設等に対して保護者が支払うべき日用品，文房具その他の教育・保育に必要な物品の購入に要する費用又は行事への参加に要する費用等を助成する事業	新規事業
⑬多様な事業者の参入促進・能力活用事業	特定教育・保育施設等への民間事業者の参入の促進に関する調査研究その他多様な事業者の能力を活用した特定教育・保育施設等の設置又は運営を促進するための事業	新規事業

出所：内閣府（2019）「子ども・子育て支援新制度について」105-144より筆者作成.

多様な働き方に対応するため，労働者がベビーシッター派遣サービスを利用した場合に，利用料金の一部を助成する事業である。[16]

4 子ども・子育て支援の課題

☐ 子ども・子育て支援新制度の2019年の見直し

子ども・子育て支援新制度は施行5年後の見直しが行われ，2020（令和2）年4月より新たな対策が始まったところである。多くの課題の中で真っ先に注目されるのは，教育・保育の量の確保（待機児童問題）と質の確保である。量の確保には，施設数増大・定員拡大と保育人材確保策が不可欠である。前者では都市部では土地の確保の難しさから，パーク＆ライド型や**サテライト型小規模保育事業**の推進など，後者では保育士の処遇改善，新人保育士確保策，潜在保育士の職場復帰支援や保育士資格取得費補助など，さまざまな対策が取られている。

質の確保は保育人材確保の上に成り立つ面もあるが，基準を超えた職員を配置する施設等への対応，きめ細かな調理，アレルギー対応等の食育の推進，小学校との連携・接続や外部評価などが課題である。[17]教育・保育の量と質の課題への対応は今後もしばらく続く。また，教育・保育施設の無償化で多くの子育て家庭が恩恵を受ける一方，所得によっては利用料以外の負担で負担額が増したという調査もある。[18]

☐ 子ども主体の支援を

子ども・子育て支援は地域の多様な子育て家庭のさまざまなニーズにあった幅広い支援メニューが特徴である。支援やサービスを利用する背景には，保護者の就労，保護者の子育て不安・負担感，ひとり親，親が若年，多子，経済的課題，親やまたは子の病気や障害など種々の事情がある。周りから見ると気になる家庭でも当の家庭には困り感がない場合もある。また自分で数多くの子ども・子育て支援メニューから必要なものを見つけ出し利用する保護者もいれば，膨大な情報量に混乱する保護者もいる。

多種多様な子育て家庭のニーズに見合った必要な情報提供を行い，できる限りその家庭が，自己決定の上でサービスにつながることが求められる。利用者支援事業の役割は，**市区町村子ども家庭総合支援拠点**の設置努力義務付けとも相まって今後より重要となるだろう。その際，忘れてはならないのは子どもの視点，子ども主体である。現状，

家庭の状態に合わせた支援は行われているが，それが本当に子どもの健やかな成長・発達に有益か否か十分な検討が必要である。また，地域にはインフォーマルな子育てサークルや団体など子育て当事者や子育て経験者によって支えられている活動が多くある。専門職・専門機関との連携はもちろんのこと，**インフォーマルな活動**とともに地域子ども・子育て支援を活性化していくことも課題である。

〇注

(1)　内閣府（2020）「少子化社会対策大綱（概要）〜新しい令和の時代にふさわしい少子化対策へ〜」.

(2)　厚生労働省・少子化社会を考える懇談会（2002）（第3回）資料1「少子化の影響と主な対策に関する整理」.

(3)　内閣府男女共同参画局（2017）『「平成28年社会生活基本調査」の結果から〜男性の育児・家事関連時間より〜』.

(4)　内閣府（2004）「平成21年度インターネット等による少子化施策の点検・評価のための利用者意向調査」95.

(5)　厚生労働省ホームページ「子ども・子育て支援」（https://www.mhlw.go.jp/stf/seisakunitsuite/bunya/kodomo/kodomo_kosodate/index.html）（2020.6.15）.

(6)　内閣府（2014）『少子化社会対策白書（平成26年度版）』39.

(7)　内閣府（2019）『少子化社会対策白書（令和元年度版）』74.

(8)　内閣府子ども・子育て本部（2019）「子ども・子育て支援新制度について（令和元年6月）」.

(9)　内閣府ホームページ「子ども・子育て本部について」（https://www8.cao.go.jp/shoushi/about.html）（2020.6.20）.

(10)　注(8)と同じ.

(11)　注(8)と同じ.

(12)　注(8)と同じ.

(13)　内閣府（2016）「子ども・子育て支援新制度　なるほどBOOK（平成28年4月改訂版）」.

(14)　注(13)と同じ.

(15)　注(13)と同じ.

(16)　注(8)と同じ.

(17)　内閣府子ども・子育て会議（2019）「子ども・子育て支援新制度施行後5年の見直しに係る対応方針について（令和元年12月10日）」.

(18)　一般社団法人ひとり親支援協会（2019）「保育無償化による影響調査集計結果」（https://skuru.site/mushoka/）（2020.6.26）.

➡ インフォーマルな活動

制度化されたサービスの範囲で行うものがフォーマルな活動であるが，それに対して制度化されていない活動のことを指す。

公的なサービスを補完したり，公的サービスにはないサービスを提供するなどして，制度の不備や不足を補っている。

公的な関与の度合いが低く，地域住民による自発的な助け合いやボランティア活動，非営利団体による支援活動などが多く含まれる。

■ 第7章 ■

母子保健

母子保健の始まりは，1937（昭和12）年に制定された保健所法である。この法律において，妊産婦および乳幼児の保健指導が保健所の業務として定められた。1965（昭和40）年に制定された母子保健法では，思春期から妊娠，出産，新生児期，乳幼児期を通じて総合的に母子保健対策を進め，母性と乳幼児の健康保持および増進を図ることが目的とされている。

母子の健康をめぐる環境は刻々と変化しており，昨今の少子化問題・子ども虐待問題・不妊，高齢出産の増加などの課題に対して，保健・医療・福祉サービスの連携がますます重要視されている。本章では，これまでの母子保健の歩みを踏まえつつ，現在の母子保健施策について概観する。

母子保健を取り巻く状況

☐ 母子保健法の制定

明治・大正期の**乳児死亡率▶**は出生1000対140〜170であり，日本の母子保健の目標は，この乳児死亡率を減少させることであった。1937（昭和12）年制定の保健所法において妊産婦および乳幼児の保健指導が定められ，1942（昭和17）年には，母子手帳の原型となる「妊産婦手帳」が規定された。

第二次世界大戦後，1947（昭和22）年に児童福祉法が公布され，母子衛生行政が同法において定められた。「妊産婦手帳」は「**母子手帳▶**」に改名され，生まれてくる子どもの保健指導の記録として用いられることになる。また，妊産婦・乳幼児の保健指導，育成医療，未熟児対策，新生児訪問指導，3歳児健康診査などの各種保健福祉施策がスタートした。一方で，乳児死亡，周産期死亡，妊産婦死亡など母子の健康に関する問題が多く残されており，広く母性と乳幼児の保健を対象とした法律の必要性が提起され，1965（昭和40）年に母子保健法が制定された。これにより，妊産婦の前段階である思春期を含めた母子保健対策が推進されることになり，「母子手帳」は再び「母子健康手帳」という名称に変えられた。

母子保護法では，母子健康の向上に関する措置として，健康診査，新生児訪問指導，妊娠の届出，母子健康手帳，低体重児の届出，未熟児の訪問指導，養育医療などが規定されており，妊婦や乳幼児のための健康診査や保健指導の充実が図られるとともに，母子保健法の理念

を踏まえ，小児慢性特定疾患治療研究事業，先天代謝異常に係る事業，周産期医療施設の整備などが進められてきた。このような取り組みにより，昭和の終わりごろまでには，妊産婦や乳幼児の死亡率をはじめとする母子保健指標は大きく改善され，世界でもトップレベルに達した。2019（令和元）年の乳児死亡率は出生1000対1.9，妊産婦死亡率は，出産10万対3.3という状況である。

□ 子どもを産み育てる環境の変化

　都市化・核家族化の進行と，少子化・女性の社会進出・生殖医療の進歩などにより，子どもを産み育てる環境は大きく変化した。晩婚化によって第1子出生時の母の年齢も年々高くなり，2015年からは平均で30.7歳となっている。

　2019（令和元）年の**人口動態統計** によれば，日本人の国内出生数の年間推計は86万4千人（前年比5.92%減）であり，1899（明治32）年の統計開始後初めて90万人を下回った。1.57ショック後に講じられた少子化対策は効果が表れず，今も少子化・人口減が加速している状況である。2020（令和2）年5月1日には，少子化対策の指針である，少子化社会対策大綱の原案が公表され，「希望出生率1.8」という目標が示された。

　緊急対策として，若者の雇用安定や結婚，妊娠から子育てに至るまでの各段階における支援の充実，地域の実情に即した働き方改革の推進が掲げられている。1980（昭和55）年以降，夫婦共に被雇用者である共働き世帯は年々増加し，1997（平成9）年以降は共働き世帯の数が男性被雇用者と無業の妻からなる世帯の数を上回っており，ワークライフバランスの実現に向けた取り組みが課題となっている。このような環境の変化に伴い，母子保健・医療・福祉に求められる内容も変化してきた。

□ 母子保健法の改正

　母子保健法は1994（平成6）年に大幅に改正されたが，その最も大きな改正点は，母子保健サービスの実施主体を地域住民にとって身近である各市町村としたことであった。その目的は，地域特性を生かした形で保健と福祉の街づくりを目指し，多様化する母子のニーズにきめ細かく対応するためである。法改正に際し，中央児童福祉審議会母子保健部会からは，今後の母子保健の理念として①子育て支援において中心的役割を果たすこと，②疾病指向型から健康指向型への移行，③福祉・教育などとの連携といった方向性が示された。その後，2011

▶母子手帳

1934（昭和17）年に妊産婦手帳規定が制定されたが，これは早期に妊婦を医学と接触させ，定期的診察を行うことによって，流・死・早産を防止するほか，妊娠および分娩時の母体死亡を軽減することを主な目的としていた。同規定では，妊娠した者の届出を義務づけ，その者に妊産婦手帳を交付することや，妊産婦手帳は，妊娠，育児に関し必要な物資の配給その他妊産婦および乳幼児保護のため必要のある場合にこれを使用すること等を定めた。手帳制度は，世界最初の妊娠登録制度として，現在までの妊産婦，乳幼児の死亡率の激減や母子保健サービスの拡充など母子衛生行政の基礎となった。

▶人口動態統計

統計法第2条に基づく基幹統計であり，国の人口動態事象（出生，死亡，死産，婚姻及び離婚）の実態を明らかにし，人口及び厚生労働行政施策の基礎資料を得ることを目的とする。「戸籍法」及び「死産の届出に関する規程」により届け出られた出生，死亡，死産，婚姻，離婚の全数を対象としている。調査票は，保健所長及び都道府県知事を経由して，厚生労働大臣に提出され，厚生労働省ではこれらの調査票を集計して人口動態統計を作成している。

（平成23）年の改正において，「低体重児の届出」，「未熟児の訪問指導」及び「養育医療」の3つが市町村に委譲されたことにより，母子保健法に基づく母子保健施策は原則として各市町村が実施することとなった。また，増え続ける子ども虐待問題に対応すべく，2016（平成28）年に児童福祉法が改正され，母子保健法においても「子育て世代包括支援センター」の設置が努力義務化された。

2019（令和元）年12月1日には「成育過程にある者及びその保護者並びに妊産婦に対し必要な成育医療などを切れ目なく提供するための施策の総合的な推進に関する法律」（成育基本法）が施行された。この法律における「成育過程」とは，胎児期，新生児期，乳幼児期，学童期，思春期を経て次世代を育成する成人期までに至る人の成長周期を指しており，基本理念として，多様化する保健，衛生，生活環境等に関する需要に的確に対応するために国，地方公共団体，関連施設の有機的な連携の必要性が記載されている。これを具体化するために，「成育基本計画」を作成し，国の財政的措置の必要性，健康の増進及び福祉の向上を図るとした。成育過程にある者への保健・医療・福祉に係るさまざまな支援制度が次世代の健やかな成育が保障されるような密接に関連し合う包括的な取り組みが期待されている。

□ 「健やか親子21」

「健やか親子21」とは，「すべての子どもが健やかに育つ社会」の実現を目指し，2000年に厚生労働省によって打ち出された**国民運動計画**である。2013（平成25）年に最終評価がなされ，2015（平成27）年度からは，2024（令和6）年度までの10年間を運動期間とする「健やか親子21（第2次）」が実施されている。

その検討会においては，10年後のあるべき姿として，①日本全国どこで生まれても，一定の質の母子保健サービスが受けられ，かつ生命が守られること（地域間の健康格差の解消），②疾病や障害，経済状態などの個人や家庭環境の違い，多様性を認識した母子保健サービスを展開することの2点が共有された。その実現に向け，**図7-1**のように3つの基盤課題と2つの重点課題が設定されている。

2019（令和元）年度に行われた中間評価においては，①「10代の自殺死亡率」「児童虐待による死亡数」は改善がみられていない，②10代の性に関する正しい知識を身に付けることが重要であり，そのための効果的な性教育が必要とされる，③父親の育児支援や心身の健康に関する現状の把握を進める必要がある，④地域間での健康格差解消のため，各市町村のみならず，都道府県レベルにおいてもより広域的，専

➡ 国民運動計画
平均寿命が延びて健康寿命の更なる延長，生活の質の向上を実現し，元気で明るい高齢社会を築くことが求められる中，2000年より「21世紀における国民健康づくり運動（健康日本21）」が推進され，疾病を予防する「一次予防」に重点を置いた対策が取られるようになった。「健やか親子21」はこの「健康日本21」の一躍を担うものとして，少子化の進行，晩婚化・晩産化と未婚率の上昇，核家族化，育児の孤立化等，子どもの貧困，母子保健領域における健康格差などの状況の中で，母子の健康水準を向上させるためのさまざまな取組を，みんなで推進する国民運動計画として打ち出されたものである。

図7-1　「健やか親子21」の基盤課題・重点課題と目標

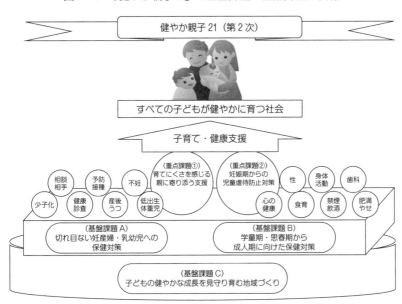

出所：厚生労働統計協会編（2020）『国民衛生の動向2020/2021』108.

門的な視点での市町村支援が求められる，とされた。

 ## 母子保健の体系とサービス

　母子保健施策は，思春期から幼児期までの時間軸に対し，健康診査，保健指導等，療養援護，医療対策の4部門で構成される（図7-2）。

妊娠の届出及び母子健康手帳の交付

　妊娠した者には妊娠の届出が義務づけられており，届け出た者には母子健康手帳が交付される。母子健康手帳は，妊娠期から乳幼児期までの一貫した健康の記録であり，必要に応じて医療関係者が記載・参照し，保護者自らも記載し管理できるようになっている。2013年度以降は，地方財政措置が講じられ，母子健康手帳の交付とともに，すべての市区町村で妊婦が必要な回数（14回程度）の妊婦健康診査を受けられるしくみとなっている。

　一方，貧困状況にある妊婦などにとって，母子健康手帳の取得は必ずしも容易ではない。2018（平成30）年現在，一般社団法人全国妊娠SOSネットワークが独自の聞き取り調査をしたところ，自治体によって手帳の交付方法が異なり，未受診でも自己申告で妊娠届出書を提出

図7-2　母子保健対策の体系

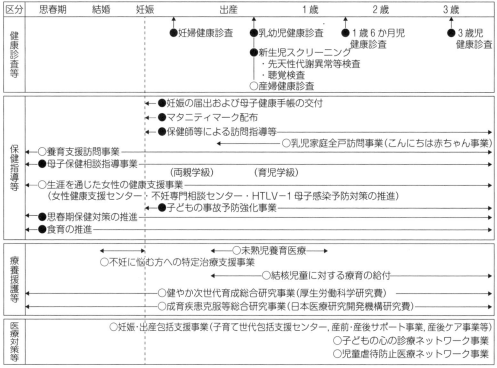

注：○国庫補助事業　●一般財源による事業
出所：厚生労働統計協会編（2020）『国民衛生の動向2020/2021』110.

▶ 飛び込み分娩

妊娠経過中に定期的な医療機関の受診がなく，陣痛や腹痛を覚えて初めて医療機関に駆け込んで分娩に至ることをいう。通常は妊娠中に定期的な健診と検査をして母児の健康状態を確認しているが，未受診妊婦の場合，妊娠週数も不明であり，本来なら妊婦健診の期間をかけて取得し得るべき情報を短時間で取得，評価する必要がある。母体合併症や新生児合併症，胎児への影響が懸念される母体感染症等のリスクも高く，妊婦健診未受診を防ぐための妊娠期からの相談支援体制の充実が欠かせない。

▶ 特定妊婦

2009年に改正された児童福祉法において「出

すれば母子健康手帳と妊婦健康診査受診票が交付される自治体がある一方で，少なくとも一度医療機関を受診しないと交付されない自治体もあり，対応に差が生じている(1)。

　妊娠判定のための受診には保険が適用されず，受診費用は自費負担になるため，経済的に困窮している場合，受診ができず，母子健康手帳も取得できないまま未受診の状態におかれるという状況が発生している。

　未受診は**飛び込み分娩**▶へとつながるリスクがあり，0日児虐待死の例でも，母子健康手帳の未交付が課題になっていたが，2019（令和元）年度から，**特定妊婦**▶などに対しては，女性健康支援センターにて産科受診などの支援が可能となった。女性健康支援センターは，全国に73か所あり，思春期から更年期にいたる女性を対象とし，各ライフステージに応じた相談などを行っている。予期せぬ妊娠などについても相談機能の強化が図られ，2020（令和2）年度からは，若年妊婦などに対するSNSやアウトリーチによる相談支援，緊急時の一時的な居場所の確保などの取り組みが進んでいる。

☐ 産婦健康診査

　産後は生活リズムや体調が大きく変わり，メンタルヘルスの不調をきたしやすい時期である。2017（平成29）年度に**産婦健康診査事業**[➡]がスタートし，市町村が実施する産婦健康診査 2 回分の費用が助成されることとなった。これには産後の初期段階における母子支援を強化し，妊娠期から子育て期にわたる切れ目のない支援体制を整備するというねらいがある。なお，産婦健康診査の費用の助成にあたっては，①母体の身体的機能の回復や授乳状況及び精神状態の把握などを実施すること，②産婦健康診査の結果が健康実施機関から市町村へ速やかに報告されるよう体制を整備すること，③産婦健康診査の結果，支援が必要と判断される産婦に対して，産後ケア事業（退院直後の母子に対して心身のケアや育児のサポートなどきめ細かい支援を行う）を実施することを要件としている。

☐ 乳幼児健康診査について

　乳幼児健康診査には，母子保健法第12条に基づき，満 1 歳 6 か月以上満 2 歳未満の幼児，並びに満 3 歳以上満 4 歳未満の幼児に対して市町村が行うものと，同法第13条に基づき市町村の判断に基づいて行われるものがある。この健康診査では，子どもの心身障害の早期発見，むし歯や栄養状態などの検査とともに，栄養，心理，育児などに関する保護者への指導も行われる。健康診査の結果，異状が認められる場合には，各専門医による指導が行われる。2005（平成17）年からは発達障害者支援法の施行に伴い，乳幼児健康診査を行う際は，発達障害の早期発見に十分留意しなければならないとされた。

　2017（平成29）年度の 1 歳 6 か月児健診の未受診率は3.8％，同じく 3 歳児健診は4.82％となっている。2018（平成30）年 3 月に香川県から東京都目黒区に転居した家庭の女児が虐待死した事件を受け，2018（平成30）年 7 月に「児童虐待防止対策の強化に向けた緊急総合対策」が打ち出され，子どもの安全確認を早急に行うとともに，乳幼児健診未受診者，未就園児，不就学児などの緊急把握が実施された。子どもの安全を確認するうえでも，未受診家庭の把握を通して虐待を予防し，必要な支援につなげることが重要である。

☐ 低出生体重児の届出及び養育医療

　出生児の体重が2500 g 未満の場合，保護者による届出が義務づけられている。この低体重児の届出は，行政が未熟児の出生を速やかに把握し，早期に適切な養育が行われるよう指導援護を行うためのもので

産後の養育について出産前において支援を行うことが特に必要と認められる妊婦」として初めて定義された。厚生労働省は2016（平成28）年に「要支援児童等（特定妊婦を含む）の情報提供に係る保健・医療・福祉・教育等の連携の一層の推進について」という通知を出し，市町村が，妊婦等を把握しやすい機関等からの連絡を受け，妊娠期からの必要な支援につなぐことが重要であるとし，特定妊婦の様子や状況例を「妊娠・出産」「妊婦の行動・態度等」「家族・家庭の状況」に分類して例示した。妊婦等の年齢，母子健康手帳の交付，婚姻状況，出産への準備状況，心身の状態，虐待歴等，夫（パートナー）との関係，社会・経済的背景などが含まれる。

➡産婦健康診査事業

産婦健康診査事業の目的は，母親の身体的な経過の確認を行うこと，母親の心理状態や対児感情を把握して必要に応じたケアを実施すること，乳児の発育の状況を把握すること，必要性に応じて育児支援体制を考慮することである。具体的には，①問診（母子のおかれている環境，母親の睡眠の状態，母親の抑うつ不安と児に対する情緒的な絆についての心理状態の評価など），②母親の身体的な産後回復の確認（体重・血圧・尿蛋白・尿糖，子宮復古，悪露，乳房の状態の確認など），③授乳を中心とした育児相談，④乳児の体重測定等による発育チェック（栄養状態），⑤乳児の黄疸チェック，⑥母親の状況に応じたケア（理解と共感，傾聴）とその後の支援体制の検討である。

ある。全国の低出生体重児の総数は，2012（平成24）年には10万人を切り，以降減少を続ける一方で，低出生体重児の出生割合は2007（平成19）年からの10年間において，ほぼ横ばいの9.5％で推移している。医師が入院養育を必要と認めたものについては，その養育に必要な医療に関する費用は，一部が公費負担となっている。

◻ 不妊治療への助成

2015（平成27）年の第15回**出生動向基本調査**⏵によると，不妊を心配したことがある（または現在心配している）夫婦の割合は35.0％（第14回調査では31.1％）となっており，不妊を心配したことがある夫婦は3組に1組を超え，子どものいない夫婦では55.2％にのぼるという結果となった。実際に不妊の検査や治療を受けたことがある（または現在受けている）夫婦は全体で18.2％（同16.4％），子どものいない夫婦では28.2％（同28.6％）である。

2015年に51,001人が生殖補助医療（体外受精，顕微授精，凍結胚（卵）を用いた治療）により生まれており，これは全出生児（1,008,000人）の5.1％，約20人に1人にあたる。

2004（平成16）年に，特定不妊治療費助成事業が創設され，保険適応から除外されている**体外受精**⏵と**顕微授精**⏵に係る費用の一部を助成している。2006（平成18）年度に支給期間が2年から5年へ延長され，2007（平成19）年度には夫婦合算所得上限が730万円に引き上げられた。2014（平成26）年度からは対象年齢が43歳未満になり，通算助成回数に制限が加えられるなど，制度変更が続いている。2020（令和2）年に閣議決定された「少子化社会対策大綱」における不妊治療などへの支援では，不妊専門相談センターの整備，医療保険適用の拡大を含めた不妊治療に係る経済的負担の軽減，不妊治療と仕事の両立のための職場環境の整備などが打ち出され，少子化への歯止めをかけるためのさらなる政策展開が提示されている。

③ 母子保健の役割と支援

１個に対して精子１個だけあれば受精が可能となるため，顕微授精では精子が非常に少ない場合や通常の体外受精・胚移植では受精できない場合に用いられる。

　近年，幼い子どもの命が失われる痛ましい事件が後を絶たない中で，2016（平成28）年に児童福祉法が改正され，児童虐待について発生予防から自立支援までの一連の対策の更なる強化が図られた。母子保健法においても，子育て世代包括支援センターが法定化され，母子保健施策は児童虐待の予防や早期発見に資するものであることが明確化された（母子保健法第５条第２項）。本節では，妊娠期から子育て期にわたる切れ目のない支援のためのしくみと役割についてみていく。

☐ 相談先の充実

　相談窓口の機能強化については，０日・０か月の子どもの虐待死をなくすことを目標に，2011（平成23）年７月に「妊娠期からの妊娠・出産・子育てなどに係る相談体制などの整備について」という厚生労働省通知が出された。妊娠相談の現場における課題として，女性が周囲に妊娠の事実を言えない，妊娠の継続について悩んでいる，経済的困窮により受診の自己負担ができないといった理由により，妊娠の届出や母子健康手帳の取得などの公的な支援のスタートラインに立つことが難しい点が指摘されている。

　出産後の養育について出産前に支援を行うことが特に必要と認められる妊婦を「特定妊婦」として支援の対象とされているが（児童福祉法第６条），妊娠相談窓口は，このような女性と最も早い段階で接点をもつことができ，その後の支援につなげるための重要な役割を担っている。一般社団法人全国妊娠SOSネットワークの調べによると，2021年２月現在，全国に自治体の事業として45か所の「にんしんSOS相談窓口」が自治体直営もしくは助産師会などへの委託により運営されている。そのほかにも養子縁組団体を含めた民間団体による独自事業がある。

➡にんしんSOS相談窓口

妊娠に関して，妊娠が確定していない段階から出産を目前に控えた段階まで，あらゆる「どうしたらよいかわからない」という相談に，保健・医療・福祉，相談によっては教育・司法の情報も提供し，産む・産まない，自分で育てる・他の人に託すなどの選択肢の自己決定を支援し，必要な場合には支援できる機関等につなげる，匿名で相談できる窓口のことである。

☐ 子育て世代包括支援センター

　子育て世代包括支援センターは，母子保健法上は「母子健康包括支援センター」と呼ばれており，その設置は市区町村の努力義務として位置づけられている（母子保健法第22条）。このセンターの役割は，妊産婦・乳幼児などの状況を継続的・包括的に把握し，妊産婦や保護者

図7-3 妊娠・出産・子育てにおけるリスクからみた
子育て世代包括支援センターが支援する対象者の範囲

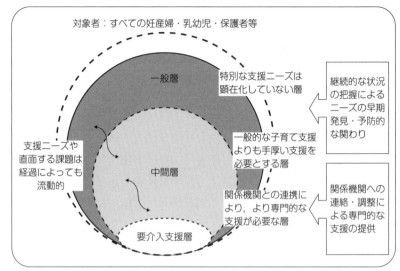

出所：厚生労働省（2017）「子育て世代包括支援センター業務ガイドライン」8.

の相談に保健師などの専門家が対応するとともに，必要な支援の調整や関係機関との連絡調整などによって，妊産婦や乳幼児などに対し切れ目のない支援を提供することである。

　2020（令和2）年度末までに全市区町村への展開を目指し，2020（令和2）年4月1日時点で1,288市区町村に2,052か所設置されている。実施場所は保健所・市町村保健センターが1,096か所（53.4%），市役所・町役場・村役場が638か所（31.1%）となっており，大部分が市町村の直営で運営されていることがわかる。

　図7-3は，子育て世代包括支援センターの支援対象者を示したものである。同センターではすべての妊産婦・乳幼児・保護者などを対象とすることで，介入が必要な層について把握し，関係機関への連絡調整による専門的な支援の提供を目指している。センターの設置運営に際しては，保健師などを1名以上配置することとされており，保健師・助産師などの医療職に加えて，精神保健福祉士，社会福祉士などの福祉職を配置することにより，妊産婦・乳幼児などの状況を継続的・包括的に把握し，各家庭の支援ニーズを踏まえて，適切な関係機関・支援の紹介など，包括的な支援を提供することが期待されている。

□ 産前・産後の支援
① 産前・産後サポート事業
　この事業は市区町村が実施主体となり，妊娠・出産，子育てに関する悩みなどに対して，助産師などの専門家または子育て経験者やシニ

ア世代などによる相談支援を行い，家庭や地域における妊産婦などの孤立感の解消を図ることを目的としている。特に(1)妊娠・出産・育児に不安を抱えているが身近に相談できる者がいない，(2)多胎，若年妊婦，特定妊婦，障害児または病児を抱えている，(3)地域の保健・医療・福祉・教育機関などから支援が必要と判断された妊産婦と，その家族を対象としている。概ね妊娠中から産後4か月頃までを対象時期とし，母子健康手帳の交付，妊婦健康診査，新生児訪問などの母子保健事業を通じて対象者を把握している。

② 産後ケア事業

産後ケア事業とは，産後ケアを必要とする出産後1年以内の女性および乳児に対して，心身のケアや育児のサポート（産後ケア）を行い，産後も安心して子育てができるような支援体制を確保するものである。この事業は各市区町村の予算事業として実施されていたが，2019年の法改正によって法制化された。その内容は，母子の心身の状態に応じた保健指導，療養に伴う世話，育児に関する指導もしくは相談その他の援助などである。また実施類型としては，(1)短期入所型，(2)通所型（デイサービス型），(3)居宅訪問型（アウトリーチ型）がある。

4 母子保健の課題

母子保健施策においては，思春期から妊娠，出産，新生児期，乳幼児期を通じた総合的な支援が重視されてきた。昨今の子どもを産み育てる環境においては，少子化および晩婚化の進行，子育て家庭の孤立・負担感の増大，子ども虐待問題や妊産婦のメンタルヘルスの問題など，さまざまな課題があり，母子保健分野と福祉分野の連携はますますその重要さを増してきている。とりわけ子ども虐待の予防と早期発見，子育て家庭の支援においては，各市区町村における関係機関の連携とケースマネジメントの実践の積み重ねが欠かせない。このような取り組みがあってこそ，「妊娠期からの切れ目のない支援」が可能となる。

母子保健サービスでは，窓口対応のみならず，訪問などによる**アウトリーチ**が行われているが，今後はその地域で活動しているNPO法人などを含む関係機関との連携による協働システムの構築が求められる。子育て世代包括支援センターや産前産後ケア事業においても協働モデルは示されているが，これらにおいて，母親と乳幼児の健康を守

➡️アウトリーチ

支援が必要であるにもかかわらず届いていない人に対し，行政や支援機関などが積極的に働きかけて情報・支援を届けるプロセスのことである。母子保健の分野では厚生労働省の若年妊婦支援事業を例にとると，地域のNPO法人のアウトリーチにより支援が必要な人をキャッチし，子育て世代包括支援センターと連携して支援する。産後ケア事業においても短期入所型，通所型とともに居宅訪問型（アウトリーチ型）が実施類型の一つとなっている。アウトリーチは，ニーズがありながらも必要な情報が得られなかったり，助けを求めるだけの精神的物理的な余裕がなく，窓口に行くこと自体が難しい人にとってとりわけ重要である。

るために分野横断的に働きかけ，適切な支援につなぎ，継続的にフォローしていく役割が求められている。

◯注

⑴　全妊ネット理事ほか（2019）『妊娠相談の現場で役立つ！妊娠SOS相談対応ガイドブック（第5版）』一般社団法人全国妊娠SOS相談ネットワーク，14.
⑵　厚生労働省（2011）「妊娠期からの妊娠・出産・子育てなどに係る相談体制などの整備について」雇児総発0727第1号.
⑶　佐藤拓代編（2021）『見えない妊娠クライシス』かもがわ出版，156-159.

◯参考文献

児童虐待防止対策に関する関係閣僚会議（2018）「児童虐待防止対策の強化に向けた緊急総合対策」（https://www.mhlw.go.jp/content/11900000/000335930.pdf）.

厚生労働統計協会編（2020）『国民衛生の動向2020/2021』厚生労働統計協会.

厚生労働省（2011）「妊娠期からの妊娠・出産・子育てなどに係る相談体制などの整備について」雇児総発0727第1号.

厚生労働省母子保健課調べ（2020）「子育て世代包括支援センターの実施状況」（https://www.mhlw.go.jp/stf/seisakunitsuite/bunya/0000139067.html）.

厚生労働省（2017）「産前・産後サポート事業ガイドライン　産後ケア事業ガイドライン」（https://www.mhlw.go.jp/file/06-Seisakujouhou-11900000-Koyoukintoujidoukateikyoku/sanzensangogaidorain.pdf）.

厚生労働省（2017）「子育て世代包括支援センター業務ガイドライン」（https://www.mhlw.go.jp/file/06-Seisakujouhou-11900000-Koyoukintoujidoukateikyoku/kosodatesedaigaidorain.pdf）.

厚生労働省（2020）『子ども虐待による死亡事例などの検証結果などについて』社会保障審議会児童部会児童虐待など要保護事例の検証に関する専門委員会第16次報告.

厚生労働省　健やか親子21ホームページ（第2次）（http://sukoyaka21.jp/）.

小林秀幸（2020）「近年の母子保健に関わる政策動向」『保健師ジャーナル』76（4），医学書院，260-267.

国立成育医療研究センター（2018）「乳幼児健康診査事業実践ガイド」平成29年度子ども・子育て支援推進調査研究事業　乳幼児健康診査のための「保健指導マニュアル（仮称）」及び「身体診察マニュアル（仮称）」作成に関する調査研究（https://www.mhlw.go.jp/content/11900000/000520614.pdf）.

国立社会保障・人口問題研究所（2016）「第15回出生動向基本調査（結婚と出産に関する全国調査）」（http://www.ipss.go.jp/ps-doukou/j/doukou15/doukou15_gaiyo.asp）.

元山彩織（2018）「乳児家庭全戸訪問事業における効果と課題」中京学院大学看護学部紀要，8（1），47-57.

内閣府（2020）「少子化社会対策大綱　別添1 施策の具体的内容」（https://www8.cao.go.jp/shoushi/shoushika/law/pdf/r020529/shoushika_taikou_b1.pdf）.

富沢一郎・高野陽（1996）「母子保健法の改正とこれからの母子保健」『公衆衛生研究』45（2），133-138.

全妊ネット理事ら（2019）『妊娠相談の現場で役立つ！妊娠 SOS 相談対応ガイ
　　ドブック（第 5 版)』一般社団法人全国妊娠 SOS 相談ネットワーク.

■第 8 章 ■
ひとり親家庭

❶ ひとり親家庭を取り巻く状況

▢ 政府統計にみるひとり親世帯の定義と趨勢

　本章では，母子家庭・父子家庭の総称として「ひとり親家庭」を位置づけている。ひとり親家庭の定義は，政府統計や法制度の規定により一律ではないことに留意が必要である。

　ひとり親家庭の趨勢を把握するために，国勢調査（総務省）からみていこう。同調査では，①未婚・死別・離別のひとり親と未婚の20歳未満の子どものみからなる世帯，②①に「その他の世帯員」を含めた世帯，という2種類の定義でひとり親世帯数が把握されている。①を単独型世帯数，②を総世帯数として平成27年調査結果をみると，「単独型母子世帯数」は75万4,724世帯，「総母子世帯数」は106万2,702世帯であり，「単独型父子世帯」は8万4,003世帯，「総父子世帯数」は18万1,506世帯である。このように，母子世帯・父子世帯ともに祖父母等と同居している世帯が一定数あり，また，母子世帯に比べて父子世帯の出現率は低いという特徴がある。

　では，日本の世帯数の趨勢のなかでは，ひとり親世帯はどのような位置にあるのだろうか。国立社会保障・人口問題研究所による「日本の世帯数の将来推計」によると，1980（昭和55）年には「夫婦と子からなる世帯」が42.1％と最も多く，ついで，「その他の一般世帯」19.9％，「単独世帯」19.8％，「夫婦のみ世帯」12.5％であり，「ひとり親と子からなる世帯」は5.7％であった。2015（平成27）年になると，「単独世帯」が34.5％と最も多くなり，「夫婦と子からなる世帯」は26.9％に減少する一方，「ひとり親と子からなる世帯」は8.9％と漸増している。この推計では，ひとり親世帯は今後も漸増すると予測されており，マイノリティな家族類型から脱する傾向にあるといえよう。

　これらのひとり親世帯の出現は，どのような契機によってもたらされているのだろうか。厚生労働省「全国ひとり親世帯等調査結果報告」をもとに，母子世帯の形成理由別の構成割合の推移をみたものが**図8-1**である。1978年調査では「死別」が49.9％と最も高く，ついで「離婚」37.9％，「未婚の母」4.8％，「その他」4.2％であった。その後，1980年代以降には，「死別」の割合が減少する一方，「離婚」の割合が増加し，最新の調査年である2016年調査では，「死別」が8.0％まで低減したのに対し，「離婚」は79.5％と約8割に増加している。父子世帯

図 8-1　母子世帯の形成理由別構成割合の推移

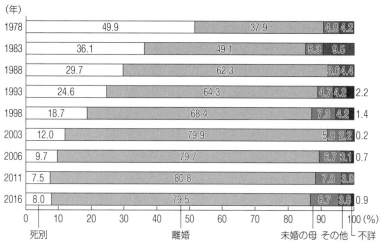

出所：厚生労働省「平成28年度全国ひとり親世帯等調査結果報告」より筆者作成.

においても「死別」の割合が減少する一方，「離婚」が増加傾向にあり，2016年調査では，「死別」19.0％，「離婚」75.6％となっている。

❏ 関連法規にみるひとり親世帯の定義

　母子及び父子並びに寡婦福祉法は，母子家庭・父子家庭・寡婦を対象とした福祉施策を規定している法律である。この法律の対象は，第6条において規定されている。まず，「配偶者のない女子」とは，「配偶者（婚姻の届出をしていないが，事実上婚姻関係と同様の事情にある者を含む）と死別した女子であって，現に婚姻（婚姻の届出をしていないが，事実上婚姻関係と同様の事情にある場合を含む）をしていないもの及びこれに準ずる女子をいうとして，①離婚した女子であって現に婚姻をしていないもの，②配偶者の生死が明らかでない女子，③配偶者から遺棄されている女子，④配偶者が海外にあるためその扶養を受けることができない女子，⑤配偶者が精神又は身体の障害により長期にわたって労働能力を失っている女子，⑥前①〜⑤に掲げる者に準ずる女子であって政令で定めるもの，を掲げている。

　次に，「配偶者のない男子」についても，同様に規定している。これらをみると，この法律では，配偶者が生死不明や労働能力の喪失にあるなど，実質的に扶養できない状態にある場合も対象としており，政府統計におけるひとり親の定義とは異なる点に留意が必要である。

❏ ひとり親家庭の暮らしの現状

　ひとり親家庭では，ひとり親に移行する時期からさまざまな生活課題が発生する。就業している場合には，子育てと仕事を両立できる職

場環境でなければ，就業の継続自体に困難がもたらされる場合がある。また，再就職をする場合には，事業主側のひとり家庭に対する理解不足等により就職活動自体が難航したり，求職期間中の子どもの保育の確保に困難が発生したりする場合もある。転居する場合には，住居の確保も必要である。また，ドメスティック・バイオレンスの被害を受けている場合には，保護命令の手続きや住所秘匿の手続きも発生する。

　ひとり親家庭を形成したのちに，子どもの祖父母との同居がない場合には，親がひとりで就労と子育てを担う暮らしとなり，その両立をいかに図れるか，という生活問題が発生する。子どもの祖父母等が同居している場合でも，祖父母が就労していたり，祖父母の疾病や高齢化により介護の必要が生じたりすれば，子育てや家事の支援を受けることは困難となる。

　実際の生活状況をみると，日本においては，ひとり親世帯の相対的貧困率が際立って高いことが特徴の一つとなっている。「2019年国民生活基礎調査」（厚生労働省）によると，「子どもがいる現役世帯」（世帯主が18歳以上65歳未満で子どもがいる世帯）のうち，「大人が2人以上」の世帯の貧困率は10.7％であるのに対し，「大人が1人」の世帯では48.1％という高さである。そこで，同調査で把握されている所得状況をみると，「児童のいる世帯」の2018年の稼働所得は686.8万円であるのに対し，「母子世帯」の稼働所得は231.1万円と低位である。社会保障給付金（児童手当含む）・財産所得・仕送り等を加えた総所得でみても，「児童のいる世帯」は745.9万円に対し，「母子世帯」は306.6万円であり，「児童のいる世帯」の総所得を100とすると，母子世帯は41.1％水準であり，所得格差が大きい現状である。

　母子世帯の母親は，その8割強が就労しており，ふたり親世帯の母親よりも就労率は高いにもかかわらず，所得の側面で不利な状況におかれている。父子世帯の所得は同調査では把握できないため，「全国ひとり親世帯等調査」を参照すると，2015年の平均年間収入は573万円であり，母子世帯よりも高いものの，「児童のいる世帯」よりは低位な水準である。

　また，家庭生活において必要な時間（家事・育児時間など）が確保されているかどうかに着目した「時間の貧困」という側面からみても，ひとり親家庭はより厳しい状況にあることが指摘されており，ひとり親家庭は，**ワーク・ライフ・バランス**の実現が難しい生活状況にある。

➡️ワーク・ライフ・バランス
生活と仕事の調和。内閣府では，「仕事と生活の調和（ワーク・ライフ・バランス）憲章」に基づき，「国民一人ひとりがやりがいや充実感を感じながら働き，仕事上の責任を果たすとともに，家庭や地域生活などにおいても，子育て期，中高年期といった人生の各段階に応じて多様な生き方が選択・実現できる社会をめざす」としている。

ひとり親家庭施策の体系

☐ 関係法規の変遷と就労促進による自立支援策への転換

　現在のひとり親家庭の福祉施策は，母子及び父子並びに寡婦福祉法を根拠としている。この法律の前史には，第二次世界大戦後，1952（昭和27）年に制定された母子福祉資金の貸付等に関する法律，1964（昭和39）年に母子福祉の原理を示す基本法として制定された母子福祉法，1981（昭和56）年に改称された母子及び寡婦福祉法がある。

　そのような戦後の「母子寡婦対策を根本的に見直し再構築する」という観点から，2002（平成14）年には，「母子家庭等自立支援対策大綱」が策定され，就労促進による自立に主眼を置き，子を監護しない親からの養育費の支払いの確保を重視する改革が提示される。この大綱に基づき，同年には母子及び寡婦福祉法が一部改正され，翌2003（平成15）年に施行された。一部改正法では，法の対象を「母子家庭等」及び「寡婦（かつて配偶者のない女子として民法第877条の規定により児童を扶養していたことのある者）」とし，父子家庭が「母子家庭等」のなかに含まれることとなった。

　加えて，厚生労働大臣は，「母子家庭等及び寡婦の生活の安定と向上のための措置に関する基本的な方針」を定め，都道府県等は，基本方針に即して，ひとり親家庭等の動向，基本的な施策の方針，具体的な措置に関する事項を定める「母子家庭及び寡婦自立促進計画」を策定することとなった。

　また，当時，おもに生別の母子世帯を対象としていた児童扶養手当については，児童扶養手当法を一部改正し，支給開始から一定期間を経過した場合等に母子家庭の母に対する児童扶養手当の一部減額措置が導入され，所得保障重視の政策から就労促進による自立を重視する政策への転換が図られた。このような所得保障の抑制策の導入から，政府は「就業を確保することが従前に増して強く求められている」という問題認識のもと，同2003（平成15）年には，母子家庭の母の就業の支援に関する特別措置法を公布し，就業支援について特別の立法措置を講じることによって母子家庭の福祉を図るとした。

図 8-2　ひとり親家庭等の自立支援策の体系

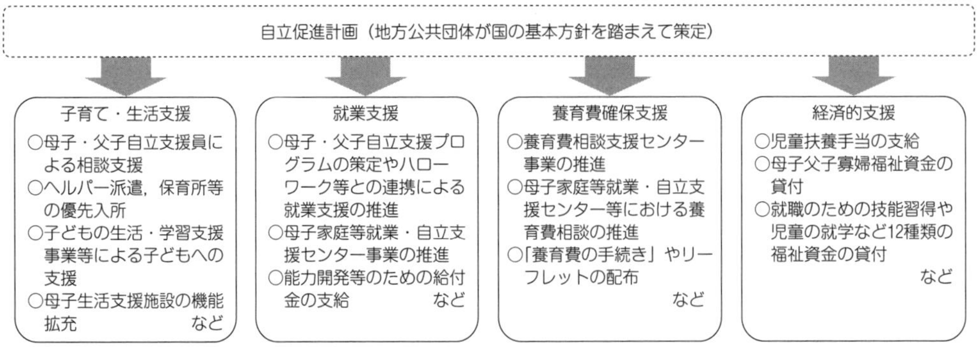

自立促進計画（地方公共団体が国の基本方針を踏まえて策定）

子育て・生活支援
○母子・父子自立支援員による相談支援
○ヘルパー派遣，保育所等の優先入所
○子どもの生活・学習支援事業等による子どもへの支援
○母子生活支援施設の機能拡充　　　　など

就業支援
○母子・父子自立支援プログラムの策定やハローワーク等との連携による就業支援の推進
○母子家庭等就業・自立支援センター事業の推進
○能力開発等のための給付金の支給　　　　など

養育費確保支援
○養育費相談支援センター事業の推進
○母子家庭等就業・自立支援センター等における養育費相談の推進
○「養育費の手続き」やリーフレットの配布　　　　など

経済的支援
○児童扶養手当の支給
○母子父子寡婦福祉資金の貸付
○就職のための技能習得や児童の就学など12種類の福祉資金の貸付　　　　など

出所：厚生労働省子ども家庭局家庭福祉課（2021）「ひとり親家庭等の支援について」より筆者作成.

□　父子家庭への制度対応とひとり親福祉施策の体系化

　母子及び寡婦福祉法の一部改正により，父子家庭が法律の対象に含まれることになったものの，父子家庭に講じられる措置は限定的であった。そこで，父子家庭の福祉ニーズに対応する必要から，2012（平成24）年には，母子家庭の母及び父子家庭の父の就業の支援に関する特別措置法が成立し，さらに，2014（平成26）年には，母子及び寡婦福祉法が，母子及び父子並びに寡婦福祉法に改称された。これまで母子家庭・寡婦のみを対象としていた貸付制度は父子家庭も対象とするようになり，母子自立支援員は母子・父子自立支援員に改称されるなど，父子家庭への制度対応が拡充された。

　このような経緯から，ひとり親家庭等への制度対応は「就業・自立に向けた総合的な支援」が重視されるようになり，「子育て・生活支援策」「就業支援策」「養育費の確保策」「経済的支援策」の 4 本柱により自立支援策が体系化されている（図 8-2）。

③ ひとり親家庭施策のしくみ

◯ 子育て・生活支援

　ひとり親家庭に対する相談体制としては，生活一般や職業能力の向上及び求職活動等就業に関する相談，自立に必要な相談を担うほか，母子父子寡婦福祉資金の貸付けに関する相談・指導などの業務を実施する**母子・父子自立支援員**制度がある。相談員は，原則として，福祉事務所に配置されている。

　また，2014（平成26）年度からは，ひとり親家庭に対する総合的な支援体制を構築・強化するため，地方自治体の相談窓口に，就業支援を担う**就業支援専門員**を配置し，就業支援の専門性と体制の確保や，母子・父子自立支援員と連携することで，相談支援体制の質・量の充実を図るとともに，ひとり親家庭が抱えるさまざまな課題について相談できる集中相談事業を実施する「ひとり親家庭への総合的な支援のための相談窓口の強化事業」が導入されている。

　ひとり親家庭の暮らしをサポートする事業としては，「ひとり親家庭等日常生活支援事業」がある。これは，ひとり親家庭及び寡婦が修学や疾病などにより，生活援助や保育等のサービスが必要となった場合などに，生活を支援する家庭生活支援員を派遣し，または，家庭支援員の居宅等において子どもの世話などを行う事業である。具体的には，「一時的に生活援助・保育サービスが必要な場合」としては，技能習得のための通学，就職活動等の自立促進に必要な事柄，疾病・出産・看護・事故・冠婚葬祭・残業・出張・学校等の公的行事の参加など，社会通念上必要と認められる事柄が該当する。また，「定期的に生活援助，保育等のサービスが必要な場合」としては，未就学児を養育しているひとり親家庭で就業上の理由により帰宅時間が遅くなる場合などが該当する。

　そのほかに，相談支援事業，家計管理・生活支援講習会等事業，学習支援事業（高等学校卒業程度認定試験の合格のためにひとり親家庭の親に対して実施する事業），情報交換事業からなる「ひとり親家庭等生活向上事業」や，「子どもの生活・学習支援事業（居場所づくり）」がある。

　子育て家庭が利用できる保育所，短期入所生活援助（ショートステイ）事業・夜間養護等（トワイライトステイ）事業からなる子育て短期支援事業なども，ひとり親家庭にとっては重要な支援制度である。保

▶母子・父子自立支援員
母子及び父子並びに寡婦福祉法の第8条に規定されている。主な業務は本文での説明の通り。都道府県知事，市長（特別区の区長を含む），福祉事務所設置町村長が，社会的信望があり，職務を行うに必要な熱意と識見をもっている者のうちから委嘱する。

▶就業支援専門員
職業能力の向上や求職活動等就業についての相談指導等を専門に行う。①教育訓練，求職活動やこれらに係る各種制度等に関する情報提供，②教育訓練，求職活動に関する助言・指導，③子どもの年齢や生活状況に応じた働き方に関する適切な助言・指導などである。単なる情報提供にとどまらず，個々のひとり親家庭の事情やライフステージに応じた支援ニーズを把握することが重要である。

育所については，ひとり親家庭の子どもの優先入所について，市町村は特別な配慮を行うとされている。

☐ 就業支援

① 就業相談・就職支援

全国のハローワーク（公共職業安定所）においては職業相談・職業紹介が実施され，2006（平成18）年からは，子育て中の女性等に対する就業支援サービスを担う**マザーズハローワーク**が設置されている。ひとり親家庭を対象とした事業としては，母子家庭等就業・自立支援センター事業（都道府県・指定都市・中核市）及び一般市等就業・自立支援事業（一般市・福祉事務所設置町村）がある。これは，ひとり親家庭の親等に対し，就業相談から就業支援講習会，就業情報の提供等までの一貫した就業支援サービスや養育費相談などの生活支援サービスを提供するものである。

また，児童扶養手当受給者を対象として自立支援計画を策定し，ハローワーク等と連携のうえ，きめ細かな自立・就労支援を実施する母子・父子自立支援プログラム策定事業がある。

これは，福祉事務所等に自立支援プログラム策定員を配置し，児童扶養手当受給者等に対して，(1)個別に面接を実施し，(2)本人の生活状況，就業への意欲，資格取得への取組等について状況把握を行い，(3)個々のケースに応じた支援メニューを組み合わせた自立支援プログラムを策定し，(4)プログラムに沿った支援状況をフォローするとともに，(5)プログラム策定により自立した後も，生活状況や再支援の必要性を確認するためアフターケアを実施し，自立した状況を継続できるよう支援を行うものである。

さらに，母子・父子自立支援プログラムと連携して就労支援を行うため，ハローワークに**就職支援ナビゲーター**等を配置し，ハローワークと福祉事務所等が連携して個々の児童扶養手当受給者等の状況，ニーズ等に応じたきめ細かな就労支援を行う生活保護受給者等就労自立促進事業がある。

② 職業能力開発

職業能力開発に関する事業としては，地方公共団体が指定する教育訓練講座（雇用保険制度の教育訓練給付の指定講座など）を受講したひとり親家庭の親に対して，講座修了後に対象講座の受講料の6割相当額を支給する自立支援教育訓練給付金がある。

また，経済的自立に効果的な資格を取得するために1年以上養成機関等で修学する場合に，生活費の負担軽減のため高等職業訓練促進給

➡マザーズハローワーク

子育て女性など（子育て中の男性，子育てをする予定のある女性を含む）に対する再就職支援を専門とするハローワーク。担当者制・予約制によるきめ細かな職業相談・職業紹介，再就職に資する各種セミナーの実施，公的職業訓練への斡旋，仕事と子育てが両立しやすい求人情報の収集や提供，求職者の希望やニーズに適合する求人の開拓などを実施している。子どもを連れていても利用しやすいように，キッズコーナーや授乳スペースを確保している。

➡就職支援ナビゲーター

生活保護受給者等就労自立促進事業における就労支援ナビゲーターは，就労支援チームの構成員として次のような役割を担う。①福祉事務所等との連絡調整，②就労支援チームによる支援候補者との面接，③支援プランの策定，④準備メニューの選定及び実施，⑤支援メニューの選定及び実施，⑥職業紹介，⑦就労後の職場適応・定着に向けたフォローアップ，⑧福祉事務所等からの質疑対応など。

付金として，月額10万円（住民税課税世帯は月額7万500円）を支給する高等職業訓練促進給付金がある。支給対象期間は上限4年であり，課程修了までの最後の12か月は4万円が加算される。対象となる資格は都道府県知事等が地域の実情に応じて定めるが，看護師，准看護師，保育士，介護福祉士，理学療法士，作業療法士，調理師，製菓衛生師などがある。

　また，入学や就職には経費がかかるため，養成機関への入学時に入学準備金として50万円を貸し付け，養成機関を修了し，かつ，資格を取得した場合に，就職準備金として20万円を貸し付けるひとり親家庭高等職業訓練促進資金貸付事業が，2015（平成27）年度に創設された。

③　その他

　ひとり親家庭の親または子どもが高卒認定試験合格のための講座を受け，これを修了した時，及び合格した時に受講費用の一部（最大6割，上限15万円）を支給するひとり親家庭高等学校卒業程度認定試験合格支援事業が2015（平成27）年度に創設され，学歴取得のための支援も講じられるようになった。

🔲 養育費確保支援

　養育費とは子どもの監護や教育のために必要な費用であり，離婚した夫婦間において，子どもを監護する親が子どもを監護していない親に対して請求することができる費用をさす。日本においては，離婚に際して養育費を取り決めない場合も多く，かつ，養育費を支払う割合も低いことが課題となっている。

　2003（平成15）年の母子及び寡婦福祉法の改正に際しては，養育費支払いの責務等か明記され，2007（平成19）年度には，母子家庭等就業・自立支援センターにおいて受け付けられた養育費の取り決め等に関する相談中の困難事例への対応や，養育費相談にあたる人材養成のための研修等を行う「養育費等相談支援センター」が創設された。

　また，母子家庭等就業・自立支援事業のメニューとして，養育費等支援事業，面会交流事業が実施されている。さらに，2011（平成23）年の民法等の一部改正により，民法第766条第1項の協議離婚の際に夫婦が取り決める事項として，親子の面会交流及び養育費の分担が明文化された。

🔲 経済的支援

①　児童扶養手当

　中学校卒業までの子どもを養育している場合に支給される社会手当

として児童手当制度があるが，そのほかに，離婚によるひとり親世帯等の生活の安定と自立の促進に寄与するために支給される手当として児童扶養手当制度がある。

　児童扶養手当制度は1961年に創設された制度であり，現在の支給対象者は，「18歳に達する日以後の最初の３月31日までの間にある児童（障害児の場合は20歳未満）」を監護する母」「監護し，かつ生計を同じくする父又は養育する者（祖父母等）」である。支給要件は，児童扶養手当法第４条に規定されており，「イ：父母が婚姻を解消した児童」「ロ：父（母）が死亡した児童」「ハ：父（母）が政令で定める程度の障害の状態にある児童」「ニ：父（母）の生死が明らかでない児童」「その他イからニまでに準ずる状態にある児童で政令で定めるもの」のいずれかに該当する児童の母または父が，当該児童を監護する場合とされている。

　制度創設時には父子家庭は対象外であったが，2010（平成22）年８月から父子家庭にも支給されるようになり，また，2012（平成24）年８月からは，配偶者からの暴力により「裁判所からの保護命令」が出された場合も支給要件に加えられた。また，公的年金を受給する場合は支給要件に該当しないが，2014（平成26）年12月以降は，年金額が児童扶養手当額より低い場合には，その差額分の児童扶養手当が支給されることとなった。

　児童扶養手当の額は，受給資格者の所得額（収入から各種控除額を減じ，養育費の８割相当額を加えて算出）を扶養親族等の数に応じた所得制限限度額（所得ベースの額）に照らし合わせて計算され，全部支給，一部支給，支給停止のいずれかに決定される。全部支給の場合の手当額は月額42,330円（平成28年度）であり，子どもの数に応じて，加算額が支給される。2016（平成28）年の児童扶養手当法の一部改正により，この加算額については，第２子に係る加算額が5,000円から10,000円に，第３子以降に係る加算額が3,000円から6,000円に改定された。また，児童扶養手当の支払い回数は年３回（４月，８月，12月）であったが，ひとり親家庭の利便性の向上や家計の安定を図る観点から，2017（平成29）年の児童扶養手当法の一部改正により年６回（１月，３月，５月，７月，９月，11月）に見直された。

② 母子・父子・寡婦福祉資金の貸し付け

　母子及び父子並びに寡婦福祉法に規定されている貸付制度として，母子福祉資金・父子福祉資金・寡婦福祉資金がある。対象者は，「配偶者のない女子（または男子）で現に児童を扶養しているもの，母子・父子福祉団体 等」と，「寡婦（配偶者のない女子であって，かつて

配偶者のない女子として児童を扶養していたことのあるもの）等」である。貸付けの種類には，事業開始資金，事業継続資金，修学資金，技能習得資金，修業資金，就職支度資金，医療介護資金，生活資金，住宅資金，転宅資金，就学支度資金，結婚資金の計12種類がある。利子は貸付金の種類，連帯保証人の有無によって異なるが，無利子または，年利1.0％に設定され，一定の据え置き期間の後，3～20年で償還する方法がとられている。

🔲 その他の支援策

　母子及び父子並びに寡婦福祉法以外の法律等による母子・父子・寡婦福祉対策としては，死別のひとり親世帯に対し支給される国民年金制度の遺族基礎年金と厚生年金制度における遺族年金等がある。税制上の措置としては，所得税・地方税について，要件を満たした場合に一定の金額の所得控除を受けることができる寡婦（寡夫）控除がある。

　また，児童福祉法第38条に規定されている母子家庭を対象とした施設として，母子生活支援施設がある。18歳未満の子どもとその母親が対象であり，必要に応じて子どもが満20歳に達するまで入居することができる。

④ ひとり親家庭への支援と課題

🔲 社会構造と母子・父子家庭

　母子家庭の暮らしに出現する諸困難の背景には，男女の賃金格差をはじめとして女性の経済的自立を阻む雇用労働，ドメスティック・バイオレンスや**セクシュアル・ハラスメント**➡など，女性を支配しコントロールする暴力の影響などがある。

　一方，父子家庭の暮らしに出現する諸困難の背景には，経済的扶養を担う「稼ぎ主」として企業社会への貢献を要請されるなかで，子どもの養育や家庭的責任を果たすことが阻まれる男性社会の影響がある。

　総じて，夫婦による性別役割分業を前提として成り立つ社会においては，**ジェンダー不平等**➡な社会構造が温存され，その矛盾やひずみが母子家庭・父子家庭の暮らしに直截的に表れているといえる。

🔲 今後の課題

　ひとり親家庭支援の今後の課題としてあげられる第一の視点は，健

➡**セクシュアル・ハラスメント**

相手の意に反して相手を不快にする，性的な言動や行為であり，その人の尊厳を不当に傷つける人権問題である。職場等における立場や階級の上下関係を利用して，下位にあるものに対する性的な言動を行う（強要する）場合を「対価型セクハラ」，労働環境や就業環境に著しく悪い影響を与える性的言動や行為を行い，職務遂行や能力の発揮などに支障が出る場合を「環境型セクハラ」という。

➡**ジェンダー不平等**

ジェンダーは，生物学的な性差（セックス）に付加された社会的・文化的性差をさす概念である。「女性」「男性」という性別カテゴリーの関係性において，一方を標準として他方を劣位に扱うような社会通念や慣行，法制度，行動様式や性別役割分業意識などにより，性差別が生み出される。生み出される性差別を解消し，すべての人が性別にかかわらず平等を達成すること。

康で文化的な生活を保障できるよう，所得保障と雇用保障の双方から
制度を改善することである。先進諸国と比較しても日本のひとり親家
庭の就労率は高く，かつ，貧困率も高いという現状のなかでは，就労
促進による自立のみでは所得の貧困も，時間の貧困も，解消は難しい。
政府による所得再分配の機能を強化する政策，ジェンダー平等な雇用
政策とともに，セーフティネットとしての生活保護制度や住宅政策を
整備することが求められている。

　第二の視点として，ひとり親家庭のライフステージに即した長期的
な支援策を構築することである。ひとり親福祉施策では，ひとり親家
庭になった直後などの激変期に重点化した施策の運用がみられるが，
子どもが成長して高年齢児になるほど教育費負担も増していく現状に
照らして，制度設計を整えることが必要である。とりわけ，高校卒業
後の進路選択においては，ひとり親家庭の子どもの進学格差が指摘さ
れている。高等教育費の無償化をはじめ，教育政策と福祉政策の有機
的連携が求められる。

　第三の視点として，ドメスティック・バイオレンスの影響を考慮し
た制度設計を定立することである。女性に対する暴力対策は内閣府の
所管であるため，厚生労働省所管のひとり親福祉施策では暴力被害か
らの回復の視点が乏しい。自立支援政策の展開においては，被害から
の回復という視座が必要である。

◯注 ━━━━━

(1)　ひとり親世帯数の把握は，調査により異なるので注意が必要である。「国
　民生活基礎調査」（厚生労働省）では，「現に配偶者のいない65歳未満の女
　（または男）と20歳未満のその子のみで構成している世帯」が母子世帯・父
　子世帯として計上されている。「全国ひとり親世帯等調査」（厚生労働省）で
　は，「父（または母）のいない児童（満20歳未満の子どもであって，未婚の
　もの）がその母（または父）によって養育されている世帯」とされ，祖父母
　等の同居世帯も含む世帯数が計上されている。
(2)　国立社会保障・人口問題研究所「日本の世帯数の将来推計（全国推計）
　（2018年推計）」を参照。
(3)　国民生活基礎調査における「相対的貧困率」は，貧困線に満たない世帯員
　の割合をいう。貧困線とは，等価可処分所得の中央値の半分の額をさし，現
　金給付として受給した社会保障給付金が含まれるが，保育サービスのよう
　な現物給付等は含んでいない。
(4)　生活時間を考慮した日本の貧困率を計測した研究として，石井加代子・
　浦川邦夫（2014）「生活時間を考慮した貧困分析」『三田商学研究』57(4)，
　97-121，などがある。

○**参考文献** ─────

厚生労働統計協会編（2019）『国民の福祉と介護の動向2019/2020』.

厚生労働省（2019）『厚生労働白書（平成30年版）』.

厚生労働省子ども家庭局家庭福祉課（2021）「ひとり親家庭等の支援について」
　（厚生労働省ホームページ掲載資料）（https://www.mhlw.go.jp/content/
　000781863.pdf）.

湯澤直美（2007）「日本における母子家族政策の展開──福祉と労働の再編」埋
　橋孝文編『ワークフェア──排除から包摂へ？』法律文化社.

湯澤直美（2013）「ひとり親世帯をめぐる分断の諸相」庄司洋子編『親密性の福
　祉社会学──ケアが織りなす関係』東京大学出版会.

■第9章■
社会的養護

社会的養護を取り巻く状況

　「社会的養護」という言葉を聞いたことがあるだろうか。聞いたことがない人の方が多いかもしれない。しかし，社会的養護を必要とする子どもについての情報は，実は私たちの身のまわりにあふれている。

　厚生労働省によると，「社会的養護とは，保護者のない児童や，保護者に監護させることが適当でない児童を，公的責任で社会的に養育し，保護するとともに，養育に大きな困難を抱える家庭への支援を行うことです。社会的養護は，『子どもの最善の利益のために』と『社会全体で子どもを育む』を理念として行われています[1]」とされている。

☐ 社会的養護の対象

　「保護者のない児童」とは，たとえば，保護者が亡くなった，行方不明になった子どもたちである。では，「保護者に監護させることが適当でない児童」とはどういった子どもだろうか。具体的には，子ども虐待，保護者の心身の疾患や障害，依存症，ドメスティック・バイオレンス（DV），離婚，未婚，服役，貧困など，さまざまな事情によって，保護者が育て続けられない（あるいは，育て続けさせられない）子どもたちである。こういった子どもたちが社会的養護の対象である。

　また，子どもの家庭も社会的養護の対象である。子どもだけ保護しているばかりでは，家庭の問題は解決されない。社会的養護では，子どもを保護したら家庭に帰さないのではなく，できる限り家庭が子どもを育てることができる状況になるよう支援して，子どもを家庭に帰すことができるようにすることを大切にしている。

☐ 皆に関係のある社会的養護

　子どもを養育することが適当ではない事情を見ると，子どもへの虐待のニュースが日々，テレビ等で流れていることを思い出すのではないだろうか。この意味で，先述のように，社会的養護は私たちの身のまわりにあふれている。社会的養護を必要とする子どもや家庭があるということは理解されにくいことも多く，「子育ては誰でもできることである」「親が子どもを大切にするのは当然である」といった思いから，「子どもを虐待するとはどういうことか」「子どもがいながら，なぜ服役するような罪を犯すのか」「DV があったから子どもの虐待を

見て見ぬふりをするなど，自分と子どものどちらが大切なのか」など，腹立ちのようなものを感じることもあるかもしれない。これが，社会的養護を必要とする子どもとその養育者をとりまいている状況ではないだろうか。

　しかし，泣き止まない子どもを抱えてただただ途方にくれる毎日である，病気や障害によって保護者が自分の身のまわりのことをすることすら辛い状況である，家庭内でDVを受けており自分の身も危険な状況のなか思考停止の状態が続いている，薬物やアルコールの依存症になってしまい自分では摂取をやめられない，人間関係も職も頑張っても続かず困窮していくばかりで窃盗という方法しか思いつかなかったなど，相談する相手も場もなく，追い詰められていったらどうだろうか。そして，こういった状況に自分が絶対に置かれないと言い切ることのできる人はいるだろうか。

　誰にでも，自身が生きていくこと，自身の子どもを育てることについて，困難を感じる可能性はあるだろう。子どもに不適切な養育をしている保護者は，SOSを出せる人や場を知らない，何らかの事情によってSOSを出すことができない，支え手が現れても支援を受け入れられないなど，支援へのハードルを抱えている。「子育ては誰にでもできるもの」といった考えを捨て，「困ることは誰にでもある」と，自分のこととして子育てをとらえることによって，すべての子どもにとってもっともよい養育環境を用意し，社会全体で子どもを育てていくことできる環境をつくっていく必要がある。

2　社会的養護の体系

☐ 子どもの養育を支える場

　社会的養護において，「家庭での子どもの養育」を支える場として，児童相談所や児童家庭支援センター，保育所などによる相談支援，一時預かりの支援がある。また，日々の生活をとおして「子どもの養育」を支える場として，乳児院，児童養護施設，児童心理治療施設，児童自立支援施設，母子生活支援施設，自立援助ホームなどの児童福祉施設・事業のほか，里親家庭や**特別養子縁組**家庭といった養育の場もある。ニーズに応じた複数の支援の場が，社会的養護を必要とする子どもと家庭に用意されているのである。

➡ 特別養子縁組

虐待，養育者の心身の疾患や障がいなど，家庭の事情によって家庭で暮らすことのできない子ども（要養護児童）と養親が，民法によって，法的な親子関係を結ぶ制度である。特別養子縁組が成立すると，実の親との親子関係は消滅する。特別養子縁組をする際の子どもの年齢は，原則として15歳未満であることなどが決められており，離縁は原則としてできないこととなっている。里親とは異なり，里親手当等の金銭的援助はない。

個々に応じた養育の場

「子ども虐待」という同じ事情であっても，個々の子どもとその家庭の状況によって，どういった場を選ぶかは異なる。

- 母親から「泣き止まないから」と頬を毎日のようにたたかれていたAちゃんは，保育所で日中保育してもらい，保育所の保育士が相談に乗ってくれるようになることで，母親の育児負担が軽減され，虐待行為がなくなっていった。
- 両親から毎日のように暴言を吐かれ，寒い日にパジャマ1枚でベランダにたびたび出されていたBちゃんは，児童養護施設に入所し，両親には児童相談所による支援が始まった。
- 未婚で子どもを生んだ母親は，幼いCちゃんをアパートに置いて数日間帰ってこないことが頻繁に続いていた。母親には養育意思がなく，結局行方不明になってしまったことから，Cちゃんは里親家庭で養育されることになった。

このように，Aちゃん，Bちゃん，Cちゃんは，それぞれ「虐待」という同じ事情を抱えてきた子どもたちである。この子どもたちの養育を支える場を考えるとき，社会的養護では「虐待ならここ」と一律に判断するのではなく，複数の選択肢の中から，「この子どもにとって一番よい方策は何か」と，その子どものもつニーズを検討したうえで選択しようとする。

しかし，日本の現状は，子どものニーズに的確に応じられるだけの選択肢が豊富にあるわけではない。本来ならば，社会的養護に置かれる子ども自身が，複数の選択肢から自身の生活する場を選択できるくらいの余裕が欲しいところだが，そうなっていない現状がある。

社会的養護は，予防的事業，施設養護，家庭養護に分けることができる。以下で説明していく。

予防的事業

家庭での生活が難しいからといって，すべての子どもが施設や里親家庭等で生活するわけではない。家庭への支援もおこなうことによって，できるかぎり家庭での養育を継続できるよう支える取り組みをしている。たとえば，**乳児家庭全戸訪問事業**をとおし，家庭での養育が難しくなりそうな事態を早期発見することで，**養育支援訪問事業**などの早期対応をし，予防的取り組みにつなげている。また，家庭での養育に課題がある子ども・家庭に対し，児童相談所や市町村の子ども家庭福祉相談窓口をはじめとする相談・訪問等による支援もおこなわれている。必要に応じて短期入所生活援助事業（ショートステイ）や夜間

➡乳児家庭全戸訪問事業

子育てをするなかでの孤立感，ストレス，産後うつなど，子育てを困難にする状況および虐待を予防する，あるいは早期発見するため，また，地域とのつながりの第一段階を提供するため，生後4か月までの乳児がいるすべての家庭を訪問し，子どもの健康状態，母親の心身の状況，家庭における子育ての状況などの把握や，子育てに関する相談や情報提供などをする事業である。実施主体は市町村であり，通称「こんにちは赤ちゃん事業」と呼ばれている。

➡養育支援訪問事業

乳児家庭全戸訪問事業や，健診などをはじめとする母子保健事業などによって把握された，養育に関する支援が必要な家庭の子どもとその養育者に対して支援をおこなう事業である。支援の必要な対象は，若年妊婦，妊婦検診未受診者，産後うつや育児ストレスなどを抱える家庭，虐待のリスクのある家庭などである。その家庭のニーズに応じて，専門的な支援の必要な場合には保健師，看護師，児童指導員，保育士など専門職が，育児や家事に関する支援についてはヘルパーや子育て経験者が支援を実施している。

養護等事業（トワイライトステイ），ひとり親家庭等日常生活支援事業などの事業を利用することもできる。このほか，地域の児童家庭支援センター，保育所などの子育て支援を展開している施設，保健センターや医療機関などの機関，地域の児童委員などとの連携による見守りや相談などの支援も実施されている。**乳児院**や**児童養護施設**などの子どもの生活施設においても，地域支援の一環として，地域住民や退所した子どもとその家庭への支援もおこなわれている。

☐ 施設養護

　子どもが家庭で暮らし続けることが困難な場合は，児童福祉施設でニーズに応じた支援を受けることができる。たとえば，乳児院や児童養護施設といった生活支援をおこなう施設では，日々子どもが安心して，安全に生活できるようにするだけではなく，個々の課題や障害に応じた支援が展開されている。個々の子どもの過去からくる影響に対する支援をおこない，個々の子どもたちの将来につながる自立支援がおこなわれるなど，過去・現在・将来を見据えた支援が展開されている。あわせて，家庭に応じた家庭支援も行われている。

　このほか，自傷行為やチック，感情のコントロールの難しさなど，さまざまな心理的課題を抱えて日常生活で多岐にわたって困難を抱える子どもたちのための児童心理治療施設や，非行傾向のある子どもたちのための児童自立支援施設といった，生活支援とともに治療や教育の機能をもつ施設もある。これらの施設には通所によって教育・治療を受けている子どももいる。また，子どもによっては，子ども自身に障害があるために，家庭では養育できないという場合もある。このため，医療的ケアの必要な子どものための医療型障害児入所施設，医療的ケアの必要のない福祉型障害児入所施設といった施設もある。中には，激しい虐待により重篤な後遺症を負って障害児入所施設に入所する子どももいる。

☐ 家庭養護

　家庭で暮らし続けることが難しい場合，施設養護ではなく，里親家庭や小規模住居型児童養育事業（ファミリーホーム）で子どもが生活する場合もある。里親には，「養育里親」「養子縁組里親」「専門里親」「親族里親」の４種類がある。

　「養育里親」は，養子縁組を前提とせず，18歳まで（必要な場合は22歳まで）の子どもを，自立あるいは家庭復帰するまで里親自身の家庭で育てる。このため，子どもの家庭の事情によっては，保護者が入院

➡ 乳児院

虐待，養育者の心身の疾患や障害など，家庭の事情によって家庭で暮らすことの困難な子ども（要保護児童）が暮らす児童福祉施設の一つである。要保護児童のうち乳児（特に必要な場合は幼児を含む）を養育者の代わりに養育している。乳児院では，児童相談所と連携しながら，子どもへの支援とともに，子どもの養育者への支援，また，子どもの措置解除後の支援もおこなっている。地域からの支援だけではなく，地域への支援もおこなっている施設も多い。

➡ 児童養護施設

虐待，養育者の心身の疾患や障害など，家庭の事情によって家庭で暮らすことの困難な子ども（要保護児童）が暮らす児童福祉施設の一つである。要保護児童（特に必要な場合は乳児を含む）を養育者の代わりに養育している。児童養護施設では，児童相談所と連携しながら，子どもへの支援とともに，子どもの養育者への支援や子どもの措置解除後の支援も行っている。地域からの支援だけではなく，地域への支援も行っている施設も多い。幅広い年齢層とニーズをもつ子どもへの支援であるとともに，障害のある子どもも増加しており，支援には高い専門性が求められる。

している数週間だけといった短期間の場合もあれば，家庭復帰できる家庭環境になく長期間里親家庭で暮らす場合もある。

　「養子縁組里親」は，養子縁組を前提とした里親である。2008（平成20）年の児童福祉法改正以前は，「養子縁組里親」と明確に区別されていなかったため，実親に「里親委託に同意したら子どもを取られてしまう」と感じられやすかった。一方で，里親家庭は「我が子」として子どもを養育するのではなく，社会的養護を担う一員として子どもが家庭で暮らせるようになるまで養育する存在であるという意識を，里親自身にも地域社会内にも高める必要があったことから，区別されるようになった。

　「専門里親」は，対象の子どもの年齢は養育里親と同じであるが，なかでも虐待等によって心身に有害な影響を受けた子どもや非行等の課題，身体・知的・精神障害など障害がある子どもなど，専門的な支援を必要とする子どもを養育する。

　「親族里親」も，対象の子どもの年齢は養育里親と同じであるが，両親の死亡や行方不明，拘禁や入院等によって保護者と暮らすことのできない子どもを，親族が養育している。まったくつながりのない家庭に委託されるよりも，親族のつながりのある家庭で養育されるほうが，子どもにとって負荷が少なく，家族・親族のつながりを維持しやすいというメリットがある。

　里親は，社会的養護を担う一員であるため，無償のボランティアではなく，里親手当が支払われるほか，子どもの食費や被服費などの一般生活費，教育や進級進学，医療などに必要な費用が支払われる。このうち，里親手当の支給の有無は，里親の種類によって異なっている。自治体によって里親賠償責任保険への加入費，里親手当加算，支度金などが助成される場合もある。

　里親は希望すればなれるというわけではなく，たとえば養育里親の場合，家庭訪問・調査などをとおして，要件を満たしているかの確認が行われるとともに，ガイダンスや研修を受けて子どもの養育に必要な基礎的知識・技術を身につけたうえで里親として認められ，里親登録に至る。その後，子どもとのマッチングが慎重に行われ，委託されることとなる。里親家庭は夫婦で構成される世帯のみではなく，自治体ごとの条件を満たせば，単身者も里親になることができる。近年では，同性カップルへの里子の委託を開始した自治体もあり，里親養育は広がりをみせている。また，里親の年齢についても，里親へのニーズの高まりや，高齢であっても心身共に子育てをできる状況である里親もいることから，要件の緩和が始まっている自治体もある。

「小規模住居型児童養育事業（ファミリーホーム）」は，この事業をおこなう養育者の住居で子どもの支援がおこなわれる。委託される子どもの人数は5〜6人と，里親家庭より多くなっている。また，里親家庭とは異なり，この事業をおこなう職員配置についての決まりがあり，夫婦である養育者2名（配偶者）＋補助者1名以上か，養育者1名＋補助者2名以上と定められている。

３　社会的養護の現状

厚生労働省「社会的養育の推進に向けて」（2021年5月）によると，社会的養護で生活している子どもの数や施設，里親数は**表9-1**のとおりである。

社会的養護の近年の変革にともなって，里親（登録・委託）数とその委託児童数や，ファミリーホーム数とその委託児童数が，増加の一途をたどっており，2020（令和2）年度末現在の里親等への委託率は22.8％となっている。

施設については，乳児院や児童養護施設といった，要保護児童に対する生活支援をおこなう施設では特に，養育の継続性と子どもの生活体験を重視し，小規模化が急速に進められている。大舎制といった大きな生活単位で暮らす形態の割合が年々減り，小規模グループケア，地域小規模児童養護施設といった小規模形態の設置数が急激に増加していることで，定員が少しずつ減少している。

４　社会的養護の支援と課題

☐ 確実に子どもを守ること

① 子どものSOSを逃さない

痛ましい子どもへの虐待事件をとおし，児童相談所の体制強化や警察との情報共有，安全確認のあり方など，確実に子どもを守るための体制の見直しが続いている。しかし，依然として子どもを確実に守ることができる社会にはなっていない。虐待の可能性に気づきながら通告をためらう社会，虐待からのSOSを子ども自身が出していたのに応えられない体制を変えていくことが喫緊の課題である。

表 9-1　里親数，施設数，児童数等

| 保護者のない児童，被虐待児など家庭環境上養護を必要とする児童などに対し，公的な責任として，社会的に養護を行う。対象児童は，約4万2千人。 |

里親	家庭における養育を里親に委託		登録里親数	委託里親数	委託児童数	ファミリーホーム	養育者の住居において家庭養護を行う（定員5〜6名）	
			14,401世帯	4,759世帯	6,019人			
	区分（里親は重複登録有り）	養育里親	11,853世帯	3,774世帯	4,621人		ホーム数	427か所
		専門里親	715世帯	171世帯	206人			
		養子縁組里親	5,619世帯	353世帯	384人		委託児童数	1,688人
		親族里親	610世帯	565世帯	808人			

施設	乳児院	児童養護施設	児童心理治療施設	児童自立支援施設	母子生活支援施設	自立援助ホーム
対象児童	乳児（特に必要な場合は，幼児を含む）	保護者のない児童，虐待されている児童その他環境上養護を要する児童（特に必要な場合は，乳児を含む）	家庭環境，学校における交友関係その他の環境上の理由により社会生活への適応が困難となった児童	不良行為をなし，又はなすおそれのある児童及び家庭環境その他の環境上の理由により生活指導等を要する児童	配偶者のない女子又はこれに準ずる事情にある女子及びその者の監護すべき児童	義務教育を終了した児童であって，児童養護施設等を退所した児童等
施設数	145か所	612か所	53か所	58か所	217か所	217か所
定員	3,853人	30,782人	2,018人	3,445人	4,533世帯	1,409人
現員	2,472人	23,631人	1,321人	1,145人	3,266世帯 児童5,440人	718人
職員総数	5,453人	20,001人	1,560人	1,818人	2,102人	885人

小規模グループケア	2,073か所
地域小規模児童養護施設	494か所

注：里親数，FHホーム数，委託児童数，乳児院・児童養護施設・児童心理治療施設・母子生活支援施設の施設数・定員・現員は福祉行政報告例から家庭福祉課にて作成（令和3年3月末現在）。児童自立支援施設の施設数・定員・現員，自立援助ホームの施設数，小規模グループケア，地域小規模児童養護施設のか所数は家庭福祉課調べ（令和2年10月1日現在），職員数（自立援助ホームを除く）は，社会福祉施設等調査報告（令和2年10月1日現在），自立援助ホームの定員，現員（令和3年3月31日現在）及び職員数（令和2年3月1日現在）は家庭福祉課調べ。児童自立支援施設は，国立2施設を含む。

出所：厚生労働省（2022）「社会的養育の推進に向けて（令和3年5月）」（https://www.mhlw.go.jp/content/000833294.pdf）.

　また，社会的養護において「この子どもにとってよい選択肢」が十分に用意されているとはいい難い状況が続いている。社会的養護の中心は子どもである。子どもの気持ちに寄り添いながら，子ども一人ひとりのニーズに対して適切な支援を提供できる選択肢を複数用意すること，可能な限り子どもが自分の人生の選択をすることができること，社会的養護ニーズがありながら潜在している子どもに支援を届けられることなど，すべての子どもを確実に守ることのできる体制を整えていかねばならない。

　②　子どもの巣立ちを応援する

　社会的養護を巣立つ子どもを守ることも重要である。児童福祉法で

定義される「児童」とは，「満18歳に満たない者」である。この年齢までに，ひとりで生きていく決意と能力（生活リズム・心身の健康を維持する，金銭管理ができる，家事全般ができる，学業や仕事を継続できるなど）を備えることは，社会的養護であったか否かを問わず難しいだろう。むしろ，この年代は，将来について悩み，どう生きていきたいか考え，踏み出しては失敗するといったことを繰り返す年代なのではないだろうか。

　しかし，社会的養護を必要とする子どもたちには，自分の将来を選択する自由や時間的・金銭的余裕，将来を支え続ける支援者や支援の場などが不足していることも多い。このため，子どもたちが生活していた施設や里親等によるアフターケアとともに，「社会的養護自立支援事業」や「自立支援資金貸付事業」など，さまざまな取り組みが進められてきた。2022年には，児童福祉法改正において，児童養護施設等で暮らす子どもの自立支援について，年齢制限が撤廃されるといった変化もあった。しかし，今なお，就職，進学を問わず，子どもたちの将来には厳しい状況が待っていることも多く，人一倍の努力と心身の健康，本人の能力が試される日々であり，現在進められている対策では，時間的にも金銭的にも，そして支援の質と量についても，不十分といわざるを得ない。

　さらに，社会的養護から子どもが離れざるを得ない時期は，自身の人生の選択を確実にできる力が備わっている年齢であるとはいえない。それでも子どもたちは，将来の何らかの選択をして，巣立っていかねばならない。高校を中退して施設を退所する，進学した大学等を中退する，就職した会社を退職する・職を転々とする，一人暮らしをしたが金銭管理がうまくいかず家賃滞納で住居を立ち退かなければならなくなるなど，人生でうまくいかないことが起こることは容易に想像できる。しかし，そこから再挑戦するためのサポートはないに等しい。

　あとになって，改めて何かを学びたいという意欲が芽生えたとき，その意欲を支えるシステムもない。社会的養護にあった子どもたちは，さまざまな家庭の事情をかかえ，そこからの影響と戦いながら頑張り続けている子どもたちである。その戦いが，高校卒業年齢までに一段落する子どももいれば，その後も保護者に対する葛藤や精神疾患などと共に，長期間戦い続けなければならない子どもも多い。こういった子どもたちに，人生がうまくいかなくなったときや再挑戦をしたいと思ったときに支援するのは，公的責任であろう。

　この意味で，たとえば，措置解除のあとであっても，再チャレンジするための給付型奨学金の創設，住居の提供（あるいは家賃を補助），

里親委託などができるようするなど，再挑戦のできる体制づくりを検討していく必要があると考えられる。

❏ 子どもの家庭を守ること

保護者に対しては「子どもは親の所有物ではない」「しつけと称した体罰や暴言は許されない」との意識の醸成，社会に対しては社会的養護が「誰にでも起こりうること」「恥ずかしいことではない」との意識改革により，家庭の環境を再構築するための社会の温たかな眼差しと支援が必要である。

悩みをもつ家庭に対する予防的段階からアフターケアに至るすべての段階の支援の充実も，子どもへの支援とともに急がねばならない課題であろう。一方で，子どもを守るために，必要に応じて毅然とした対応ができる体制や力を行使できる体制を，児童相談所や施設，里親家庭等に付与することも必要だろう。

❏ 支える人を守ること

子どもを守る社会的養護の体制を整えるには，子どもとその家庭を支える人を守ることが必要不可欠である。現在も，児童相談所や施設の職員，里親家庭等の過負担は続いている。たとえば児童養護施設職員では，子どもの暴言暴力にさらされながら勤務している，十数名の子どもたちに対し一人の職員では解決することもできず抱え込んでいる，応援してくれる人を呼ぼうにも皆手いっぱいの状態であるなどといった状況が少なくない。

こういった状態は，「子どもを守ることができている」「子どもを支える専門職を守っている」といえる状況ではない。たくさんの課題や事情をくぐり抜けてきた子どもたちを養育するには，多くの知識・技術をもった専門職の連携による支援が必要である。子どもを支える専門職が安心・安全な環境の中で，自身のもつ専門知識や技術を駆使し，高めながら支援に携わるための対策を，施設や職員の自助努力や犠牲にまかせておいてはならない。

また，里親は専門職ではないからこそそのメリットがある一方，子どもの言動への対応をはじめ多くの悩みを抱えることも多く，悩みを相談できないままに潜在している家庭もある。施設と同様に，養育する側の安心・安全なくしては，子どもを守ることは難しい。この意味で，里親等に対する支援も，潜在しているニーズへの支援も含めさらに実施していく必要がある。

□ 地域全体で守ること

　社会的養護は，社会的養護にある時期の人生だけを支えるのではなく，子どもの将来を見越して人生を支え続けることが重要である。しかし，それを元担当職員，元里親家庭だけが担うのは困難であることも事実である。また，社会的養護にあった子どもたちは，地域で暮らす住民のひとりである。地域にはさまざまなニーズをもつ人々が暮らしている。一方で，地域にはさまざまな支え手となることのできる人々も暮らしている。各地で退所児童等支援をおこなう団体なども増加しているが，福祉の枠を超えて，一人ひとりの住民レベルから，地域の応援団・応援者を増やし，地域全体で子どもたちを守り続ける環境づくりが必要である。また，社会的養護にあった子どもたち自身も，支えられる体験をとおして，将来的に地域に貢献できる環境づくりが必要である。

　このように，複数の選択肢が用意されている社会的養護ではあるが，支援の量的・質的な拡充が今後の大きな課題である。過去から現在・将来に至る子ども自身，子どもの家庭，支援者を確実に守ることができる体制，そして地域の皆が自分のこととして社会的養護をとらえ，地域全体で子どもとその家庭を支えるまなざしが重要であろう。

◯注

(1)　厚生労働省ホームページ　「社会的養護とは」(https://www.mhlw.go.jp/stf/seisakunitsuite/bunya/kodomo/kodomo_kosodate/syakaiteki_yougo/index.html).

(2)　里親等への委託，児童養護施設等への入所措置を受けていたが，18歳（措置延長の場合は20歳）となり措置解除された子どものうち，自立支援を継続しておこなうことが適当とされる場合は，原則22歳の年度末まで引き続き支援を受けられるよう，社会的養護自立支援事業実施要綱が定められ，2017（平成29）年4月から実施されることとなった。

◯参考文献

厚生労働省（2022）「社会的養育の推進に向けて」(https://www.mhlw.go.jp/content/000833294.pdf).

厚生労働省（2017）「新しい社会的養育ビジョン」(https://www.mhlw.go.jp/file/05-Shingikai-11901000-Koyoukintoujidoukateikyoku-Soumuka/0000173888.pdf).

施設で育った子どもたちの語り編集委員会編（2012）『施設で育った子どもたちの語り』明石書店.

高橋亜美・早川悟司ほか（2015）『子どもの未来をあきらめない　施設で育った子どもの自立支援』明石書店.

■ 第10章 ■

非　行

① 非行を取り巻く現状

☐ 福祉にとっての非行の意味

　本章では，非行について考える。皆さんは，そもそも福祉の分野でなぜ非行を扱うのかという疑問はもたないだろうか。福祉の歴史を学ぶと，留岡幸助が設立した東京家庭学校が，非行などの課題をかかえた子どもを入所させて感化教育を行ったことや，感化法という法律が1900年に公布されたことなどを学ぶ。つまり，すでに120年も前から，刑務所などの司法手続きとは別に，福祉が非行に取り組んできた歴史がある。

　近年では，更生保護や刑事司法におけるソーシャルワークが取り上げられるようになってきた。ところで非行少年に対する支援を考えるとき，少年本人がそれを素直に受け入れるかというと，むしろ反発や抵抗を示す可能性がある。つまり，非行少年やその保護者は接近困難でワーカビリティの低い対象である可能性が高い。一方で社会は，非行を迷惑で有害ととらえるため，制裁を加えよう，罰を強めようという方向に動きがちである。

　非行の支援には，このようなジレンマがつきまとう。そこで理解が必要なのは，非行などの逸脱行動をとる背景には，何らかの理由で困っている，困難を抱えているということがあり，その困り感を行動化（アクティングアウト）というまずいやり方で表出したものが非行や犯罪であり，再び本人が困るという悪循環へと進んでしまう。特に子どもの場合は，その育ちの責任は，保護者及び行政が負うというのが児童福祉法の考え方である。児童福祉法第2条に，「心身ともに健やかに」というフレーズが3回も出てくるが，非行というのはまさに，心身が健やかではない典型例であり，それ故に福祉の支援が特に必要とされることになる。

　非行対応の基本法である少年法は，少年の健全な育成を目的として，「非行のある少年に対して性格の矯正及び環境の調整に関する保護処分を行う」（同法第1条）と定めている。この性格つまり本人のかかえる課題と，環境への働きかけという考え方は，まさにソーシャルワークに共通するものである。なおこの条文が「非行のある」と表記している点について，更生保護法も「犯罪をした者及び非行のある少年に対し，」（同法第1条）というように，犯罪は「した」，非行は「ある」

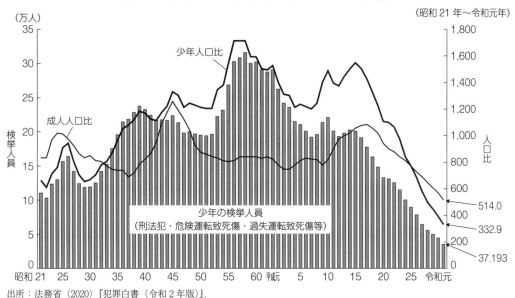

図10-1　少年による刑法犯等 検挙人員・人口比の推移

（昭和21年～令和元年）

出所：法務省（2020）『犯罪白書（令和2年版）』.

図10-2　校内暴力の推移

学校の管理下・管理下以外における暴力行為発生件数の推移

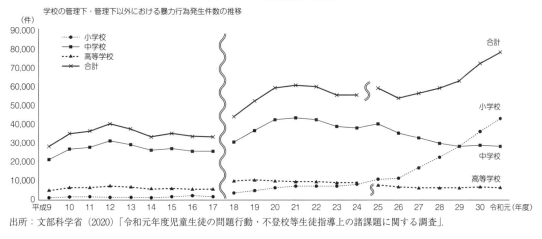

出所：文部科学省（2020）「令和元年度児童生徒の問題行動・不登校等生徒指導上の諸課題に関する調査」.

とわざわざかき分けていることと共通する。犯罪は本人に行為の意思があることが前提なので「する」ものだが，非行は意思の有無は問わず，結果として非行が「ある」と考えることからこの表現になっている。このことは同時に，本人の責任を追及することよりも，環境の要因とその改善を含めた支援を考えるという姿勢をあえて強調しているのであり，そこに福祉の出番があると考えることができる。

☐ 非行の現状

　図10-1は，全国の警察が刑法犯関連の犯罪行為として検挙した少年の数の推移である。戦後は，大きく3つの非行の山があり，特に第3のピークと呼ばれる1983（昭和58）年の山は，非常に大きかった。

それが去って40年近くたち，ピークの30万件以上から，現在は4万件を切っている。しかし，このように非行が激減していることはあまり知られておらず，むしろ最近の方が非行は増えていると信じている人も多い。また，2018年に全国の児童相談所が相談対応した総数は約50万件だが，そのうち非行相談は1万2,410件で，相談全体のわずか2.3％でしかない。これも非行の第3のピーク以来減少を続けている。

　一方，**図10-2**は文部科学省が毎年公表している，全国の学校内外で発生した校内暴力の推移であるが，中学や高校はほぼ横ばいであるが，小学校だけは急増していて，2004年の2,100件が，2019年には4万3,614件と20倍を超えている。このような低年齢の暴力行為の背景には，家庭環境の課題などが反映されている可能性が高く，特に福祉の役割が大きい現象と考えられる。

② 非行と犯罪の定義

❏ 非行と犯罪の類型

　あなたは非行少年だなどと決めつけられて喜ぶ人はいないし，安易に非行だと決めつけることは，人権侵害でもある。一方で非行は，それがあることを前提に，教育や福祉，また警察や司法機関などの権力が，私生活に介入することがあるという点で，とても慎重にあつかうべき概念である。そのためにも，何が非行か，また何が犯罪となるかという，定義を正確に理解することは非常に重要となる。

　そこで，次のような場面のうち，何番が非行で，何番が犯罪に該当するだろうかを，その理由も含めて考えてみよう。両方に該当するものもありえる。

① 小学校5年生が，本屋でマンガの本を万引きした。
② 小学校6年生が，同級生をナイフで刺した。
③ 中学校2年生が，お店でパンを万引きした。
④ 中学校3年生が，学校指定の制服を着ずに登校した。
⑤ 高校生17歳が，お店の前でタバコを吸っていた。
⑥ 高校生17歳が，家出をくり返し，暴力団の事務所に出入りする。

❏ 犯罪の定義

　犯罪の定義は，明確である。「罪刑法定主義」とも呼ばれ，罪となる行為と，それに対応した罰則が法律で具体的に定められていて，それ

に該当するものが犯罪となる。犯罪の中でもよく知られていて，発生件数も多いのが窃盗罪である。刑法第235条で「他人の財物を窃取した者は，窃盗の罪とし，10年以下の懲役又は50万円以下の罰金に処する」と定められている。窃盗罪の中に，スリやかっぱらい，置き引きや自転車等などたくさんの手口があって，万引きもこの手口の一つである。

　このように，犯罪については法律で定義が定められていることに加えて，犯罪とするには，年齢と能力という二つの条件がある。

　年齢については，14歳以上でなければ犯罪に当たらないとされる。また能力については，責任を追求するには相応の判断能力を必要とするため，重い知的障害や精神疾患などがある場合には，責任を負う能力がないとされ，犯罪とはされないことがある。殺人など他人を傷つけた大きな事件であっても，加害者が重い精神疾患のため，いったん無罪とされた上で，医療観察法により強制的な治療の対象とされる場合などがその例である。

　いずれにしても，少年の場合には14歳以上か未満かで，犯罪となるかどうかが分かれるため，中学2年生の誕生日というのは非常に重要な意味をもつ。

❏ 非行の定義

　一方，非行については，いくつかの考え方がある。特に非行の中核的な法律である少年法は，第3条で非行を次の3つに分けている。

　一　罪を犯した少年【犯罪少年】

　二　14歳に満たないで刑罰法令に触れる行為をした少年【触法少年】

　三　次に掲げる事由があつて，その性格又は環境に照して，将来，
　　　罪を犯し，又は刑罰法令に触れる行為をする虞のある少年
　　　【虞（ぐ）犯少年】

　　イ　保護者の正当な監督に服しない性癖のあること。

　　ロ　正当の理由がなく家庭に寄り附かないこと。

　　ハ　犯罪性のある人若しくは不道徳な人と交際し，又はいかがわ
　　　　しい場所に出入すること。

　　ニ　自己又は他人の徳性を害する行為をする性癖のあること。

　この犯罪少年と触法少年との違いは，14歳以上か未満かという年齢の違いにある。14歳未満は犯罪となるような行為を行っても，犯罪とはされないため，刑罰法令に触れる行為がある少年，つまり触法少年と呼んでいる。

　ぐ犯というのは，現在はまだ犯罪や触法行為に至っていない段階で

あるが，今後エスカレートしたら犯罪や触法行為に発展する可能性のある状態にあるものを指す。犯罪などになる前の段階で介入し，エスカレートしないように未然に止めるためにこのような分類が設けられている。大人の場合，このような未然の段階での介入は許されないが，少年についてのみ教育的福祉的に行われるもので，非行少年への対応の重要な特徴である。

　ぐ犯についても，他の非行と同様に，少年鑑別所や少年院等の施設に強制的に送致することが可能である。しかし，定義があいまいであるため，拡大して解釈すると，どのようなものもぐ犯とされ，強制される危険性がある。そのために歯止めとなるよう，ぐ犯が成立するには，「ぐ犯事由」と「ぐ犯性」という二つの条件が求められる。「ぐ犯事由」とは，前記ぐ犯の条文の，カタカナで示されたイからニの4項目であり，ぐ犯と認定するには，この事由の一つ以上が存在することが必要である。

　それに加えて，「ぐ犯性」つまり犯罪行為へとエスカレートする虞（おそれ）があるということが求められる。たとえば，家出を繰り返している少年の場合，それはぐ犯事由のイやロに該当するが，それ以上エスカレートする可能性が低い場合には，ぐ犯性が認められないので非行とはならない。しかし，家出して夜中に盛り場に出て，その延長に犯罪行為に繋がる危険性が高い場合は，ぐ犯性ありとなり，ぐ犯事由とぐ犯性の二つの条件がそろうため非行ありとなり，家庭裁判所も審判の対象として，場合によっては，少年鑑別所や少年院などへの入所となることもありうる。

□ **不良行為少年**

　もう一つ，非行に関連する定義に，「不良行為少年」がある。これは，警察庁の少年警察活動規則に規定され，主として警察が補導活動をするときの基準であり，「非行少年には該当しないが，飲酒，喫煙，深夜はいかいその他自己又は他人の徳性を害する行為（以下，不良行為）をしている少年をいう」というものである。ここでは，明確に非行少年ではないとされているが，犯罪には含まれない薬物の乱用など一般には非行と理解されるものも含まれる。

　先の何番が非行と犯罪とに該当するかという設問の回答は，次のように考えられる。
　①と②の行為は窃盗や傷害あるいは殺人という犯罪行為にあたるが，年齢が14歳未満なので犯罪とはならず，触法少年つまり非行である。

③も窃盗だが，誕生日前ならば触法少年つまり非行であり，14歳以上ならば犯罪少年であり，犯罪でも非行である。④の制服は，学校のルールであり，法律で禁止されている行為ではないので，非行とはいえず，不良行為でもない。⑤は未成年者の喫煙は禁止されていて不適切な行為であるが，本人への罰則規定はなく，あくまで保護の対象という立場であることから，非行にはあたらない。ただし，不良行為に喫煙が含まれるので，補導の対象とはなる。⑥は未成年であるため，ぐ犯事由のイロハなどに該当し，エスカレートする可能性つまりぐ犯性も認められるのでぐ犯少年となり非行である。

③ 非行への対応のしくみ

❑ 3つの非行対応のしくみと2つの指導のしくみ

　非行への対応については 児童相談所を中心とする児童福祉法に基づくしくみと，家庭裁判所を中心とする少年法に基づくしくみ，それに成人と同様に刑事事件の裁判所の判決により刑罰を加える刑事事件の3つのしくみがある。

　それに加えて，子どもたちの生活に近い，学校における生徒指導や，警察の少年補導活動も大きな役割を果たしている。

　なお，これまで児童福祉法は18歳未満を児童とし，少年法は18歳以上20歳未満についても少年として扱ってきたため，この対象年齢の違いに注意する必要がある。2022年4月には，18歳からを成人とする民法改正が施行されるため，児童と未成年との年齢区分が同じとなるが，18歳と19歳の犯罪については，「特定少年」と呼び，従来と同様に捜査機関から家庭裁判所に送致されるという原則は変わらない。

　しかし，家庭裁判所が検察官に送致して20歳以上と同様の刑事裁判の手続きをとることを原則とする対象事件として，殺人などに加え，強盗，強制性交，放火など「死刑，無期，法定刑の下限が1年以上の懲役・禁錮に当たる事件」が加えられ，この場合起訴されるとマスコミによる実名報道が許されることになった。

　これらのしくみのうち，少年法と刑事司法とは，社会福祉士のカリキュラムのなかの，「刑事司法と福祉」で扱われるので，ここでは児童福祉法を中心に解説する。

❑ 児童福祉法に基づくしくみ①児童福祉法での非行のあつかい

　児童福祉法では，児童である非行少年の多くは，「要保護児童」に区分される。家庭裁判所と児童相談所とは，相互に担当している少年や児童を，相手方つまり児童相談所であれば家庭裁判所に送致することができ，また反対に家庭裁判所は児童相談所に送致することができるとされていて，より適切なしくみで対応することができる。

　児童福祉法上の，要保護児童は，「保護者のない児童又は保護者に監護させることが不適当であると認められる児童」であり，その中心は，被虐待児童と非行児童であることから，この両者の対応は基本的によく似ている。児童福祉法第25条で，要保護児童を発見したものに

は，市町村，都道府県の設置する福祉事務所若しくは児童相談所への通告を義務付けている。しかし，14歳以上の犯罪少年については家庭裁判所に通告することと定められており，非行少年のうち犯罪少年については基本的に家庭裁判所が担当することとされる。

なお，2005年からは市町村も要保護児童の通告先となり，この場合の要保護児童には非行も含まれるが，それ以前は通告先が児童相談所や福祉事務所とされていたため，多くの市町村が非行問題への対応になれていない。また非行児童を保護する場合でも，児童福祉法第33条の一時保護の権限は市町村にないことなどから，非行相談に市町村が対応することはあまり多くはないのが現状である。

非行相談の対応の基本は，アセスメントに基づく適切な援助の選択という点で他のソーシャルワークと変わりはないが，警察や家庭裁判所などの司法機関との関係が深くなることが特徴である。非行が深刻化している場合や家庭の監護力が乏しい場合などは，児童の行動を制限したり，家庭や地域社会からの分離を考えたりする必要も生じる。そのため，児童相談所が家庭裁判所に送致することで少年法の手続きにのせ，家庭裁判所の審判決定で，再び児童福祉施設に送致されるといった，柔軟な対応を行うことができる。少年法には，家庭裁判所が下す保護処分の類型として，少年院送致，保護観察処分の他に，児童自立支援施設または児童養護施設送致がある。

□ 児童福祉法に基づくしくみ②児童自立支援施設

非行に特化した児童福祉施設として，感化院から少年教護院，戦後の教護院という系譜を継ぐ児童自立支援施設がある。この施設は，都道府県と政令指定都市には設置することが義務づけられていて，現在全国に58施設があり，2施設を除いて国公立である。

この施設は，「不良行為をなし，又はなすおそれのある児童及び家庭環境その他の環境上の理由により生活指導等を要する児童を入所させ，又は保護者の下から通わせ」る施設とされ（児童福祉法第44条），またアフターケアも行うことが期待されている。入所経路は，児童養護施設などと同様の，児童相談所の援助方針に基づき知事が措置決定する場合と，前述のとおり少年法に基づいた家庭裁判所の保護処分としての児童自立支援施設送致とがある。

ほとんどの児童自立支援施設が敷地内に小中学校を併設していて，義務教育段階では施設のある地域の学校には通わず，児童の日常生活が施設内で完結するのが特徴である。もっとも施設に刑務所のような高い塀があったり，窓に格子があったりするわけではなく，開放処遇

を原則としている。ただし，国立の児童自立支援施設では，強制措置と呼ばれる，鍵がかかる部屋で逃走防止など強制力を行使する処遇を行うことができ，その場合には前もって特別に家庭裁判所の許可を取る必要があるが，これも最小限度の利用が原則で，期間も限られる。

施設の形態には，子どもが最大10人をこえる程度の小規模の寮を複数配置し，それを夫婦で運営する場合を小舎夫婦制，交代勤務の場合は小舎交代制と呼び，小舎でなく男女別に全員がひとつのユニットで暮らすのが大舎制，その中間のせいぜい30人までの場合を中舎制と呼んでいる。

近年，施設の退所児童のほとんどが高校に進学するようになっているが，施設から高校に通学させる施設は少なく，また施設から通学するのが著しく不便な現実もあり，その他に，学力や学習態度，生活リズムなどの課題もあって，高校に進学しても中退率が非常に高く，実際に卒業できる数が2割以下という施設もまれではない。

1980年代から，同施設の入所児童は定員の4割程度と，非常に少ない状況が続いているが，この背景には**図10-1**のとおり，非行自体が減少していることに加え，児童相談所の非行相談件数が著しく減少していることも関係していると考えられる。一方で小学校の校内暴力の増加に見るように，特に低年齢での暴力行為の増加が見られるため，施設によっては小学生の入所割合が増加する傾向がみられる。

☐ 児童福祉法に基づくしくみ③児童心理治療施設

児童心理治療施設は，「家庭環境，学校における交友関係その他の環境上の理由により社会生活への適応が困難となつた児童を，短期間，入所させ，又は保護者の下から通わせて，社会生活に適応するために必要な心理に関する治療及び生活指導を主として行い，あわせて退所した者について相談その他の援助を行うことを目的とする施設」と規定されている（児童福祉法第43条の2）。

1961年に法制化された情緒障害児短期治療施設がルーツで，当時は非行の第2のピークを背景に，小学生の問題行動などの社会不適応の児童を，半年程度の短期間入所させて治療することを目的とし，児童自立支援施設の低年齢部分を補完していたが，その後不登校中学生の増加などから，入所年齢の引き上げ，入所期間の延長などがなされ，2017年には児童福祉法が改正され，施設名称が児童心理治療施設と変更された。2000年ころは17施設であったのが，2021年には58施設と3倍に増えており，今日では非行より，発達障害や虐待の児童の入所が多い。

▢ 学校における生徒指導

　子どもたちが家庭以外で問題行動を見せたとき，最初に指導に関わるのは学校の教師であろう。小学校に始まる生徒指導は，高等学校に至るまで子どもたちの行動への統制や善悪に係る指導を行い，2020年度からは道徳が教科となったことも相まって，学校がさまざまな問題行動に熱心に取り組むことが一般的であり，これは日本の教育の特徴でもある。特に諸外国に比べて日本の学校は，放課後の非行防止のために部活動を位置づけるなど，さまざまな形で非行予防に関与している。その一方で髪型や服装など，学校独自の問題行動の基準を設けて，これに対してのペナルティを課す場合もあり，校則の適正化も教育上の課題とされている。これら生徒指導の基本的ガイドラインとして，文部科学省は「生徒指導提要」を作成している。

　近年，スクールソーシャルワーカー（SSW）として学校に福祉の専門職が関わることになり，児童福祉の考え方が学校内により浸透しやすくなっている。このSSWが関与することが法令上も期待されるのが，2013年に制定された「いじめ防止対策推進法」である。学校内外で児童生徒間に生じたやりとりで，なんらかの苦痛を感じる者がいれば，ただちにいじめ事案として，組織的対応を行うことが学校に義務づけられている。また，いじめによって重大な結果や長期の休業を余儀なくされると，いじめの重大事態として調査する義務が生じるなど，当該法令や国が出す通知などを知らないと，誤った対応をとってしまいがちなため，常に確認が必要である。

▢ 警察の少年補導活動

　警察の活動は，犯罪行為などを捜査して犯人を検挙するという業務に加えて，少年警察活動と呼ぶ，「少年の非行の防止及び保護を通じて少年の健全な育成を図る」という活動がある（少年警察活動規則）。

　そのため，各地の警察署や，補導の中心機能をもつ少年サポートセンターには，警察官だけでなく，少年補導職員や教育委員会から派遣された教師，ボランティアなどが，犯罪防止や補導，被害児童の支援などの業務にかかわっている。

④ 非行への支援と課題

□ 虐待と発達課題

　非行を繰り返す子どもの中には，虐待を経験してその傷つきが他者への衝動的な攻撃となるもの，また発達に特性のある子どもの社会不適応を背景とする，いわゆる二次障害としてのものなども見られる。非行への援助を考える場合，虐待の影響と発達課題の確認とは必須であり，ここが誤ると指導が虐待の再演につながることも生じる。

　その意味でも，非行事実をしっかり把握すると同時にその行動がなぜ生じたのかを正確に把握するという，アセスメントの力を向上させることが重要である。同時に，非行は結果であり，その原因となりやすい虐待から子どもを守ることも大切である。一方で，非行の多くには被害者が存在し，そこへの手当も重要となる。

□ 非行と不登校

　日本の少年非行は，世界的にも例をみないような減少を続けている。そのこと自体は良いことだが，非行の減少と反比例するように増えたのが不登校であり，引きこもりであり，近年は若者の自死である。その意味では，「角を矯めて牛を殺す」ということわざがあるように，おとなが子どもを指導し，制限しすぎた結果として，子どもたちの非行は減ったが，同時に自立する力や生きる力もそいでいるという可能性は無視できない。

　非行は悪いことであり，特に被害者を生じさせる非行は，なんとしても止める必要がある。しかし，子どもが逸脱するのは，あり余る生きるエネルギーの発散の失敗という側面をもつ。非行をしないのではなく，非行もできない子どもたちをどうとらえるのか，あらためての課題でもある。

○参考文献 ─────
野田正人・相澤仁編（2014）『施設における子どもの非行臨床』明石書店.
川畑直人他監修／門本泉編著（2020）『司法・犯罪心理学』ミネルヴァ書房.
滝川一広他（2016）『子どもの心をはぐくむ生活』東京大学出版会.

■ 第11章 ■

子ども虐待

① 子ども虐待を取り巻く状況

❏ 子ども虐待への注目

　日本における子ども虐待への注目は，1980年代からの子どもの権利意識の高揚のなかで，児童の権利に関する条約の批准（1994年）を経て，重大な子どもの権利侵害として認識されてきた。

　そして，2000（平成12）年に児童虐待の防止等に関する法律（以下，児童虐待防止法）が議員立法によって成立したことで，子ども虐待への対応を本格化させていくことになる。一方で，痛ましい虐待事件がマスコミに取り上げられ，児童相談所が社会の厳しい批判を受けることとなり，この間にも子ども虐待対応のしくみは変わっていった。

　子ども虐待の定義も見直され，「虐待を受けたと思われる児童」も通告対象とするなど通告義務の範囲の拡大，市町村が一義的な児童相談の窓口となること，要保護児童対策地域協議会の法定化，立ち入り調査の強化，保護者に対する面会通信等の制限の強化，乳児家庭全戸訪問事業，養育支援訪問事業等子育て支援事業の法定化，里親制度の改正等家庭養護の拡充，民法改正による親権停止制度の新設などが実施された。

　また2016（平成28）年度には，児童福祉法の総則の改正も含めた大幅な改正がなされた。改正児童虐待防止法では体罰の禁止，一時保護等の介入的対応を行う職員と保護者支援を行う職員を分ける等の措置がとられることとなった（図11-1）。

　厚生労働省も「児童虐待防止対策体制総合強化プラン」において児童相談所強化プランを打ち出し，児童相談所の近未来像を示した。また児童福祉司の配置を2022（令和4）年度までに2,000人程度増員を図ることで，児童福祉司一人当たりの業務量が，児童虐待相談及びそれ以外の相談と合わせて40ケース程度としていくことを目指していくとされた。

❏ 子ども虐待の定義

　児童虐待防止法第2条における，子ども虐待の定義は「一　児童の身体に外傷が生じ，又は生じるおそれのある暴行を加えること。二　児童にわいせつな行為をすること又は児童をしてわいせつな行為をさせること。三　児童の心身の正常な発達を妨げるような著しい減食又

は長時間の放置，（中略）その他の保護者としての監護を著しく怠ること。四　児童に対する著しい暴言又は著しく拒絶的な対応，児童が同居する家庭における配偶者に対する暴力（中略）その他の児童に著しい心理的外傷を与える言動を行うこと」とされている。

しつけと虐待の境界については議論があるが，子ども虐待はあくまで子どもの側からとらえたとき，子どもの発達や育ちに影響を与える権利侵害を与える行為を指す。そして，改正児童福祉法及び改正児童虐待防止法（2020年4月）では，しつけと称した体罰の禁止が明文化された。

❏ 子ども虐待の実態

全国の児童相談所が受け付けた子ども虐待相談対応件数は，児童虐待防止法制定の前年の1999（平成11）年の11,631件から2019（令和元）年には193,780件と16.7倍に増加している。2000（平成12）年は虐待防止法が施行された年であり，これ以後，顕著な増加を示し続けている（図11-1）。

2019（令和元）年度の虐待の受理件数のうち種別の内訳は，心理的虐待109,118件（56.3％），身体的虐待49,240件（25.4％），ネグレクト33,345件（17.2％），性的虐待2,077件（1.1％）である。心理的虐待が半数を超えているのは，子どもに対する**夫婦間面前暴力**の目撃，ドメスティック・バイオレンス（DV）に伴う警察からの通告が顕著に増加しているからである。また，性的虐待として通告されるのは推定される被害全体の氷山の一角でしかない。市区町村の受付件数も，児童福祉法改正により，2004（平成16）年に市区町村が児童相談の一義的な相談窓口となって以降，顕著な増加を示している。

❏ 子ども虐待の特徴

①　通告の経路

児童相談所における虐待相談の経路別件数としては，警察からの通告が49.8％と近年の虐待対応件数を増加させている。警察からの通告が2008（平成20）年度には14.4％であったことと比較すれば，いかに警察が徹底して子どもに対する夫婦間の面前暴力，DV下におかれた子どもを被虐待児童としての疑いにより通告しているかがわかる。ついで，近隣知人13.0％，家族8.2％，学校等が7.7％，保健所・医療機関2.0％である。児童本人からはわずか0.9％であることも特徴の一つである（2019年度統計）。

➡ **夫婦間面前暴力**
子どもの面前での夫婦間の暴力のこと。2004年の児童虐待防止法の改正により，子どもへの心理的な虐待と位置づけた。子どもの前で，暴力を見せる行為は直接の身体的な暴力に至らないとしても，非常に深刻な子どもへの心理的影響また，脳への重大なダメージを与えることがわかっている。

図11-1　子ども虐待相談対応件数の推移と主な制度改正

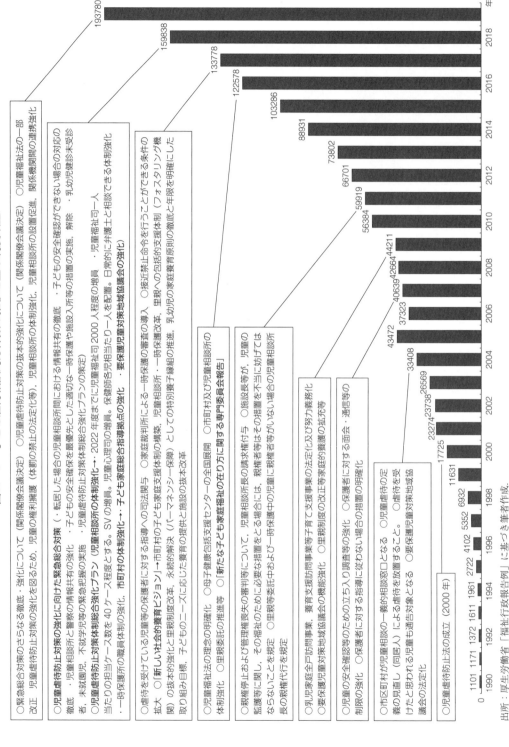

出所：厚生労働省「福祉行政報告例」に基づき筆者作成.

②　虐待者

主たる虐待者は実母が47.7％，実父が41.2％で，養父母，継父母の順となる。養育の主たる担い手となっている母親が，子どもとの関係の行き詰まりの中で孤立し，虐待に発展している姿がうかがえる（2019年度統計）。

③　虐待を受けている子どもの年齢

虐待を受ける子どもの年齢は，0～6歳45.1％，7～12歳34％，13～15歳13.8％，16～18歳7.0％である。1999（平成11）年度に高校生の割合が5％であったものが2018（平成30）年度では6.8％となっていることに特徴がある（2019年度統計）。

④　通告後の子どもの生活の場所

虐待相談として受理された後の子どもの生活の場所について，2018（平成30）年度の虐待相談の受理件数159,838件のうち，一時保護となったのは24,864件（15.6％）であった。さらに，児童養護施設等など社会的な養護の対象となったのは，4,641件（2.9％）であった。

☐ 子ども虐待における死亡事例検証

子ども虐待による死亡事例については，2004（平成16）年10月に社会保障審議会児童部会の下に「児童虐待等要保護事例の検証に関する専門委員会」が設置され，毎年，死亡事例について分析，検証し，明らかとなった問題点や，課題について提言がなされている（国における検証に先立って自治体レベルの検証が行われている）。

これまで，第16次報告（2020（令和2）年）まで実施されているが，特に，第10次報告では，死亡にいたる虐待事例の中で，出生後0日，0か月で命を絶たれてしまった事例が，心中事例以外で44.7％に及ぶとして注目し，特に妊娠から出産までの切れ目のない相談，支援体制の整備を提言している。

また，精神疾患のある養育者が子どもを死亡させてしまうことが心中事例，心中以外の事例においてその割合が高いことから，地域における保健，医療，福祉のネットワークを活用した支援を提言している。

② 子ども虐待の要因と影響

➡乳幼児ゆさぶられ症候群

乳幼児を激しく揺さぶり、さらに、放り投げる等により生じる頭部損傷を言う。乳幼児は頭が重く、頸の筋肉が弱いため自分の力で頭部を支えることができないことから、強く揺さぶられたときに頭がい骨の内側に何度も脳を打ち付けられた状態となる。乳幼児の虐待による頭部外傷の一類型である。養育者がイライラしたり、腹を立てたり、特に子どもが泣き止まないことで、とっさに起こしてしまう虐待とされる。乳幼児を揺さぶる行為がいかに危険な行為なのかという啓蒙が、予防につながる一つとされている。

➡チャイルドデスレビュー

子どもが死亡した事例において、子どもに関わりのあるさまざまな機関や専門家が、子どもの既往歴、家族背景、死に至る経緯などさまざまな情報をもとに検証を行うことで、効果的な予防策を導き出すことを目的としている。いわゆる子どもの不審死の中には、明らかにされていない虐待が潜んでいる可能性が指摘されている。2020年度から「チャイルド・デス・レビュー（CDR）」に関するモデル事業が、一部の都道府県で開始された。

☐ 複合的要因の集積としての子ども虐待の発生

　子ども虐待の発生を単一の要因で理解することは難しい。もちろん、すべての事例の背景は異なるが、いくつかのリスク因子が複雑に絡み合った結果として子ども虐待が発生すると考えられる。リスク因子はさまざまであり、保護者の心理・社会的要因、特に孤立、子どもの発達課題などによる育てにくさ、親子関係などがあげられる。

　もちろん、これらですべてが説明できるわけではない。性的虐待の発生機序はこれだけでは説明ができない。

☐ 子どもに与える影響

　子ども虐待が、どれほどの影響を子どもの心身に与え、子どもの育ちを破壊していくのかを理解しておくことが必要である。子どもに及ぼす影響を改めて理解することが支援につながる。

① 身体に与える影響

　虐待により子どもはさまざまな影響を受ける。身体的な特徴を示せば、新旧の傷・傷跡の混在、複数のやけど痕、反復する骨折、多発骨折、乳児の骨折、硬膜下血腫（**乳幼児ゆさぶられ症候群**）、視力障害、鼓膜破裂、口腔内衛生不良、口腔内熱傷、不潔な皮膚、腹部臓器損傷などがある。

　長期にわたる虐待は、子どもの低身長、体重増加不良につながる。また突然死とされる児童の中に虐待によるものが多く含まれていることが、**チャイルドデスレビュー**によって明らかになりつつある。また、**代理によるミュンヒハウゼン症候群**は、子どもに疾病などの状況をつくりだす詐病としての虐待の形態である。

② 子どもの育ちと発達への影響（愛着と基本的的信頼感の不全）

　子ども虐待は、子どもへの身体的な影響だけではなく、育ちと発達に重大な影響を及ぼす。子どもは乳幼児期において、絶対的に信頼できる大人への依存関係から愛着が育まれ、人が人として成長していくときに最も大切となる基本的信頼感を育んでいく。乳幼児は、常に守られている感覚の中で、外界を探索していく。不安を感じたとき慰められて安心し、また探索行動を繰り返す。このことが発達の源泉となっていく。

しかし，この時期に子ども虐待が発生すると，探索行動や，保護者の意に沿わない行動が自らを危険にさらすということを学習することになる。自分が能動的に動くことが自らを危険にさらすということを学習した子どもは，能動的探索行動をやめてしまう。いわゆる「凍り付いた瞳」となり，表情すら失われていくこともある。これは自分を守るために虐待環境への適応をしようとした結果ともいえる。また，子どもによっては，大人の意向に沿うように自らの子ども時代を捨てて，大人びた態度をとる子どももいる。「偽成熟」という適応の仕方である。

③ トラウマ

トラウマとは，個人がもっている対処法では，対処することができないような圧倒的な体験をすることによって被る，著しい心理的ストレス（心的外傷）のことである。子ども虐待は，繰り返されるトラウマ体験であり，子どもの成長，発達のプロセスの中で行われることから，コンプレックス（複雑性）トラウマ等と呼ばれ，より複雑な症状を呈する。

子ども虐待に関わるあらゆる支援者は子どもの行動の背景にトラウマの影響があることを理解して子どもと接することが必要であり「トラウマインフォームドケア▶」の重要性が指摘されている。

③ 子ども虐待対応のしくみ

▢ 相談・通告・一時保護

虐待相談の場合は，通告という形で児童相談所が関わることが圧倒的に多い（**図11-2**）。虐待通告の場合，通告を受理してから子どもの安全確認のために48時間以内の目視による現認が求められている。もちろん，事例によっては24時間365日，即時の対応が求められる。したがって，通告を受けた児童相談所は限られた情報の中で，家族と接し，子どもの安全を判断しなければならない。子どもの安全が脅かされていれば，躊躇のない一時保護（児童福祉法第33条）が求められる。

子どもの安全が確認できない場合は，出頭要求により子どもを児童相談所に連れてくることを，命じることもできる。立ち入り調査によって，子どもが生活する居所に立ち入り安否確認がなされる。保護者が居所への立ち入りを拒否する場合は，さらなる強い権限において**臨検捜索▶**を行うことができる。臨検捜索は裁判所の許可状がなければ実

▶**代理によるミュンヒハウゼン症候群**

養育者が子どもに何らかの方法によって病気の状態を作り上げ，その子どもに対してかいがいしく看病することで，自己の満足を満たす，子ども虐待の特殊な一類型である。ミュンヒハウゼン症候群自体は虚偽性障害とされ，他者の愛情や関心を引くために虚言や詐病を繰り返す精神疾患である。「代理による」というのは，子どもを介して，という意味となる。判断が難しく，子どもへの薬物投与などがくり返しあった場合，重篤な症状を呈する場合もある。

▶**トラウマインフォームドケア**

トラウマについてよく理解したうえで，子どものケアを組み立て，環境を整備するというものである。さまざまな災害，事故，犯罪，そして虐待を受けることで，心的外傷を受け，このことがトラウマ体験となっていく。トラウマとは，個人がもっている対処法では対処することができないような圧倒的な体験をすることによって被る，著しい心理的ストレス（心的外傷）のことである。PTSD（心的外傷後ストレス障害）は①再体験症状，②回避症状，③過覚醒症状によって構成される。

▶**臨検捜索**

児童虐待防止法第9条の3第1項では出頭要求や立入調査を保護者が正当な理由なく拒んだり，妨害したり，忌避したりした場合において，「児童虐待が行われている疑いがあるとき」は，裁判所の許可状により，臨検捜索を行うことが可能となる。出頭要求や立入調

図11-2 通告に伴う児童相談所における危機介入のプロセス

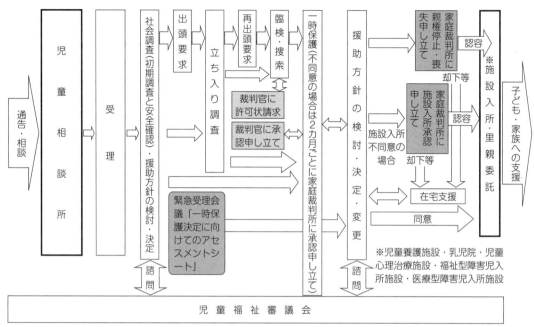

出所：筆者作成.

査は子ども虐待の「おそれ」によって対応できたが，臨検・捜索は「疑い」がなければ実行できないことに留意が必要である。

▶司法面接

虐待を受けた子どもたちが，①なるべく負担とならないような聴き取りを行う。そのために，従来，子どもからの聴取は児童相談所，警察，検察等が別々に行うことで，子どもに著しい負担を与えていたが，機関が連携し可能な限り1回の面接で終わらせることを目指し，②聴き取った内容が，法的信頼性を得るためにも，子どもの記憶の情報汚染に配慮した危機介入を進め，誘導，暗示，教唆のない面接を実施するものである。司法面接は，単なる面接技法ではなく，機関連携による子どもへの調査制度に位置づく。

施できないものであり，もっとも強い権限の一つといえる。

　これらの強制的行為を実施するために，児童虐待防止法に基づき警察へ援助依頼をすることもできる。なお，警察は警察官職務執行法により住居に立ち入りすることはできても，児童虐待防止法に基づく立ち入り調査や，臨検捜索の権限はなく，児童相談所に固有に与えられた権限であることを理解しなければならない。

☐ 調査・支援・指導

　子どもの安全を確保したうえで，子どもからの調査が行われる。刑事事件としての扱いが想定される場合などにおいては警察，検察との3機関協同による面接がなされる。子どもからの繰り返しの被害の聴き取りが子どもにとって著しい心理的負担となることを踏まえ，子どもの負担を最小限にして，なおかつ誘導，暗示のない聴き取りによって，法的信頼性の高い供述を得ることを目的としている。ここで行われる面接は「**司法面接▶**」である。

　一時保護期間は，2か月以内であることが定められている（延長もできる）。親権者の同意のない中で保護期間が2か月を超える場合には裁判所に対して承認を得なければならない（現在，一時保護開始時の司法審査の導入が検討されている）。一時保護期間に保護者との交流が不適切と判断されれば，面会通信の制限等を行うことができる。

図11-3　子ども虐待対応における児童相談所と市区町村の役割

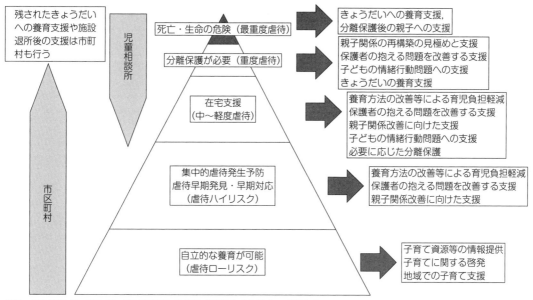

出所：厚生労働省雇用均等・児童家庭局（2013）「子ども虐待対応の手引き」.

　調査の中で，在宅での支援が困難と判断されれば，里親委託，施設措置等が検討される。もし，親権者が施設入所等に不同意であれば，児童福祉法第28条によって施設等入所の承認申し立てが行われる。承認期間は2年であるので，児童相談所はこれを更新する場合は，前の2年間において家族に対してどのような支援・指導がなされたのかが問われる。また，施設入所の承認を得ることだけで子どもの福祉が守られない場合，たとえば，進学，就職，アパートの賃貸借契約などについて不当な介入が予測される場合や，施設入所ではなく，適切な親族等に養育を委ねることが適切であると判断しても親権者が同意しない場合は，親権停止等が考慮されることになる。

❏ 市区町村との連携と役割分担

　2004（平成16）年度の児童福祉法の改正により，市区町村は児童相談の一義的相談窓口となった。このことによって，子ども虐待対応の窓口も市区町村と児童相談所が連携しながら進めることとなった。

　図11-3にあるように虐待の重症度，それに対して，一時保護，立ち入り調査，社会的養護の必要性などの法的権限の行使の必要性によって，さらには，児童相談所が有する専門職の活用等によって役割分担がなされている。

　これらの役割分担は，市区町村に設置されている要保護児童対策地域協議会（要対協）に参集するさまざまな機関との連携の中で行われ

ている。要保護児童対策地域協議会は，概ねケース会議，実務者会議，代表会議等で構成される。ケースへの支援についてはケース会議，ケースの進行管理，役割分担は実務者会議において，地域の虐待対応の組織化は代表者会議において行われるなど，地域におけるネットワークの拠点となっている。

 ## ④ 子ども虐待への支援と課題

これまでみてきたように，子ども虐待対応は2000年の児童虐待防止法の成立以降，3年ごとの法改正など，痛ましい子ども虐待事案への対応の反省に立って制度改正がなされ今日に至っている。しかし，今日においてもその体制は十分とはいえず，今後もさらなる改正が求められる。

以下にその課題をまとめる。

☐ 発生予防

市区町村は妊娠期から子育て期までの切れ目のない支援を進めるために「母子健康包括支援センター（子育て世代包括支援センター）」の設置を促進するなど，母子保健施策の充実を図ることが必要である。妊娠期，子育て期にある保護者に対しての子ども虐待の**ポピュレーションアプローチ**としての予防活動が求められる。

また，死亡事例検証では乳幼児健診未受診者などいくつもの虐待に至る背景を分析しており，これらを踏まえた予防施策の展開が求められる。

☐ 早期発見

子ども虐待をいかに早く発見するか，家族のSOSをいかにキャッチし対応するかが課題となる。**児童相談所虐待対応ダイヤル189**のさらなる普及，SNSを活用した新たな相談，通報のしくみの開発などが求められる。母子保健施策の中で行われる乳幼児全戸訪問事業（こんにちは赤ちゃん事業）を通じたスクリーニングから，気になる子ども，家族を発見していくことが課題となる。

さらに，学校教育等を通じて子どもに「つらい思いをしているのはあなただけではないよ，いつでもお話ししていいんだよ」というメッセージを届けることが大切である。子どもに日常的に関わる保育所，

➡ ポピュレーションアプローチ
対象を一部に限定せず，広くアプローチしていく総合的支援戦略である。子ども虐待では周産期から乳幼児期には，妊産婦健診や分娩による入院，乳幼児健診，さらに，「乳児家庭全戸訪問事業」（こんにちは赤ちゃん事業）などが代表的なものである。これらのアプローチによって，個別的な対応が必要と判断される場合は，養育支援訪問事業や，母子保健法による未熟児訪問，保健師による訪問，さまざまな関係機関による子育て支援に確実につなぐハイリスクアプローチによる支援を行う。

➡ 児童相談所虐待対応ダイヤル189
子どもたちや保護者のSOSの声をいちはやくキャッチするために設けられた専用ダイヤル。全国すべての地域で対応されている。児童相談所虐待対応ダイヤル「189」にかけると，発信した電話の市内局番等から（携帯電話等からの発信はコールセンターを通じて）当該地域を特定し，管轄の児童相談所に電話が転送される。

学校の教員等は，子ども虐待に関わる研修等を受け，子ども虐待の発見に対する感度を上げておかなければならない。

☐ 機関連携

子ども虐待対応は子どもに関わるあらゆる機関が連携し，予防，早期発見，早期対応，支援，モニターが行われる。それぞれのステージに応じた，機関の有機的な連携が必要であり関係機関は市区町村に設置された要対協を基盤としてお互いの組織を理解した，顔の見える連携が必要である。また，転居等により自治体をまたいだ情報共有の徹底が求められる。また，DV対応と児童虐待対応との連携が課題とされる。

☐ 市区町村の体制強化と専門性の強化

市区町村が児童相談の一義的相談窓口となったことから，子ども虐待に係る相談，対応が求められる。現状ではその体制については自治体間の差が認められるが，子ども家庭総合支援拠点の設置，要対協の調整機関の職員の専門職配置などが積極的に進められることが求められる。

☐ 児童相談所の体制強化と専門性の強化

市区町村との役割分担，危機介入と支援の機能分化についての議論が進められている。「児童虐待防止対策に向けた緊急総合対策」（2018年7月20日関係閣僚会議決定）により児童福祉司の増員，弁護士配置，医師・保健師の配置の義務化，第三者評価による児童相談所業務の評価の実施など含む児童相談所の体制強化が進められている。さらに，一時保護所においても「一時保護ガイドライン」（2018年）が示され，一時保護所のあり方が問われている。

児童福祉司の義務研修等を通じた，専門性の確保も課題となる。

☐ 社会的養育の充実

2016（平成28）年度の児童福祉法の改正を踏まえ「新しい養育ビジョン」（2017年）が示された。ここでは，①市区町村の子ども支援体制の構築，②児童相談所・一時保護所改革，③里親への包括的支援体制（フォスタリング機関）の抜本的強化と里親制度改革，④永続的解決（パーマネンシー保障）としての特別養子縁組の推進，⑤乳幼児の家庭養育原則の推進と年限を明確にした取り組み目標　子どもニーズに応じた養育の提供と施設の抜本改革などが具体的に示されている。これ

らの提言を受け「一時保護ガイドライン」「里親委託ガイドライン」が示されている。今後は，新しい養育ビジョンで提言された内容についていかに現実化していくかが課題となる。

子どもの意見表明のしくみとアドボケイト

　子どもは能動的権利として意見表明の権利を有している。しかし，子ども虐待対応においては子どもの意思に反した対応を取らざるを得ない場合もある。一時保護や社会的養護の対象になった子どもの意見表明と**アドボケイト**のしくみは必ずしも明確にされておらず，これらのしくみの構築は急務の課題といえる。

家族への支援と再統合

　先述したとおり，子ども虐待によって通告された子どもの97%近くは在宅に戻る。また社会的養護の対象となった子どもの一定割合は家族再統合がなされ，家庭復帰には至らないとしても多くの子どもは家族との交流が続いている。支援者は子どもの安全を最優先課題としながらも，子ども，家族の夢・希望の実現のために最大限の支援を考慮しなければならない。

　少なくとも，子ども虐待に伴う家族支援を考慮する場合は，①保護者が主体となった子どもの安全創りとネットワークの構築，②子どもの心身の回復，③保護者の虐待によらない子育ての醸成，④親子関係の回復などがテーマとなる。

○参考文献 ————

厚生労働省雇用均等・児童家庭局（2013）「子ども虐待対応の手引き」．
日本弁護士連合会子どもの権利委員会編（2019）『子どもの虐待防止・法的実務マニュアル（第6版）』明石書店．
鈴木浩之（2019）『子ども虐待対応における保護者との協働関係の構築——家族と支援者へのインタビューから学ぶ実践モデル』明石書店．

➡アドボケイト
子どものアドボケイトとは「子どもの声をきちんと聴いて代弁する」という意味がある。子どもの権利条約第12条には子どもの意見表明権が謳われている。虐待を受け，社会的養護の対象となった子どもの声を真摯に受け止め，考えていくしくみが求められている。

■ 第12章 ■
ドメスティック・バイオレンス

ドメスティック・バイオレンスを取り巻く状況

　配偶者などの間で起こる暴力をドメスティック・バイオレンス（以下，DV）というが（詳細は後述），DVに関する相談は，配偶者からの暴力の防止及び被害者の保護等に関する法律（以下，DV防止法）の施行以降おおむね増加傾向にある。

　配偶者暴力相談支援センターにおける相談件数は，2002年に35,943件だったものが，2019年度には119,276件にまで増加している。相談者の男女比は，2019年の相談件数のうち女性が97.5％，男性が2.5％と割合は低いものの，男性の相談は2002年の146件から2018年の2,902件と増えてきている。

　また，配偶者間の暴力の経験は，女性の約3人に1人，男性の約5人に1人が，配偶者から被害を受けたことがあり，女性の約7人に1人は何度も受けているとの調査結果がある（内閣府「男女間における暴力に関する調査」）。

　そのうち夫から妻への被害経験を，それぞれの暴力の形態別にみてみると（表12-1），身体的暴力は5人に1人，心理的暴力は6人に1人，経済的暴力，性的暴力は10人に1人の割合で経験があった。さらに，過去1年に被害経験があった妻のみを再掲すると，心理的暴力，経済的暴力を3人に1人が受けている。被害を受けている女性の現実は，目に見えにくい暴力が多い。

　また，1992年の「夫（恋人）からの暴力」調査研究会が行った日本で初めてのDVに関する調査は，DVが所得階層に関係なくどこの家庭でも起こることを明らかにし，それまでの既成概念を覆した。加害者となる人は職業的にも階層的にも特に偏りがなく，安定した収入の得られる公務員，医師，銀行員などによる暴力の実態も明らかにされた。

　一方，被害を受ける多くの女性の側についても，職業の不安定さや低学歴などの属性に関係なく被害を受けている。被害女性における就労形態と学歴別の割合をみても，特に偏りはみられない（内閣府『男女間における暴力に関する調査』）。男女間の暴力は，経済的な要因とは関係なく普遍的に起こっている。

表12-1　夫から妻への被害経験　　　　　　　（％）

年　度	これまで被害経験があった[1]			「過去1年間に何らかの被害があった」妻のみを再掲[2]	
	2011年	2014年	2017年	2014年	2017年
身体的暴力	25.9	15.4	19.8	15.3	13.0
心理的暴力	17.8	11.9	16.8	47.3	39.7
経済的暴力	—	7.4	10.0	25.0	35.2
性 的 暴 力	14.1	7.1	9.7	23.0	24.8

注：(1)　回答の「何度もあった」「1，2度あった」を合わせたもの。
　　(2)　「過去1年間に何らかの被害があった」と答えた既婚女性を100としたときの割合。
　　　　 2011年は集計なし。
出所：内閣府「男女間における暴力に関する調査報告書」各年度より作成。

２　ドメスティック・バイオレンスとは何か

❏ ドメスティック・バイオレンスとは

　ドメスティック・バイオレンス（以下，DV）とは，一般的に，夫婦関係や恋人間の親密関係にある二人の間で起こる暴力のこととして用いられている。言語的意味からすると，すべての家庭内で生じる暴力のことになるが，必ずしも明確な定義はない。また，2001年に成立した日本で初めてのDVの防止・支援策としての法律，DV防止法では，ドメスティック・バイオレンスを用いず「配偶者からの暴力」としている。この法が対象とする範囲は，配偶者，内縁関係にあるカップル，同棲中の交際相手で，いずれも生活を共にしている（いた）ことが前提である。すなわち本法では，domesticを家庭内の意味ではなく親密間という意味で用いており，パートナー間のことを指している。

　しかし，海外では最近，女性から男性，またはLGBT（Lesbian, Gay, Bisexual, Transgender）のカップルにおける暴力の発生が指摘されており，従来の男性から女性に対する暴力をさす「Domestic Violence」よりも，多様性を含む用語として，「Intimate Partner Violence：IPV」と呼ばれる用語が用いられ始めている。

❏ 暴力の種類

　DVは，具体的にどのような行為を暴力とするのか。暴力の種類には，目に見えやすい身体的暴力のみならず，心理的暴力，性的暴力，経済的暴力などがある（**表12-2**）。

身体的暴力は，殴ったり蹴ったりするなど，直接何らかの有形力を行使するものである。精神的暴力は，心ない言動等により相手の心を傷つけるもので，その結果，PTSD（心的外傷後ストレス障害）などの精神障害に至ることもある。性的暴力は，嫌がっているのに性的行為を強要する，中絶を強要する，避妊に協力しないといったものである。たとえ夫婦間の性交であっても，暴行・脅迫を用いた性交が許されるわけではない。経済的暴力は，相手を経済的に苦しめるために陥れる行為で，心理的暴力も重なっていたり，世帯のなかでは見えにくくなっている。これらの行為は，たとえそれが配偶者間で行われたとしても，刑法の傷害や暴行に該当すれば，処罰の対象となる。

　これらの暴力は単独で生じるものではなく，DV 行為のなかで，深く入り込み相互に関連しあっている。そのことを，理論的に示したものとして，パワーとコントロールの車輪の図がある（図12-1）。[1]

　この図は，DV の問題は身体的暴力だけでなく，加害者（多くは男性）が社会的・経済的・肉体的な優位性を利用して，身体的暴力とそれ以外の心理的暴力・経済的暴力等を巧妙に操り，弱い立場の被害者（多くは女性）を支配しようとする構造があることを，車輪に見立てて表現したものである。この図では，車輪の中心にいる男性が，その権力（パワー）により女性に影響を及ぼし，女性を支配（コントロール）しようとすることを意味している。また，車輪の表面上で見えやすい身体的暴力や具体的な行為として起こりやすい性的暴力は，内側の見えにくい心理的暴力等と組み合わさることで，女性を支配する威力を増大させることを示す。[2]こうして，権力と支配から生じる暴力は，表面化するかしないかにかかわらず，あらゆる暴力が複合的に起こる。

□ ドメスティック・バイオレンスのサイクル

　DV にはサイクルがあるといわれている（図12-2）。緊張期，爆発期，開放期の3つを繰り返すとされる。緊張期は，DV が起こる前にいらいらしたり，互いに緊張感が高まったりストレスや怒りをため込む時期である。その次に，怒りがコントロールできなくなり些細なことがきっかけに爆発し，暴力を振るう爆発期となる。

　その後加害者は，別人のように優しくなったり，謝ったり，二度と暴力は振るわないと言ったり，いい人になったりする。これを，開放期（ハネムーン期ともいう）という。しかしこの開放期は長く続かず，再び緊張が高まっていき，暴力の爆発を繰り返す。とくに開放期でみせる加害者の姿に，被害者は「怒らせたのは自分が悪かった」「優しい人で本当の姿ではない」と思い込み，関係を断つことが困難になる。[3]

表12-2　暴力の種類と具体例

暴力の種類	内　容
身体的暴力	・平手でうつ　・足で蹴る　・げんこつで殴る　・髪を引っ張る ・身体を傷つける可能性のある物で殴る ・刃物などの凶器をからだにつきつける　・首を絞める　・腕をねじる ・引きずりまわす　・物を投げつける
精神的暴力	・大声で怒鳴る ・「誰のおかげで生活できるんだ」「かいしょうなし」などと言う ・実家や友人とつきあうのを制限したり，電話やメール等を細かくチェックしたりする ・何を言っても無視して口をきかない ・人の前でバカにしたり，命令するような口調でものを言ったりする ・大切にしているものを壊したり，捨てたりする ・子どもに危害を加えるといって脅す ・殴るそぶりや，物をなげつけるふりをして脅かす
性的暴力	・見たくないのにポルノビデオやポルノ雑誌をみせる ・いやがっているのに性行為を強要する　・中絶を強要する ・避妊に協力しない
経済的暴力	・生活費を渡さない　・相談なく重要な家計の決定をする ・領収書を要求するなど，お金の使い道を知らせなければならない ・家計の情報を秘密にする ・お金を使いたいときは，お願いしなければならない ・家計に必要なお金を他で使ってしまう ・あなたの名前で借金をしたり，あなたのクレジットカードを使う ・外で働くなと言ったり，仕事を辞めさせたりする

出所：筆者作成.

図12-1　パワーとコントロールの車輪

出所：ペンス，E.・ペイアー，M.編著／沢田あい子監訳（2004）『暴力男性の教育プログラム』誠信書房.

図12-2　暴力のサイクル

爆発期
怒りがコントロールできなくなり，暴力を振るうなどし，ストレスや緊張が解けるまで続く

開放期
（ハネムーン期）
謝る，許しを乞う，優しくなる，いい面を見せる

緊張期
イライラし，緊張感が高まり，ささいな脅しやとげとげしい言い方をするようになる

出所：https://city.shiso.lg.jp より筆者加筆修正.

③ ドメスティック・バイオレンスへの対応策

☐ 配偶者からの暴力の防止及び被害者の保護等に関する法律

　ドメスティック・バイオレンス（以下，DV）に関する施策の中核的なものとして，2001年にDV防止法が制定された（**図12-3**）。

　この法の制定により配偶者や交際相手からの暴力が，心と体を傷つける人権侵害であること，被害者支援やDV防止に対して国や自治体が責任をもつことが法律に明記された。それまで夫婦喧嘩と考えられてきたものが，暴力は社会的な問題であるとして，DVという言葉とともに広く知られるようになり，被害の顕在化が大きく進んだ。この法律の範囲とする「暴力」は，「身体に対する暴力またはこれに準ずる心身に有害な影響を及ぼす言動」としており，身体的暴力を中心にしている。「配偶者」は，婚姻の届出をしていない「事実婚」も含み，離婚後も引き続き暴力を受ける場合も含む。いわゆるデートDVといわれる交際相手のうち，同居している，または，かつて同居していた交際相手からの暴力も含まれる。

　DV防止法は当初，被害者の安全確保を中心としたものとして施行され，保護命令制度を中心に緊急一時保護までを支援の枠組みとしていた。その後2004年，2007年の改正により，それまでの「保護」中心施策から，被害当事者の自立支援が強調され，同時に，市町村に対する施策の拡充もすすめられた。現在のDV防止法における支援は，通報・相談・一時保護，自立支援を視野に入れたものとなっている。

図12-3　DV防止法の概要と支援のながれ

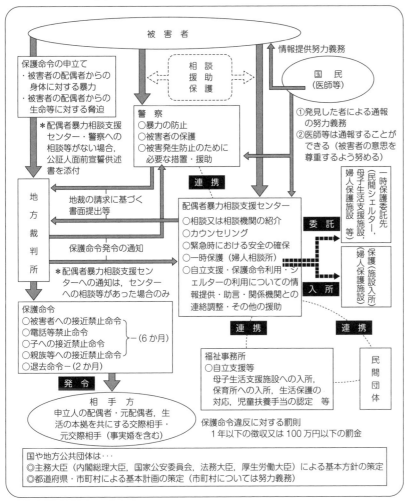

出所：内閣府男女共同参画局（2016）「STOP THE 暴力」.

通報・相談から一時保護

　DV防止法に基づく被害者に対する相談機関として，配偶者暴力相談支援センターがある。都道府県の設置が義務付けられ，配偶者からの暴力に関係する相談業務を行っている。その多くは婦人相談所に機能を待たせるかたちで設置されている。

　また同法では，DV発見者の通報努力義務を規定している。DVを発見した者は，警察や配偶者暴力相談支援センターへ通報するように努めなければならない。被害者の意思を尊重するように努めるものとするが，とくに，医師や医療機関関係者に対して彼らが躊躇なく通報できるよう，守秘義務が通報を妨げるものとなってはならない旨も明記されている。

　DVについて相談したいときは，各相談窓口に相談する。相談窓口は，各自治体の福祉事務所，警察，婦人相談所，男女共同参画センタ

ーなどの公的機関や，民間団体，民間シェルターなども相談窓口となっている。相談は来所や電話の形式をとるが，相談者が各相談窓口などにアクセスした後に，必要があれば配偶者暴力相談支援センターと連携をとっていくことになる。さらに緊急性があれば，被害者の安全性を確保しながら一時保護となる。一時保護の対応をするところは，婦人相談所のほか，一時保護委託先として各福祉施設，民間シェルターなどがある。

□ 保護命令

DV 防止法では，さらなる暴力により，生命または身体に重大な危害を受けるおそれがあるときに，被害者に加害者を近づけさせないしくみとして，保護命令がある。保護命令とは，被害者の申立てにより，裁判所が加害者に対し，被害者へのつきまとい等をしてはならないこと等を命ずる命令である。なお，保護命令に関する規定では，身体に対する暴力または生命等に対する脅迫のみを対象とし，保護命令に違反した者には，1 年以下の懲役または100万円以下の罰金が科せられる。保護命令には以下の 5 つがある。

① 接近禁止命令

6 か月間，被害者の身辺につきまとったり，被害者の住居（同居する住居は除く。）や勤務先等の付近をうろつくことを禁止する。

② 退去命令

被害者が引越しをする準備等のために，加害者に対して，2 か月間，被害者と共に生活の本拠としている住居から退去することおよび当該住居の付近をうろつくことを禁止する。

③ 子への接近禁止命令

6 か月間，被害者の子の身辺につきまとい，また住居や学校等その通常いる場所の付近をうろつくことを禁止する。

④ 親族等への接近禁止命令

加害者が被害者の実家など密接な関係にある親族等の住居に押し掛けて暴れるなどのときに，6 か月間，その親族等の身辺につきまとったり，住居（その親族等が相手方と同居する住居は除く）や勤務先等の付近をうろつくことを禁止する。

⑤ 電話等禁止命令

6 か月間，加害者から被害者に対する面会の要求，深夜の電話やFAX 送信，メール送信など一定の迷惑行為を禁止する。

ドメスティック・バイオレンス被害者への影響と支援の課題

❑ ドメスティック・バイオレンスが及ぼす影響

　ドメスティック・バイオレンス（以下，DV）被害を受けるということはどのような影響があるのか。DV被害者が，上述のDVのサイクルの渦中にいるとき，無力感，恐怖感，強い不安，諦め感などの感情が交差し，抜け出しにくい心理状態に陥る。

　そうしたDV状態から解放されたとしても，問題解決したとは言えないことが多い。加害者と物理的に離れたとしても，長期にわたる被害や，常に追跡の恐れに付きまとわれる不安によって，うつ傾向や不眠，**フラッシュバック**➡などの精神面での不調が続くこともある。

　本人自身が受ける身体的・精神的な影響の深刻さは当然のことながら，暴力を受けたことによる副次的なダメージも大きい。DVは，ときに命を落とす危険性もはらんでいる。被害者は暴力から逃れるために，着の身着のままで避難するケースも少なくなく，DVからの避難のために離婚や転居など社会生活において急激な変化を強いられることもある。緊急の場合は職場，家族，子どもの学校などに知らせずに避難することもあるため，これまでの人的ネットワークや社会資源を断ち切っていることもある。その後の新たな生活を再建することにも負担が生じ，DVから逃れたとしても長期にわたって孤立したり困難が続くこともあるため，継続した支援が望まれる。

❑ ドメスティック・バイオレンスと子ども

　DVは，被害者本人だけでなく同じ家庭内の子どもにも強い影響を与える。内閣府の調査では，被害を受けたことがある家庭の約2割は子どもへの被害もあると報告している。

　しかし，DV防止法においては，配偶者間の暴力について取り扱い，子どもを重点的な対象とはしていない。また，法とは別に具体的施策の方針を「基本方針」で定めている。そのなかでは，DVと子どもへの虐待の関係は不可分であることを前提としながらも，DV家庭の子どもは「同伴する子ども」という位置づけにとどめている。「同伴する子ども」への対応については，児童相談所や学校・保育所などの関係機関に委ね，専門機関や現場の専門職への連携が強調されているに過ぎない。

➡**フラッシュバック**
....
強い心的外傷を受けた場合に，後になってその記憶が，突然かつ非常に鮮明に思い出されたり，同様に夢に見たりする現象。

165

一方，児童虐待防止法は2004年に，「DVを目撃させることは心理的虐待にあたる」との文言を追加し，DVにさらされる子どもの安全確保と支援の必要性を明記している。このような子どものDVの目撃は「面前DV」と呼ばれ，児童虐待の一つと規定された。

DVが起こっている家庭は，被害当事者である母親にとって安心できる場所ではない。また，子どもの適切な養育が家族の重要事項でなくなる場合が多く，親はDVを受けると身体的にも精神的にも疲弊しているため，子どもに関心が向かない状況が生まれ，**ネグレクト**になることが多くなる。一方で子どもは，自分は愛されている，大事にされているという体験がきわめて少なくなる。多くの児童相談所からは，DV家庭の子どもには自尊心が非常に低い子どもが多いと報告されている。被害にあった子どもは，大きくなっても，「愛し方がわからない」「対等な人間関係が形成できない」など，後々の人格形成，対人能力形成に支障をきたしかねない。家庭で常に支配的な人間関係を強いられた結果，「自分より上か下か」という視点でしか他者をとらえられず，暴力の場面を見続けたことにより，情動の自己コントロールが難しくなるという。

また，DVを目撃した子どもは，暴力を目撃しているうちに，加害者の機嫌を損ねなければよいということを学習し，時としてどちらにつくかといった著しい心理的葛藤を覚え，加害者の歪んだ見方に同化することによって葛藤を緩和しようとする。その結果，母子関係が大きく損なわれ，将来に重大な影響を生じさせることが指摘されている。[5]

さらに，医学的見地からも重大な影響が報告されている。DVを日常的に目撃した子どもは，目で見たものを認識する脳の「視覚野」の一部が萎縮する傾向があり，身体的な暴力より暴言を受ける方がより破壊的だといわれる。[6]

☐ 支援への視点

DV防止法による支援が広がったとしても，DVそれ自体が減少しないのは，まだまだ社会の根本的な暴力の理解が欠如しているからである。これは単に男女間だけでなく，家庭内，スポーツの場面，職場・学校・施設におけるハラスメント・暴力など，社会のなかですべてに通じる。暴力の防止に関して地道に啓発を続けていく必要がある。

また，DVは身体的暴力を中心に考えられがちであるが，暴力は複合的に生じる。特に不可視の暴力である，心理的暴力，性的暴力，経済的暴力などは潜在的に被害が生じているため，援助者は具体的な支援策やケアの視点をもつ必要がある。

　DV 被害者は，DV を受けたことによりライフコースが激変し，困難を抱える。それは暴力から逃れた避難当初だけでなく生活を再建した後も長期にわたって続くことになる。また女性の場合，DV 被害当事者が加害者から逃れて生活再建しようとするとき，多くは母子世帯あるいは単身女性世帯へと世帯のかたちを変える。それらは一般的に，経済的な困難を抱え，脆弱で貧困に陥りやすい世帯といわれているため，長期的な支援の視点も必要である。

　さらに，DV 政策としての DV 防止法は，前提として対象者を親密関係における男女間のカップルとしている。しかし，同性カップルや多様な家族関係，成人した子から親，きょうだい間などの暴力には DV 防止法では原則対応できない。家庭内で生じる DV は子どもも巻き込むため，児童福祉の分野のみならず今後，他の家庭内の暴力に関する法律との調整や，普遍的な施策も必要になる。

○注

(1)　1984年に，アメリカミネソタ州ドゥルース市の関係機関で組織された DV 介入プロジェクトによってつくられたものである。市の名前にちなんでドゥルースモデルともいう。

(2)　Pence, E. & Paymar, M. (1993) *Education Group For Men Who Batter The Duluth Model.*（＝2004，波田あい子訳『暴力男性の教育プログラム』誠信書房）

(3)　暴力の「3つのサイクル論」は，アメリカの教育心理学者ウォーカー (Walker, L. E.) が1979年に，著書『*The Battered Woman*』のなかで提唱したものである。

(4)　岡山県教育庁 (2011)「教職員・保育従事者のための児童虐待対応の手引き」など。

(5)　Bancroft, L. & Silverman, J. G. (2002) *The batterer as parent: Addressing the impact of domestic violence on family dynamics.*（＝2004，幾島幸子訳『DV にさらされる子どもたち——加害者としての親が家族機能に及ぼす影響』金剛出版，48）

(6)　福井大学などの共同研究の調査結果である（『日本経済新聞』2013年5月2日）。

○参考文献

Pence, E. & Paymar, M. (1993) *Education Group For Men Who Batter The Duluth Model.*（＝2004，波田あい子訳『暴力男性の教育プログラム』誠信書房）

Bancroft, L. & Silverman, J. G. (2002) *The batterer as parent: Addressing the impact of domestic violence on family dynamics.*（＝2004，幾島幸子訳『DV にさらされる子どもたち——加害者としての親が家族機能に及ぼす影響』金剛出版）

Walker, L. E. (1979) *The Battered Woman.*（＝1997，斎藤学訳『バタードウーマン——虐待される妻たち』金剛出版）

■ 第13章 ■

実践事例

市区町村要保護児童対策地域協議会での支援事例

1 事例の概要

　市区町村要保護児童対策地域協議会において，関係機関が協働して関与する事例を検討したい。本事例は架空事例である。乳幼児健診が未受診のために市の保健センターが関わりはじめ，市の子ども家庭課の関与を求めたネグレクト事例である。事例の家族のジェノグラムを図13−1に示した。

① 現在の状況

　Ａちゃんは３歳。３歳児健診が未受診だったことから，市の保健センター保健師が家庭訪問をして母子に面会した。Ａちゃんは小柄で発語がまだなく，発達の遅れが心配された。自宅内は物が散乱して足の踏み場もない状態であった。平日昼間の訪問であったが，就学している上のきょうだいが自宅にいることが気になった。母親は保健師に対して，Ａちゃんの育てにくさを訴えた。また，上の子どもたちがなかなか言うことを聞かず，学校には行ったり行かなかったりであると述べた。母親が育児について相談できる相手はいない様子であった。

　保健師はＡちゃんの子育てについて継続して相談を受けることができると伝えると，母親は「よろしくお願いします」と述べた。保健センターはＡちゃんの経過フォローが必要と判断したが，家庭における子どもたちの養育状況が心配なため，市子ども家庭課の関与を求めて相談をした。

　市の子ども家庭総合支援拠点である子ども家庭課では，住民基本情

図13−1　本事例のジェノグラム

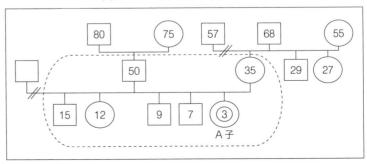

報によりＡちゃんの家族構成を把握した。父親は50歳で，母親は35歳。子どもは５人おり，中３の長男，小６の長女，小３の次男，小１の三男，そして次女のＡちゃんであった。生活保護の受給はなく，母親と長男・長女が他市から転入してきていることがわかった。

　市の子ども家庭課では戸籍調査をするとともに，きょうだいが通う小中学校から情報を集めた。また次男・三男そしてＡちゃんの母子保健に関する情報の提供を受けた。その結果，以下のような状況が分かった。

　長男はほとんど登校できておらず，中学校卒業を控えて学校では進路が決まらないことを心配していた。長女は登校しており，学校では下のきょうだいの面倒見がよい子どもと評価されていた。次男・三男は登校状況が不規則で休みがちなこと，欠席の連絡がなく，学校から電話を入れてもなかなか保護者に連絡がつかないとのことであった。登校できる日には長女が連れてくることがあった。登校した際に，学校での持ち物がそろわず，衣服が臭うようなこともあった。給食は人一倍よく食べた。保護者会などの学校行事への参加がほとんどなく，父親は朝早くから夜遅くまで働いている様子だとの情報であった。

　母子保健の情報では，きょうだいの乳幼児健診でも未受診が見られており，その都度家庭訪問等で経過観察をしていた。Ａちゃんの新生児訪問時には，室内が不衛生であることや母親の理解力が高くないと思われることが記録されていた。

　戸籍調査では，母親に離婚歴があり，長男と長女は母親と前夫との間の子どもであり，次男・三男・Ａちゃんは現在の夫との子どもであることがわかった。

　市子ども家庭課ではそれぞれの子どもが課題を抱えており継続的な支援が必要と考えられることや，家族状況に不明な点が多いことから，要保護児童対策地域協議会で取り上げ，個別ケース検討会議を開催することを決定した。

②　家族の状況

　本事例について，その後の調査で判明した事実，あるいは市子ども家庭課の相談員が母親から聴き取った事実は以下のようであった。

　母親は高校卒業後に居酒屋等で働いていたが，アルバイト仲間の男性との間に子どもができ結婚した。それが長男・長女である。前父からは暴力・暴言を受けることが多く，悩んだ母親は母方祖母に相談して婦人相談所につながり，子どもを連れて避難した。婦人相談所の診断では，母親に軽度の知的障害が見られた。また，精神的に不安定であり，精神科を受診したことがあったが，その後は継続していない。

母親は離婚して，母子はいったん実家に戻った。母方祖母（母親の実母）は母親が小学生の時に離婚・再婚しており，母親と母方養祖父（母方祖母の再婚相手）との関係は悪かった。実家に居づらい思いをしているうちに，SNSで知り合った男性との間に妊娠がわかり，子どもたちを連れて本市に住む男性の下に転居し再婚した。そのことに反対した母方祖母とは関係が悪化し，現在は実家との連絡はない。

　現在の夫は作業現場で働いており，朝早く出かけて帰宅は深夜になる。夫からの家事育児の援助はほとんど得られない。夫の稼ぎと子どもたちの手当てが収入源だが，経済的にはぎりぎりの生活である。光熱費が払えずに滞納になることがあった。

　きょうだいは入学以来登校が不規則で，休んだ日には学校から電話をするなどの対応をしてきた。母親はそれに対して責められるように感じて拒否的な態度を示すことがあり，最近は電話に出ないことが多い。子どもたちに虫歯が見られるため治療を促したが，なかなか改善されないため，学校では子どもたちの健康状態を心配していた。次男・三男は落ち着きがなく，子どもたちは総じて学力が低かった。

　母親は話ののみこみが良くない様子で，わかりやすく何度も説明が必要であった。チラシやパンフレットなどを見せながらていねいに読んで説明すると，理解できるようであった。母親自身が精神的に不安になることがみられ，生活リズムも崩れており，朝起きられない様子だった。母親にとっては現在の夫が唯一の相談相手であったが，なかなか話をする時間はない様子であった。

２　事例の課題

　本事例の家族はどのような課題を抱えているのか，一方でストレングス（強み）は何か，そしてこの家族に対してどのような支援の手立てが必要かを考えてみたい。それらを，**課題１：子ども，課題２：保護者，課題３：養育環境，課題４：支援者との関係性**のそれぞれについて検討してみたい。

３　事例の考察

□ 相談関係の構築と個別ケース検討会議

　市の子ども家庭課は，保健センターからの相談を受け初期調査を行った後，保健師に同行する形で家庭訪問を実施して母子に面接した。保健師からは事前に母親に説明を行い，家庭に対してさまざまなサー

ビスを提供して支援することが可能であり，そのために市の子ども家庭課の相談員を紹介したいと伝えてもらっていた。

　母親は相談員の訪問に特に抵抗を示すことはなく受け入れた。保健師からＡちゃんの発達について母親へ情報提供をした後，子ども家庭課の相談員から，きょうだいを含めた子育ての困りごとについて，話を聴きたいと促した。母親は，子どもたちの登校が滞りがちであることに困っていると話した。相談員は子どもそれぞれの状況を聴きながら，子どもたちの成育歴や父親のこと，母親の生い立ちなどを徐々に聴き取っていった。何回かの面接を経て，少しずつ家族の状況を聴きとることができた。訪問時の母親は，Ａちゃんをひざに抱いていたり，子どもたちに声かけをしたり，かわいがっている様子が見られた。

　要保護児童対策地域協議会の調整機関である子ども家庭課は，家庭に関わる機関を集めて情報を共有するために個別ケース検討会議を開催した。集まった機関は，市子ども家庭課，市保健センター，中学校，小学校，地域の主任児童委員であった。また，今後の支援に対する助言を得る目的で，児童相談所に援助要請して出席を求めた。

　個別ケース検討会議では，個々の子どもの状況について子どもの所属機関から報告を受け，あわせて家族に関する情報を共有した。それをもとに，アセスメント・プランニングのためのツールを活用しながら，子ども・保護者・養育環境・支援者との関係性の４点について課題を整理した。一方で，子どもや家族が持っているストレングス（強み，良いところ，すでにできていること）についても把握し，支援のよりどころを見出すこととした。その上で支援の長期的な目標を描きながら，当面の短期的な支援目標を策定していった。その支援目標に対して各機関ができることを洗い出し，それらの支援が重なり合うように意識し，隙間ができないように留意しながら支援の具体策を検討していった。

☐ 支援の展開

　本家庭に対して，関係機関による支援は，次のように展開された。

　市の子ども家庭課は母親との相談関係を丁寧に構築し，母親が何でも話せる存在として認識されるように努めた。その上で子ども家庭課を基点に，支援サービスへつなぐことを心がけた。Ａちゃんの発達支援には保健センターが継続的に関与し，児童発達支援センターの利用を想定して，母親の見学に同行した。また，母親の育児負担を軽減するために保育所入所を検討し，まずは一時保育の利用について市保育課と協議のうえ，利用を開始した。

**➡️スクールソーシ
ャルワーカー**
……………………………
学校や教育委員会に配
置され，教育分野に関
する知識に加え，社会
福祉の専門的な知識や
技術を用いて，問題を
抱えた子どもに対して，
子どもの置かれた環境
に働きかけたり，関係
機関と連携したり，教
員のコンサルテーショ
ンをすることで課題解
決のために活動する職
員。

きょうだいに対しては，それぞれの子どもに応じて，学校がていねいに関わることとし，**スクールソーシャルワーカー➡️**が関与しながら，登校の促しや学習の補助を検討した。学校からの働きかけに拒否的になっていた母親に対して，責めているのではなく応援しようとする姿勢を伝え，関係の修復に努めた。次男・三男については，母親の育児負担の軽減と子どもたちの遊びを通じた発達や交友関係の支援を目的に，放課後児童クラブの利用を検討している。

また，父親の協力を求めるため，市の相談員は父親の在宅する時間を聞いて家庭訪問し話し合った。母親の相談相手として，市子ども家庭課の相談員だけではなく，保健師，スクールソーシャルワーカー，保育所スタッフも母親との関係構築を意識しながら取り組んでいる。母親の精神的安定を図るための精神科受診については，保健師と市子ども家庭課相談員とで働きかけをしている。

なお，母親のさらなる家事負担の軽減のために，市の養育支援訪問事業によりヘルパー派遣を開始したところである。家庭環境は徐々に改善し，子どもの登校回数も増えてきている。長男は学校の紹介で，民間団体の無料学習支援の場につながり，現在は定時制高校への進学を希望し始めている。

4 課題に関する解説

☐ 指摘できる課題及びストレングス

課題1：子どもについて

- 長男，次男，三男の不登校傾向。その背景には，家庭の生活リズムの崩れや家庭によるフォローがない中で学習意欲が低下していることが想定される。
- Ａちゃんに発達の遅れの心配があり，経過観察と母親への相談支援が必要である。
- 長女は自分で登校できており，下のきょうだいの面倒を見る力がある。

課題2：保護者について

- 母親は過去のDV歴による精神的な不安定さを抱えている。また，軽度知的障害のため母親の理解力が低いことが課題である。
- 父親は就労で忙しく，家事育児を手伝う余裕がない。

課題3：養育環境について

- 経済的にはぎりぎりの状態であり，家計管理の支援が必要である。
- 家の中に物が散乱している状態で片づけができていない。子どもに

図13−2　本事例のエコマップ

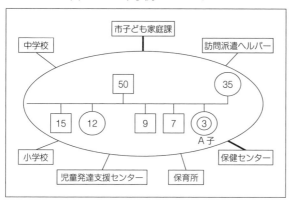

とって衛生的な環境になるように改善が必要である。

課題４：支援者との関係性について

- 親族との関係が悪く疎遠であり，身近な支援が受けられる関係者がいない。母親には相談相手がいない。
- 保健師や市子ども家庭課相談員に対する母親の受け入れは良い。

☐ **当面の支援方針の例**

① **子どもについて**

- Ａちゃんの保育所通所による所属先の確保。
- きょうだいへの学校による登校支援。
- 次男・三男の放課後児童クラブへの通所。
- 長男への学習支援。

② **保護者について**

- 母親への説明をわかりやすく工夫する。手続等では同行での支援を行う。
- 母親を精神科受診につなげる。
- 父親の協力をお願いする。

③ **養育環境について**

- 福祉事務所の生活困窮者支援における家計管理の支援につなげる。
- 養育支援訪問事業の導入によるヘルパー派遣により母親の家事負担軽減と養育環境の改善を図る。

④ **支援者との関係性について**

- 母親の相談相手に市子ども家庭課相談員と保健センター保健師がなる。

以上の支援を多機関協働で行う必要がある。

連携協働する機関を整理してエコマップで示すと**図13−2**のように

なる。これらの機関に，あらたに参画できる機関を加えながら，定期的な個別ケース検討会議を開催して，子どもと家族の状況に関する情報共有や支援の進捗状況の把握，支援方針の見直しを継続することが必要である。

子ども虐待に伴い親子分離されたケースが
家族再統合に至る事例

1 事例の概要

　小学校3年生のBちゃんは，1歳の頃から母子で生活していたが，小学校2年生になるとき新しい父と一緒に暮らすようになった。養父は，最初は優しかったが，次第にBちゃんの一つひとつの行動に文句を言うようになった。母親に「お前のしつけができていないからだ」と，Bちゃんを前にして罵倒することもあった。次第に養父のBちゃんへの行動規制は執拗となり，長時間の正座の強要，ペナルティとして食事を抜いたり，睡眠時間を制限するまでになっていった。授業中に寝ることが多くなり，給食をむさぼり食べていた様子を見て心配した担任教諭が話をする中で事実が発覚し，Bちゃんは「帰りたくない」と訴えた。

　学校は，市の子ども相談課に通告をした。市は一時保護の可能性を考慮し，児童相談所にケースを送致した。児童相談所は緊急受理会議の後，学校訪問し，Bちゃんと面接を実施した。面接を踏まえ，リスクアセスメントを実施し，児童相談所は一時保護を決定した。

　電話で，養父に一時保護を告げると，ぶぜんとした態度で「しつけとして，必要なことであった。これを虐待とされるのは心外である」と話した。そこで詳しい事情を聞きたいと，来所を求めた。

① 両親との初回面接

　両親が来所し，担当児童福祉司とスーパーバイザーが同席した。養父は電話で話した不満を繰り返した。児童福祉司は，ていねいに養父の意見を聞いた。母親は，時折うなずくだけで積極的に意見を述べることはなかった。養父の話を聴いたあと，児童福祉司はBちゃんが一時保護所で描いてくれた絵（「三つの家」）を見てもらうこととした。

　絵には三つの家が描かれていた。「心配の家」には，養父から正座をさせられたり，食事をもらえなかったり，叩かれたり，お母さんが怒鳴られることが描かれていた。「安心の家」には，家の外に養父が描かれていた。「希望の家」には，家族3人が笑って過ごしている姿が描かれていた。両親はBちゃんの描いた「三つの家」を食い入るように見入っていた。それまで，無言であった母親は「つらい思いをさ

せてしまったんだね」と涙を流した。養父は「俺なりに父親になろうとしてやってきたつもりだったけれど，俺は安全の家の外の存在なんだな」とうつむいた。それまで児童相談所に対して攻撃的態度を示していた養父は，「私はどうすればよいのか」と不安を吐露した。母親も顔を上げ話し合いに参加するようになった。

　児童福祉司は「これからとても大切なお話をするので，ホワイトボードを使ってお話を進めたい」と提案し，ホワイトボードに２本の線を引いて，３つのスペースをつくった。そして，「心配なこと」「安心なこと」「これからできるとよいこと」を両親に質問しながらまとめていった。（マッピング）。

②　面接の継続と援助方針

　それから，両親は児童相談所に定期的に通所し，今後について積極的に話し合った。そして，一日も早く家庭に引き取りたいと訴えた。

　一方でＢちゃんは，お母さんには会いたいけれど，「お父さんには，会いたくない」と訴えた。児童心理司との面接でも，養父に対する恐怖心が語られた。「○○さん（父）がいつ来るかわからなくて，保護所の外に出るのが怖い」と訴えた。児童心理司は，Ｂちゃんの抱えるトラウマを考慮すると父親との面会は時期尚早であると判断した。

　Ｂちゃんは，一時保護所の中で楽しく遊んでいるかと思うと，男性指導員が他児童へ注意する声におびえた。注意されると固まってしまう様子も認められた。

　児童福祉司は，Ｂちゃんの様子を両親に伝えた。さらに児童福祉司は「家族が再び一緒に暮らすことは目標ですが，今のＢちゃんの状態を考えると，時間をかけて家庭復帰を考えることが適切だと思います」と伝えた。両親は力なくうなずいた。

　その後，母親だけでＢちゃんと面会した。お父さんがＢちゃんにしたことをとても悔やんでいること，Ｂちゃんが安心して会えるまで，無理をして会おうとしないことも伝えられた。

　児童相談所の援助方針会議において，家族の再統合を目標とした里親委託ないし児童養護施設への措置が必要であるとの方針が決定された。

　児童福祉司は両親に援助方針を伝えた。母親は涙を流しながらも「家に帰るための施設利用なので，現実を受け止めたい」と話した。養父は母親に「俺のせいで申し訳ない」と謝罪した。改めて，家庭引き取りのための目標として，家庭に戻ったときに再び今回のようなことが起きないためのしくみとして，家族の子育てを応援してくれる人たちが具体的に関与した「安全プラン」をつくること，Ｂちゃんのトラウマが養父と交流できるほどに回復し，Ｂちゃん自身が家庭復帰に

安心感を持つこと，などが再確認された。

③　児童養護施設への入所

児童福祉司は里親委託を考慮したが，Ｂちゃんの希望，専門的ケアの必要性，実際に近隣に家族再統合を目指せるような養育里親がいなかったこともあり，児童養護施設への入所（措置）が決定された。児童相談所は，入所に当たって心理診断，医学診断，行動診断，そして，これらを総合した社会診断等をまとめて施設と入所前のカンファレンスを複数回実施した。また，Ｂちゃん，母親にも施設に出向いてもらい，施設職員からの説明と，見学が実施された。

入所当日は，母親，児童福祉司，一時保護所の担当保育士が付き添った。Ｂちゃんは不安そうな様子を示したが，待ち受けてくれていた園長，主任児童指導員，担当児童指導員，担当保育士，家庭支援専門相談員（ファミリーソーシャルワーカー）の温かい対応に少し笑顔を漏らした。園長が「Ｂちゃんも，お母さんも大変な中でよく頑張ってこられましたね。私たちは，ご家族が望むような方向に少しでも進められるように応援をします。何でも相談してくださいね」とあいさつをしてくれた。その後，担当職員に案内されて，Ｂちゃんが生活する部屋を訪れ，子どもたちに挨拶をした。

その後，お母さんと家庭支援専門相談員の面接が，児童相談所職員も同席して行われた。家庭支援専門相談員は，Ｂちゃんと家族の願いを実現するために，担当指導員・保育士とともに，児童相談所と連携をとりながら家庭復帰を実現できることが私たちの役割であると，自己紹介した。

④　児童養護施設での生活

Ｂちゃんは，入園当初こそ緊張していたが，次第に施設の生活にもなれ，同じホームの子どもたちとも楽しく過ごしていた。新しい学校にも慣れ，友人を施設にも連れてきて，一緒に遊んでいる姿が微笑ましかった。

しかし，友達同士のけんかの場面に出くわすと，体をこわばらせたり，男性職員の注意に固まってしまうことが続いた。

施設内でカンファレンスが持たれた。Ｂちゃんの行動は養父からの叱責や，暴力，養父による母親への怒号などに対するトラウマ反応なのではないか，男性指導員の注意や，子ども同士のけんかがリマインダーとなって起こっているとの見立てがされた。本児へのかかわりについて，より一層のトラウマインフォームドケアを進めることとした。

その後も，時々は不穏になることはあったが，数か月すると固まるような行動はほとんど見られなくなった。

これらの施設での出来事は，両親に伝えられていった。母親との面会は週末に進められた。近隣の外出も進められた。養父との交流はAちゃんの心理状態を配慮し，段階的に進められることとし，慎重に家族再統合のプロセスを進めることが確認された。

2　事例の課題

　　課題1：通告の受理と一時保護の判断。
　　課題2：保護者との話し合える関係づくりと協働。
　　課題3：子どもの安全のネットワークの構築。
　　課題4：子ども，親子関係のアセスメント。
　　課題5：家族再統合の可能性。

3　事例の考察

　本事例は，ステップファミリーに生じた虐待事例である。養父なりに父親になろうとする焦りがあったとしても，養父による家族への暴力的支配は，家族だけではもはや解決することが難しい状況であった。子どもの異変に気づいた小学校からの通告があったから，家族に対しての危機介入がなされて，支援が始まった。

　攻撃的な養父に対して，児童相談所の担当者は毅然とした態度をとりつつも，養父の考えをていねいに聞いていった。担当者は，父親の行為を責任追及するのではなく，この状態が続いたとき，子どもの未来にどんなリスクが生じるのかを父親と共有することに努めた。そして，養父の心を動かしたのは，子どもが描いた絵であった。子どもの願いに，家族が触れたとき，家族は子どもの未来のために動いていくのである。子ども虐待対応において，危機介入に伴う対立は避けられないことが多いが，どんなことから児童相談所が危機介入したのか，どんな未来を家族につくってもらいたいのかを共有することで，支援を切り開いていくことができる。

　本事例では，子どもの傷つきが大きく，家族再統合に至るまでには，子どもが養父と交流できるまでの回復と，養父の養育態度の変容，実母の子どもを守る態度，家族を支えるネットワークの構築と家族による安全プランの構築など，家族が取り組むべきさまざまな課題が認められた。そして，児童養護施設への措置は，家族再統合のプロセスの中に肯定的な支援として位置づくものとなった。施設の家庭支援専門相談員は，家族再統合に向け，施設心理士とともに子どもの気持ちを

代弁し，関係機関と連携する重要な役割を担っている。

4　課題に関する解説

🔲 課題 1

　子どものリスクアセスメントは，子どもに起きうる最悪な危害を想定した，即時で的確なものでなければならない。また，本事例は子どもが「家に帰りたくない」と訴えることができたが，訴えることができない子どももいる。子どもに関わる支援者は子どもの言動の背景にある子どもからの小さなサインを読み取ることが必要である。そして，子どもに対しては一時保護となることを丁寧に説明し，子どもの願いを聞き取り，アドボケイトすることが欠かせない。

🔲 課題 2

　職権の一時保護から始まる支援は，本事例がそうであったように対立から始まらざるを得ない場合が少なくない。保護者にすれば子どもを奪われたこと，子育てを否定されたことは大きな喪失となる。支援者は，保護者の怒りにきちんと耳を傾け，これまでの子育ての苦労をねぎらい，保護者の欠点ではなく子育ての中でできていたことにも注目し対話を進めていくことが求められる。そのうえで，子どもの未来の危険を共有し，何を目標とするのか誠実に話し合っていくのである。

🔲 課題 3

　本事例においても保護者の課題はある。養父の怒りのコントロールや夫婦関係は支援のテーマとなる。これらは，家族が取り組むべき課題であるが，一方で進めなければならないのは，子どもの安全を守るために家族の周りに安全のネットワークをいかに構築することができるかである。専門職だけでない親族，友人，知人などのサポートこそが家族を支えていくのである。

🔲 課題 4

　子ども虐待を体験した子どもの傷つきを理解し，回復と育ちの支援をいかに進めていくのか，子どものアセスメント，親子関係のアセスメントが求められる。子どもの成育史を読み解き，子どもを理解することが求められる。特に，子どもの身体機能，知的能力，発達的特徴，基本的信頼感の形成と愛着，喪失体験，トラウマなどを的確にアセスメントし，子どもの行動の背景を理解し支援しなければならない。ま

た，親子関係のアセスメントと，関係性の回復をいかに支援するのかも施設入所中からの課題となる。

☐ 課題5

　家族の再統合は，ここに述べられた課題の進展の中で慎重に判断しなければならない。多くの子どもたちは，虐待がない家族のもとで生活することを望んでいる。

　家族再統合は目標ではあるが，子どもの安全が何よりその前提とならなければならない。家庭復帰をせず施設を利用しながらの親子関係を維持する場合もある。

③ 未就学の障害児への支援事例

1 事例の概要

　結婚7年目にして待望の子どもに恵まれ，大切に育てられてきた5歳のCくん。おっぱいやミルクもよく飲み，生後5か月頃には夜は5〜6時間まとまって眠るようになり，手のかからない子どもであった。1歳過ぎには歩き始め，人見知りもせず，祖父母や近所に人にも「お利口さんね」と可愛がられ，両親は愛らしい子どもとの暮らしに幸福を感じていた。地域の子育てサロンに連れて出かけると，同年齢の子どもには興味を示さず，一人で車や電車のおもちゃに没頭して遊んでおり子育て支援者からは，「電車博士みたいね」とほめられた。

　保健センターでの1歳6か月健診で，保健師に絵カードを見せられて「お茶碗どーれ？」の質問や名前を呼ばれてもきちんと応じることができなかった。母親は緊張しているからだろうと特に気にならなかったが，「ゆっくりお話ししましょう」と別室に連れて行かれた。「言葉がないこと，視線が合いにくいことが心配です。でもお子さんの発達にはそれぞれのペースや個人差があるので，2歳になる頃にまた様子を見せてください」と言われた。

　2歳になってもほとんど言葉がなかったが，周囲の祖父母や友人にも「男の子は言葉が遅いから大丈夫よ」と言われ，安心する気持ちと不安な気持ちが交錯した。保健師が家庭訪問にやってきて，子どもの様子を一通り見た後，「やっぱり発達のこと，きちんと調べてもらった方がよいですね」と心理相談を勧められ，発達検査を受けた。そこでも「言葉の遅れも心配ですが，視線や身振りなどの言葉以外のコミュニケーションにも遅れがあるので，療育を受けることが必要でしょう」と言われ，頭が真っ白になった。

　療育センターの医師の診察では「自閉症スペクトラムの疑いがあります。それに加えて精神発達全般の遅れもあります。幼稚園や保育所ではなく，療育を受けられる集団に通うことを勧めます」と説明され，何かの間違いではないかとショックに打ちのめされそうであった。療育はどこで受けられるのか，そのための手続きはどうしたらよいのか，わからないことばかりであった。

障害児相談支援事業所を紹介され，子どもの日常生活での様子を詳しく聞かれ，年少の３歳から児童発達支援センターに週３回，通うことになった。そのためには市町村の役所に出向き「障害児通所受給者証」の取得が必要であり，さまざまな機関に相談しなければならなかった。

　児童発達支援センターでの療育が２年余り経過し，Ｃくんは確実に成長し，家族の暮らしも落ち着いてきた。来年度は小学校入学に向けての準備の一年となる。地域の子どもと同じ小学校に通うことができるのか，障害のある子どものための特別支援学校での教育がわが子に合っているのか，新たな課題を抱え不安な気持ちが増してきている。

2　事例の課題

　課題１：親の気づきや障害を告知されたときの気持ちを想像してみよう。
　課題２：子どもの障害を発見し，相談や療育をする機関について整理しよう。
　課題３：発達障害の子どもの就学について調べてみよう。

3　事例の考察

　この事例の理解を深めるために必要な知識を示そう。まずは自閉症スペクトラム（以下，ASD）という障害についての理解である。ASDとは，先天的な脳の機能障害による発達障害である。社会的コミュニケーションおよび対人的相互反応の障害（ことばの遅れや不自然さ，他者との交流困難等）と限定された反復的な行動，興味，または活動（常同行動，こだわり，変化への不適応等）という特性がある。米国精神医学会による「精神障害の診断・統計マニュアル第５版」（DSM=5）（2013年）では，感覚刺激に対する過敏性や鈍感性などの知覚異常の項目が追加されている。Ｃくんが「電車博士」といわれるのは，限定された興味というASDの特徴と，同年齢の子どもに興味を示さないのはASDの対人的相互反応の乏しさと関連づけて理解することが大切である。

　次に，家族のライフステージという視点がある。子どもの誕生を心待ちにし，お利口さんとほめられた幸福な時期があり，１歳６か月健診で指摘を受けて２歳までの「様子を見る」という不安な時間がある。その後，診断を受け継続的な療育がスタートすると精神的に安定し，そして就学という新たな課題に直面する。これは，障害児をもつ家族

のクライシスピリオド（危機的な時期），①障害の気づきもしくは発見の段階，②障害を告知される段階（所属集団を選択する時期），③就学先を決める段階，からの観点からの理解が必要である。また，母親が子どもの発達について心配しても家族や周囲からは往々にして「大丈夫」と気休めに励まされることにより，かえって孤立を深める状況があることにも配慮が必要である。

4 課題に関する解説

☐ 課題1
［親の気づきや障害を告知されたときの気持ちを想像してみよう］

わが子の障害を告知された親の反応については「障害受容論」という理論があり，実践現場にも浸透している。段階説・慢性悲哀説・らせんモデルという3つの考え方がある。

段階説とは，時間の経過とともに，その感情は変化し適応へと進むというモデルである。さまざまなプロセスがあるが，①ショック，②否定，③悲しみと怒り，④適応，⑤再起という5段階モデルが代表的である。慢性悲哀説とはどんなに時間が経過しても，親の心の奥底には悲しみの思いが常にあるとするモデルである。苦悩や絶望と関連して表れる悲しみは親の自然な反応であり，それは慢性的に途絶えることなく続くと理解する。らせんモデルは段階説と慢性悲哀説の両者を統合した考え方である。障害を受容できている親・できていない親と保護者を評価するのではなく，コインの裏表のように障害の否定と肯定が共存していると理解する。親の歩んでゆくプロセスを，螺旋階段を登っていく姿にたとえ，慢性悲哀説のような悲嘆感が見え隠れするのも自然状態とするものである。

本事例においても，障害を告知された時のショックや，就学先の決定においての不安は，段階説やらせんモデルから理解を深めることができよう。

☐ 課題2
［子どもの障害を発見し，相談や療育をする機関について整理しよう］
　① 早期発見を担う機関

発達障害者支援法第5条において「市町村は，母子保健法に規定する健康診査を行うに当たり，発達障害の早期発見に十分留意しなければならない」とされている。さらに「市町村は，（中略）児童に発達障害の疑いがある場合には，当該児童の保護者に対し，発達障害者支援

図13-3　支援提供の流れ：障害児相談支援事業者と児童発達支援センター等の関係

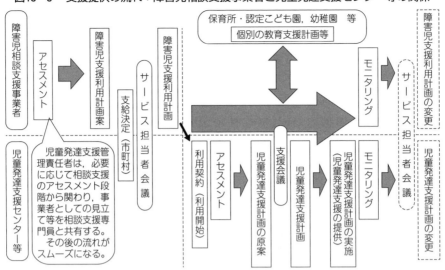

出所：厚生労働省ホームページ（https://www.mhlw.go.jp/file/06-Seisakujouhou-12200000-Shakaiengokyok ushougaihokenfukushibu/0000172905.pdf）.

センター，都道府県が確保した医療機関その他の機関を紹介し，又は助言を行うものとする」と規定し，専門療育機関につなぐ役割を定めている。母子保健法に規定する健康診査の対象は，①満1歳6か月を超え満2歳に達しない幼児，②満3歳を超え満4歳に達しない幼児である。本事例は前述の①に該当する1歳6か月健診にて発達障害の早期発見がなされた。

②　早期療育のシステム

　市町村で早期発見がされた後，療育サービス，言い換えれば児童発達支援事業を利用するまでにはいくつかの機関での相談が必要となる。厚生労働省の「支援提供の流れ：障害児相談支援事業者と児童発達支援センター等の関係」（**図13-3**）をもとに確認しよう。障害児相談支援事業所の相談支援専門員はより，障害児について，その心身の状況，その置かれている環境及び日常生活全般の状況等の評価を通じて障害児の希望する生活や障害児が自立した日常生活を営むことができるよう支援するうえで解決すべき課題等の把握（アセスメント）を行い，「障害児支援利用計画案」の作成を行う。次に市町村は，障害児支援利用計画案に基づき支給決定を行い，「障害児通所受給者証」を交付する。そのうえで児童発達支援事業を実施する児童発達支援センター等は，保護者と利用契約を交わし，「児童発達支援計画」を作成する。その後にようやく障害のある子どもに対し，日常生活における基本的な動作の指導，知識技能の付与，集団生活への適応訓練等の療育を提供するというプロセスとなる。児童発達支援事業が開始された後も

「障害児支援利用計画」に基づいた支援の提供状況や効果，支援に対する満足度について一定期間ごとに，相談支援専門員は子どもと保護者に対する面談により，モニタリングを実施する。

☐ 課題3
［発達障害の子どもの就学について調べてみよう］

　発達障害のある子どもの就学先は大別すると，特別支援学校もしくは地域の小学校となる。小学校には普通級と特別支援学級の2種類が設置されている。小学校の普通級に在籍した場合には，通級指導教室を併用するケースもある。

　特別支援学校とは障害の程度が比較的重い子どもを対象として，個別性に応じた教育を提供し，各教科等に加え「自立活動」の指導を実施する。障害の状態等に応じた弾力的な教育課程が編成されている。特別支援学級は，小・中学校に障害の種別ごとに置かれる少人数の学級（8人を上限）であり，知的障害，肢体不自由，病弱・身体虚弱，弱視，難聴，言語障害，自閉症・情緒障害の学級において，子ども一人ひとりに応じた教育を実施する。

　通級による指導は，小・中学校の通常の学級に在籍し，言語障害，自閉症，情緒障害，弱視，難聴，学習障害（LD），注意欠陥多動性障害（ADHD）などのある児童生徒を対象として，主として各教科などの指導を通常の学級で行いながら，障害に基づく学習上または生活上の困難の改善・克服に必要な特別の指導を特別の場で行う教育形態である。

　就学先を決定するには教育委員会の就学相談を受けることが必要である。就学相談においては，「障害の状態，本人の教育的ニーズ，本人・保護者の意見，教育学，医学，心理学等専門的見地からの意見，学校や地域の状況等を踏まえた総合的な観点から就学先を決定する仕組みとすることが適当である」とされている。

　わが子にとって適切な就学先を決定する過程においては，親にさまざまな葛藤が生じる。普通級か個別支援学級の選択で迷う際に「個別支援学級に入れたら，きょうだいがいじめに合うのではないか」と，祖父母の「普通級でも大丈夫じゃないの」という台詞に傷つくこともある。また，就学という節目は，子どもの発達保障・教育ニーズの実現であると同時に，家族にとっては子どもの人生を決定づけること，障害に対する社会や家族がもつ差別観と直面する経験でもあることにも留意が必要であろう。

4 貧困家庭への支援事例

1 事例の概要

　高校に勤務するスクールソーシャルワーカーは，担任から高２のDさん（16歳）のことで相談を受けた。担任によると，Dさんは，夏休み明けの２学期になってから急に遅刻が増え，成績も落ちた。いつもは同じクラブの友人と一緒にいる姿があったが，友人関係が変わってきたようにも見えるという。同じ時期に，Dさんはクラブ顧問に突然クラブをやめたいと言ってきた。理由を尋ねても「やる気がなくなった」ということしか話さないため，言いにくいことが背景にあるのではないかとクラブ顧問からも聞いている。Dさんはひとり親家庭で，家族構成は，Dさん・高２（16歳），母（38歳），妹（小１，７歳）の３人家族である。生活保護を受給している。

　そこで，校内のチーム体制の中でケース会議が開かれ，Dさんに関する諸費等の納入状況，各教科の成績，保健室の来室状況などの情報共有を行った。その後，担任は個別面談の時間を使って，スクールソーシャルワーカーとともにDさんに心配していることを率直に伝えながら状況を確認することにした。そのなかで，Dさんが高２になってから母親の病気が悪化したこと，妹の面倒を見なければならない状況になっていることがわかった。妹は学校を休みがちだという。また，Dさんは自分の進学費用を貯めようとアルバイトをはじめていた。そのため，アルバイトと学校，クラブのスケジュールの調整が難しくなっており，心身ともに疲労がたまっていた。担任から，母親と話し合いをするために電話を入れるが，連絡がつかない状態であった。

　高校からは，Dさんが住むX市に児童福祉法上の要保護児童通告を行い，要保護児童対策地域協議会で，妹が通う小学校やその他の関係機関と情報共有を図りながら，Dさんの支援の方向性を確認していくこととした。その結果，次のようなことがわかった。

　妹は，入学当初は登校してきていたが，持ち物がそろわなかったり，連絡帳のサインがなかったりということがあった。ゴールデンウィーク明けごろから，遅刻や欠席が増えてきていたので小学校の教員が家庭訪問も実施している。現在は，妹は不登校になっており，教員が，

家庭訪問をしても会えない日があったり，直近の家庭訪問では，家の中がものであふれかえっている様子であることがわかった。母親が通院している精神科クリニックの精神保健福祉士からの情報では，Ｄさんや妹の状況については把握していなかったが，母親は受診のキャンセルはなく，通院していることが確認できた。母親は，昨年まで妹が通っていた保育所の園長のことを慕っており，入学の準備をサポートしてもらっていたことに感謝していた。妹が小学校に入学してからは園長先生に会えなくなったため寂しがっていたという。Ｄさんについては，アルバイトの収入認定除外手続きがとられていないことがわかり，早急に手続き的な支援が必要であることもわかった。

　これらの情報が共有されたことで，Ｄさん，Ｄさんの妹，母親に対して，それぞれの関係機関が支援の可能性を探ってみることになった。

2　事例の課題

　課題1：学校には，教員以外の職種も勤務しており，チームで支援する体制を目指している。どのような職種がチームを組んでいるだろうか。

　課題2：Ｄさんの妹が小学校1年生になるとき，小学校の学校生活に必要な準備物にはどのようなものがあるだろうか。また，それにかかる費用負担を調べてみよう。

　課題3：Ｄさんが担任やクラブ顧問に，家庭のことを「言いにくい」と感じているとすれば，どのような理由によると考えられるだろうか。Ｄさんに限らず，暮らしの中での困りごとを，大人に相談するためには，今後，どのような取り組みが必要になるだろうか。

3　事例の考察

　学校では，子どもたちが抱えている問題は貧困の問題として現れるのではなく，不登校や，子どもたちの問題行動として現れることが多い。もちろん，すべての子どもたちが貧困の状態にあるわけではない。Ｄさんの場合は，遅刻が続き成績が下がり，突然クラブをやめるという事態になったことで，教師たちが，Ｄさんは「何らかの困難を抱えているのではないか」という視点を持ち，チーム支援をはじめたことで，結果としてＤさんの抱える困りごとに気づけたのである。

　ここで重要なことは，子どもたちが抱えている問題の背景に何があるのか，一人ひとりの状況を子どもたちの学校生活と，家庭や地域で

の生活がどのように結び付いているのかを見極めていくこと（アセスメント）が重要となる。この視点で見たとき，はじめて家庭の経済状況との重なりが立ち現われてくるのである。ここに，「見ようとしなければ見えない」子どもの貧困の問題がある。

　また，貧困の問題が子どもたちの学校生活に影響を及ぼす理由に，教育費にかかる保護者負担費の問題がある。義務教育は実態としては無償ではなく，子どもの学校生活の必需品のほとんどは保護者負担費によって支えられている。先に出した課題2からもわかるように子どもの学校生活のためにさまざまなものを準備しなければならない。そのうえ，高校は義務教育ではないことから，その教育にかかる費用負担は義務教育よりも増える。

　Dさんがクラブを辞めたいと申し出た背景にも，クラブ費用の問題がある可能性も考えられる。クラブの大会出場のための遠征費用，チームのユニフォームの費用などがかかる場合もある。高校生ともなれば，部活後に友人たちと飲食店に行くこともある。しかし，お金がないので，それとなく断っていると「つきあいが悪い」と言われ，友人たちとも関係が薄れていく。結果として，クラブや学校での居場所を失い，学校に行くことの意味が見いだせなくなると，欠席が増え，進級できないことによって高校を辞めてしまうという悪循環に陥ってしまうこともある。

　Dさんもそうであったように，家庭の経済状態が厳しいとき，子どもは高校生になると，家計を支えたり，進学費用を貯めるためにアルバイトをすることが少なくない。このとき，生活保護世帯の場合は収入認定除外手続きをとることで，そのほとんどを本人の生活に有効利用することができる。しかし，Dさんにはその制度や手続きを知る機会がなかったのである。

　このように，特に，子どもたちの学校の種類が変わるときには，さまざまな手続きを要する。その手続きの複雑さに保護者が疲れてしまうこともよくある。Dさんの母親は，小学校入学までのサポートは保育所の園長に頼ることができていたようであるが，入学にあたって，具体的なサポートの支援を担う人材につながっていなかったのである。その役割を誰が担えるのかは，地域性や関与する機関によって異なるが，関係機関の情報共有にとどまることなく，「誰かが」日々の暮らしに伴走できる具体的なサポートを届けることが必要である。そのため，スクールソーシャルワーカーが，さまざまな手続きの同行支援を行っている事例は多い。

　Dさんの場合は，担任やクラブ顧問の気づきによって支援がスター

トしたが，支援者が「気づき」の視点をもつことに加えて，子どもたちが，相談できる場を学校内外につくっていくことも重要となる。

4　課題に関する解説

課題 1

［学校には，教員以外の職種も勤務しており，チームで支援する体制を目指している。どのような職種がチームを組んでいるだろうか］

　学校では教員をはじめ，さまざまな役割を担う職種が活動している。例として教師のほか，養護教諭，事務員，用務員，警備員，介助員，スクールカウンセラー，スクールソーシャルワーカー，スクールロイヤーなどがある。スクールソーシャルワーカーは，主に，社会福祉士や精神保健福祉士の資格を持ち，福祉に関する専門的知見を有する者が学校や教育員会に配置されている。

課題 2

［Ｄさんの妹が小学校 1 年生になるとき，小学校の学校生活に必要な準備物にはどのようなものがあるだろうか。また，それにかかる費用負担を調べてみよう］

　小学校 1 年生の 1 年間で保護者が費用を負担している学校生活の必需品の例として，以下のようなものがある。

　学校が指定するもの：標準服（制服），体操服・赤白帽子，通学帽子など

　学校から準備をするように説明があるもの：スクール水着，水泳帽子，上履き，ぞうきん，雨傘，給食用のマスク，袋，歯ブラシ，コップ，筆箱，鉛筆，消しゴム，したじき，色鉛筆，クレパス，はさみ，のりなど

　学校が集金するもの：給食費，教材費（ドリル，テスト，粘土セット，実験セット，副読本等），遠足・修学旅行等積立金，卒業アルバム積立金，芸術鑑賞費用など

　その他，一般的に購入が必要となるもの：ランドセル，連絡帳，ノート，お道具箱など

　また，学年によって，購入が必要となるものとしては，けんばんハーモニカやリコーダー，絵具セット，書道セット，裁縫箱セット等がある。学校教育における保護者負担費を減らしていくことは，児童・家庭福祉の視点からも重要な課題である。

☐ 課題3

[Dさんが担任やクラブ顧問に，家庭のことを「言いにくい」と感じ
ているとすれば，どのような理由によると考えられるだろうか

　Dさんに限らず，暮らしの中での困りごとを，大人に相談するため
には，今後，どのような取り組みが必要になるだろうか。]

　日本で暮らす子どもたちは，暮らしの中で何か困ったときに，どの
ような相談を誰にすればよいのか，知ることがほとんどない。それは，
子どもたちが多くの時間を過ごす学校という場において，教えられる
機会がないためである。一方，児童・家庭福祉の相談体制のほとんど
は，「何かあってから」子どもに関与するシステムであるため，かな
り重篤な状況になってから支援者の関与がはじまる。この観点から，
今後必要になる取り組みとは，学校の内外に，子どもが直接相談でき
る場所をつくり，子どもに直接その利用の手順を具体的に教えていく
ことである。すでに，学校内にソーシャルワーカーを招いて授業を行
ったり，学校内に居場所カフェを設置するような取り組みもある。ま
た，学校の授業の一環として行う職業体験で，ソーシャルワーカーが
活動する現場に行くということなども考えられる。このような取り組
みは，子どもの権利条約の具現化の一つでもある。児童・家庭福祉の
現場と学校とが協働することで，その可能性が高まるのである。

⑤ 特定妊婦の支援事例

1 事例の概要

　17歳のEさんは，母親がうつ病を患っており，父親も非正規雇用で経済的に余裕はないが，小学生時代は学校の支援などもあり，不登校になることもなく楽しく通学していた。中学生になってからは，万引きや飲酒，家出をするようになり，学校にも登校できなくなった。中学3年の頃に交際をはじめ，パートナー宅で暮らしていたこともあった。警察に補導されたことをきっかけに，家庭でのネグレクト状況が明らかになり，児童相談所へ通告された。

　児童相談所で一時保護されたのち，児童養護施設への入所も検討されたが，本人は高校進学を希望せず，働きながら一人暮らしすることを望んでおり，入所には至らなかった。中学卒業後は高校には進学せず，実家で過ごしながらたまにアルバイトをする生活が続く。パートナーとの交際も続いており，家庭の状況が不安定になるとパートナーの家に何日か泊まるという生活を繰り返していた。

　もともと生理不順であり妊娠については全く考えていなかったが，体調が悪くつわりのような症状が出たことをきっかけに妊娠検査薬で検査したところ陽性反応が出た。これからどうしたらいいか見当がつかず，地元のにんしんSOS相談窓口に相談してきた。妊婦健診未受診だったこともあり，早急な受診が必要であると判断し，にんしんSOS相談窓口から関係機関と連携して特定妊婦としての支援が始まる。その後出産し，パートナーと一緒に2か月の子どもを育てている状況である。パートナーはビル掃除の仕事についているが生活は安定していない。本事例の家系図をジェノグラムに示す（**図13-4**）。

2 事例の課題

　上記の事例について，下記の3つの課題について考えてみよう。

　課題1：Eさんのように予期せぬ妊娠でとまどっているときの相談先を調べてみよう。

　課題2：Eさんから相談を受けたにんしんSOS相談窓口はどのよう

図13-4　本事例のジェノグラム

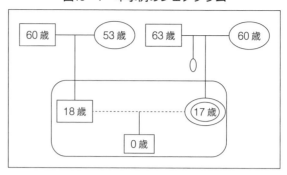

な関係機関に働きかけて連携したのか考えてみよう。

　課題3：今後のEさんとパートナー，子どもの生活を支えていくうえで，どのような要素が重要であるかを考えてみよう。

3　事例の考察

　特定妊婦とは，「出産後の養育について出産前において支援を行うことが特に必要と認められる妊婦」（児童福祉法第6条の3第5項）である。判断基準となるのは，1　若年妊婦，2　予期しない妊娠，3　精神疾患を合併している妊婦，4　アルコール・薬物などの依存症の合併または既往がある妊婦，5　知的障害などの障害を合併している妊婦，6　妊娠届の提出遅延，母子健康手帳の未交付，初回の妊婦健診が妊娠中期以降などの妊婦，7　その他の養育環境の問題，8　医療機関からの情報提供・支援要請などがある。

　母子健康手帳の交付は，要支援者のスクリーニングの役割が期待される一方，未婚，若年，不倫や風俗など，他人に妊娠を知られたくない人にとっては，詮索されるように感じ敬遠されてしまうこともあるため注意が必要である。担当者に何を聞かれるかわからないという恐れから，窓口に足を運ぶことをためらっている人にとっては，同伴支援が有効である。たとえばにんしんSOS相談窓口で相談を受けた人が同伴したり，または事情をよく把握した女性健康支援センターの保健師などが同伴することにより，女性が安心して相談に臨むことが可能となる。

　「妊娠期からの切れ目のない支援」は，相談窓口の機能強化により妊婦健診未受診や母子健康手帳の未取得を防ぐこと，母子健康手帳発行時に妊婦の状況をスクリーニングすること，支援が必要な場合には居住地の市町村に情報を提供し，それを受けた地域の担当者が妊娠期から出産後まで必要な支援を継続的に行うことを指している。これら

の支援は連携を軸としているわけだが，連携がうまくいかない場合は必要な支援から切れてしまうというリスクを伴う。また，さまざまな機関がかかわるため，全体をコーディネートする担当者が必要である。

　厚生労働省の「子ども虐待による死亡事例などの検証結果などについて（15次報告）」では，転居に伴う問題点・課題が整理されているが，特徴としては死亡時の年齢は1歳児が最も多く，同居していた家族は「一人親（離婚）」「内縁関係」「再婚」が多い。保護者が自ら相談，発信する力が弱い場合，保護者の相談によってその支援を開始することが難しく，社会的な孤立も深まっていく。連携を軸としている場合，自治体間における転出・転入の情報共有だけでなく，母子保健担当窓口などにて，虐待予防の視点をもちつつ，子育て世代の転入者に対し，確実に相談先や支援策を周知するなどの支援が望まれる。各機関間の連携は，意識や目指すべき方向性がそろってこそ力が発揮される。子育て世代包括支援センターには，そのような調整機関としての役割が求められており，特定妊婦のおかれている状況を総合的にとらえながら支援していくという観点が重要である。

4　課題に関する解説

☐ 課題1
[Eさんのように予期せぬ妊娠でとまどっているときの相談先を調べてみよう]

　Eさんのように予期せぬ妊娠でとまどっているケースの相談窓口は，自治体の事業によるものが45か所あり，他に女性健康支援センター，児童相談所，福祉事務所，婦人相談所も相談窓口を設けている。養子縁組機関を含め民間団体が独自に開設している場合もある。とくに熊本市の慈恵病院の『SOS赤ちゃんとお母さんの相談窓口』と大阪府の『にんしんSOS』には，全国から多くの相談が寄せられている。一般社団法人全国妊娠SOSネットワークの「全国のにんしんSOS相談窓口」検索ページには，月に3,000件以上のアクセスがあり，相談先にすぐにアクセスできるような情報提供は重要である。

☐ 課題2
[Eさんから相談を受けたにんしんSOS相談窓口はどのような関係機関に働きかけて連携したのか考えてみよう]

　相談者は必ずしも地元の相談窓口に連絡するわけではないため，必要に応じて地元の関係機関と連携することになる。Eさんは経済的に

余裕がないため受診をためらっており，母子健康手帳も未交付の状況であったが，相談窓口から女性健康支援センターへつなぎ，産科受診支援を受けることができた。出産には入院助産制度を利用した。

　Eさんとパートナーが若年で妊娠届が遅れたことや，両方の家族から支援が期待できない点などから，特定妊婦として，子育て世代包括支援センター，保健所，子育て支援課，女性健康支援センター，児童相談所がかかわることとなった。生まれてくる子どもに対しては，一貫して自分たちで育てるという意思を表明していた。パートナーはビル掃除の仕事についており，収入は少ないが子どもが生まれた後は3人での生活をスタートさせた。2人がまだ10代であることを踏まえ，長期的なかかわりになることを念頭に，キーパーソンの保健師が継続的にかかわりながら，支援のニーズを見極めている。

□ 課題3
［今後のEさんとパートナー，子どもの生活を支えていくうえで，どのような要素が重要であるかを考えてみよう］

　当面はEさんとパートナーに対して，密な子育て支援が求められ，必要に応じてショートステイを利用することも選択肢となる。現状では子育て世代包括支援センターの多くは母子保健型であるが，保健師，助産師などの医療職のみならずソーシャルワーカーを積極的に配置し，地域の社会資源を活用しながら子育て家庭に必要な支援をコーディネートする役割が求められる。EさんとパートナーがしっかりꞋ協力しながら子どもを育てていけるよう，長期的にかかわっていく必要がある。将来的にはEさん自身も，高卒認定など自立に向けて歩みだせるようなかかわりが求められる。

⑥ 女性支援の事例

1 事例の概要

　Fさん（23歳）は，ある地方の県にて出生した。兄弟はなく3歳の時に両親が離婚した。母親が親権をもつが精神疾患を抱えておりFさんの養育が十分でなかったことから，4歳の時に母子分離となり，Fさんは児童養護施設で育った。

　Fさんは高校卒業後ホテルに就職が決まり，児童養護施設を出てホテルの寮に入った。仕事は想像以上に厳しく，先輩や指導者から怒られることが多かったがFさんは児童養護施設のアフターケアを受けており，担当職員がたびたび連絡してくれていた。最初は連絡や面会が支えになっていたが，仕事ができないことがとても辛く，職員と話すこともできなくなっていった。

　ある日，帰りがけに声をかけてきた男性とすぐに付き合い始め，その後一緒に暮らすようになった。最初は優しかった男性だったが，徐々に言葉がきつくなり，男性は仕事を辞めFさんに収入のいい仕事をするようにと言い始めた。Fさんは風俗の仕事に就いたがその仕事はFさんにとってつらく，「辞めたい」という言葉を発すると男性は「酒代を稼いで来い」と怒り出し，Fさんを殴るということが日常になっていった。その日もFさんは暴力を受け，「出て行け」と言われたため外へ行くが，お金もなく行くところもなく困っていた。

　以前何か困りごとがあった時には福祉事務所に相談できると聞いていたことを思い出し，Fさんは福祉事務所へ向かった。受付に行くとFさんに複数のあざがあるのを見て，相談窓口につないでくれた。そこには女性相談担当者がいて，ていねいに対応してくれた。Fさんの話をしっかりと聞き，Fさんに①今日ここに相談に来ることができてよかったこと，②Fさんが安心して過ごせる場所があること，③今後の生活については一緒に考えていくことを伝え，Fさんもその方針に納得し，婦人相談所の一時保護所に入所することとなった。

　措置機関である婦人相談所には精神科医師や心理担当職員，看護師，婦人相談員等の専門職が配置され，Fさんにとってどのような支援が必要か，さまざまな側面から検討される。Fさんには安心・安全に暮

らし，自立の支援を行う婦人保護施設への入所が望ましいと決定し，
2週間後Fさんは婦人保護施設に入所した。

　そこにはFさんと同じように暴力やその他の生活困難で入所してい
る女性がたくさんいて，Fさんは自分だけではないと心強さもあった。
婦人保護施設には相談支援員の他，心理担当職員や看護師，栄養士も
いて心身すべての面からケアを受けることができる。Fさんは暴力に
よって歯が欠け，また虫歯もあった。また夜になると急に不安に襲わ
れ，眠れないことも多かった。担当支援員，看護師，心理職員はFさ
んの体調を考慮しながらそれぞれ聞き取りの場を設け，その後カンフ
ァレンスでFさんの支援について検討した。その結果①歯科の受診を
行うこと，②眠れない場合や不安が強いときには精神科の病院も利用
できること，③通院には医療扶助の制度が使えること，④施設内の作
業場で仕事をすると低額だが工賃がでることを本人に説明し，希望す
ることを支援していくという方針をたてた。

　その後担当支援員がFさんとともに個別支援計画を作成していた時，
Fさんが「自分を支えてくれていた児童養護施設のアフターケア担当
者にずっと連絡ができなかったことが気になっている」ということを
話した。担当支援員はアフターケア担当者に連絡をとり，これまでの
経緯を伝え，Fさんも久しぶりに話すことができたのだった。Fさん
にとってアフターケアの職員とつながっていくことが安心になると考
え，担当者支援員はこれからも連携をとっていくこととした。また，
Fさんは母親との関係も気になっていたため，児童養護施設を通して，
母に連絡し，お互いの心身の状態が良くなったら面会することを約束
し，数か月後に施設で面会することができた。

　担当支援員はこのようなFさんの状況について福祉事務所のケース
ワーカーや女性相談担当者，婦人相談所の担当相談員，そして児童養
護施設のアフターケア担当者に報告し，必要な場合は相談をしながら
連携して支援していくことにしている。

　Fさんは暴力被害による不安定さもあり，心理担当職員と担当支援
員が特に中心となり対応を心掛けていった。外出にも恐怖があったた
め，慣れるまで外出は職員が付き添い，徐々に施設の仲のいい人たち
と散歩や買い物を楽しめるようになっていった。また，お金の管理が
苦手だったFさんは担当職員と相談し，お金の使い方も練習し始めた。
そしてFさんはほんの少しずつだが時間をかけ自分の生活を取り戻す
ようになっていった。

　すぐに外に出て仕事をすることには恐怖があったため，担当職員と
相談し，最初は施設内の作業場で生活のリズムを取り戻していくこと

を心掛けた。半年後くらいから施設の近隣でアルバイトを始めた。Ｆさんは頑張りすぎてしまうところがあったため，アルバイトは週２日の短い時間から始め，徐々に増やしていった。２年くらいたったころ，そのアルバイト先で社員として雇用してもらえることになり，Ｆさんは就職した。しばらくは施設から通っていたが，貯金もできてきたことから一人暮らしを視野にいれて生活し，仕事も頑張った。施設にはステップハウスという一人暮らしの練習の場所があり，一人暮らしが未経験だったＦさんはスタッフと相談し，そこで練習することとした。休みの日には料理をしたり，同じ職場の先輩と食事に行ったりと，生活の幅を広げていった。しかしＦさんは暴力被害から調子を崩すこともあり，そのようなときは無理をせず，施設に戻ったり，心理や担当のスタッフと話す時間を設けたりして，対処していった。Ｆさんはそこで３か月練習しながらアパート探しも行い，職場に近く施設にも時々行けるような場所にアパートを借り，施設を退所しアパートで暮らすようになった。暴力被害は短期間での回復は難しく，生活が安定しないことも多いことから，退所後は婦人保護施設退所者自立生活援助事業という制度を活用し，アフターケアの担当者がＦさんの状況を理解しつつ，アパートへの訪問を行ったり，わからないことがあったらすぐに電話ができたりする状況をつくり，関係者と共に生活を見守るようにした。

２　事例の課題

　課題１：婦人保護施設の根拠法は何法か。
　課題２：婦人相談所の設置及び機能，また婦人相談員の設置及び役割とは何か。
　課題３：婦人保護施設における支援について，事例において，施設の中で展開されているソーシャルワークについて考える。

３　事例の考察

　児童養護施設ではアフターケアを実施しているが，Ｆさんは施設に「困っていること」を伝えられないまま，孤独感もあり男性との生活に流れていってしまったと考えられる。しかし，困ったことがあったら相談できる場所を知っていたために，Ｆさんは福祉事務所に行くことができた。アフターケアの職員は言語化が苦手なＦさんに，何かあった際に「自分を守る方法」を伝えていたために，Ｆさんは危険な場

所から移動することができた。

　Ｆさんは福祉事務所が相談に応じてくれることを知っていたために,適切な場所にいくことができた。しかし夜間だった場合,福祉事務所は対応できないため,このような場合は警察が対応すること,また24時間の電話相談窓口などがあるなど,状況に応じて必要な機関につなぐことができることも知っておきたい。

　Ｆさんは男性から風俗で働くことを強要されたり,暴力を受けたりすることなど予想もしていなかったであろう。しかし,実際被害にあってしまい,身体的・精神的にも苦しみ,これまでと同じような生活を送ることができなくなってしまった。この暴力被害の理解と今後の支援について専門的な知識をもつ婦人相談員は,①今の状況でＦさんが一人で生活をしていくことは困難であり,②暴力被害から心理面と生活面でのサポートが必要である,と考えた。それらの支援を行う婦人保護施設の入所が現段階では適切と判断し,措置機関である婦人相談所にＦさんの一時保護を求めたと考えられる。Ｆさんをはじめ,相談にきた困窮者にどのような支援をするべきか考え判断する大切な場面であり,婦人相談員はその専門家として機能している。

　婦人保護施設はＦさんのように暴力によって生活が困難になる女性,またさまざまな疾患や障害により生活困難になるなど,支援が必要になる女性たちが入所し,課題に応じて必要な支援を行っていく施設である。婦人相談所は現段階のＦさんが１人で社会生活を送ることは困難であり,心理的ケアや生活スキル向上についての支援が必要であると医学的,心理的側面から判断したと考えられる。

　暴力被害にあった女性たちには不安,不眠,倦怠感,精神症状の不安定さなどが起きやすいことから,婦人保護施設ではＦさんの生活状況をよく観察し,また話を聞きながら,Ｆさんが安心して過ごせるよう,心理的なアプローチの他担当支援員が必要に応じた支援を行っている。

　またＦさんと児童養護施設のアフターケア担当者をつなぎ,また母親との関係調整をすることもＦさんの力になると考え,支援を行った。Ｆさんが希望しながらもＦさん個人の力ではできないことを支援することはソーシャルワークにおいてとても大切なことである。

4　課題に関する解説

課題1

[婦人保護施設の根拠法は何法か]

　婦人保護施設は社会福祉法第2条第2項において，第1種社会福祉事業に位置づけられる，売春防止法に規定する施設である。売春防止法では第36条で「都道府県は，要保護女子を収容保護するための施設を設置することができる」とされており，婦人保護施設は任意設置であり，設置は都道府県にその判断がゆだねられている。この「要保護女子」とは，「性行又は環境に照して売春を行うおそれのある女子」として，売春するおそれのある女子を保護し更生させることが目的であった。しかし，実際に婦人保護施設を利用する女性たちのほとんどが，暴力，貧困，障害，家庭機能不全等の複合的な課題をもっており，婦人保護事業の対象となる女性の範囲については，2002（平成14）年の局長通知により「要保護女子」から「家族関係の破綻，生活の困窮等，困難を抱える女性やその同伴家族等」とされた。

　婦人保護施設は直接入所することはできず，措置機関である婦人相談所の一時保護を経て判定後入所が決定することとなっている。暴力によって生活が困難になる女性や貧困，疾病，障害等さまざまな困難により支援が必要とされる女性それぞれの課題に応じた支援を行う場所となっている。

課題2

[婦人相談所の設置及び機能また婦人相談員の配置及び役割とは何か]

　婦人保護事業は売春防止法に基づき，「売春のおそれのある女子に対する補導処分及び保護更生」の措置を講ずることによって「売春の防止」を図ることを目的とし，実施機関を「婦人相談所」「婦人相談員」「婦人保護施設」とし位置づけられてきた。その後社会情勢の変化に伴い，対象が拡大されていることからそれぞれの機能と役割も変化している。

　婦人相談所は売春防止法第34条の「都道府県は，婦人相談所を設置しなければならない」に基づき，各都道府県は義務設置であり，政令指定都市については任意設置とされている。婦人相談所の機能としては相談事業，一時保護事業，啓発，調査のほか，相談，指導，助言，判定（医学的，心理学的，職能的）などがあり，その判断をもって婦人保護施設の利用が決定する。

▶婦人相談員

売春防止法第35条により設置される。都道府県知事，政令指定都市市長，市区町村長は婦人相談員を委嘱することができ，主に婦人相談所，福祉事務所に設置されている。婦人相談員は「社会的信望があり，かつ，職務を行うに必要な熱意と識見を持っている者」と規定しており，相談窓口には複合的かつ困難な課題をもった当事者がくることから，相談・対応の幅は広く，あらゆる知識と技術を使って適切に対応することが望まれている。

また，婦人相談所は2001年に制定された「配偶者からの暴力防止及び被害者の保護に関する法律」により配偶者暴力相談支援センターとして，暴力被害者の相談，保護，自立支援等の機能が付置された。さらに2004年には厚生労働省通知による「人身取引対策行動計画」に基づく，人身取引被害者の保護の機能も併せ持つこととなった。

☐ 課題3

[婦人保護施設における支援について。事例において，施設の中で展開されているソーシャルワークについて考える]

① インテーク

入所後，担当支援員が主にFさんの状況を踏まえながら，観察，面談等で情報収集を行う。また婦人保護施設にはさまざまな専門職（看護師，心理担当職員，栄養士）がいるため，必要に応じてそれぞれの立場で情報を得ていく。その後情報をもとにアセスメントしFさんのニーズを明らかにしていることが事例から読みとれる。

② 個別支援計画作成

個別支援計画は担当支援者とFさんとで作成する。このことで支援者がきちんと自分に向き合ってくれていることを実感することができること，また自分の目標や課題などが可視化され明確になっていくため，Fさんも理解しやすく施設全体としても共通認識がもてるというメリットがある。

③ 関係機関及び家族との連絡・調整

ソーシャルワークにおいて，福祉事務所や病院などの社会資源につなぎ，関係機関を支援に活用することは不可欠である。このケースの場合，児童養護施設のアフターケア担当者の存在は，Fさんにとって，またFさんの支援においても必要と考えられた。またFさんのような脆弱な親子関係の場合，支援者が介入して家族関係の調整及び修復をすることで自立支援の過程において，大きな役割を果たすことが考えらえる。

④ 就労支援

過去の就労において，あまりよい体験がなかった場合，次のステップに移行しにくくなることがある。婦人保護施設では施設内就労から施設外就労に移行することもでき，また新たな仕事に挑戦するとき，またその途中経過においても施設の支援があるため，職種や仕事のペースについても相談しながら進めることができる。

⑤ 生活スキルへの支援

集団生活の中での人との関係調整，金銭管理，一人暮らしの体験な

ど，婦人保護施設の支援プログラムの中で，生活スキル向上のための支援を行っている。生活施設だからこその強みを生かし，実際の生活場面でさまざまな支援を行うことができる。

❍**参考文献** ────

第2節

菱川愛・渡邉直・鈴木浩之（2017）『子ども虐待対応におけるサインズ・オブ・セーフティ・アプローチ実践ガイド――子どもの安全を家族とつくる道筋』明石書店.

第3節

一瀬早百合（2015）「療育センターの就学支援――就学相談とその周辺―就学における保護者支援」『LD研究』24(4)，498-504.

第6節

須藤八千代・宮本節子（2013）『婦人保護施設と売春・貧困・DV問題――女性支援の変遷と新たな展開』明石書店.

東社協婦人保護部会（2008）「社会福祉の砦から～生きる力を再び得るために～」東京都社会福祉協議会.

厚生労働省（2018）「婦人相談員　相談・指針」.

厚生労働省（2018）「婦人保護事業等における支援実態等に関する調査研究」.

堀千鶴子（2011）「婦人保護施設におけるソーシャルワーク――設置経営主体別にみた生活支援機能を中心に」『城西国際大学紀要』19(3)，1-24.

■終 章■
これからの児童・家庭福祉

☐ 「子どもの養育は家庭養育が基本である」という政策理念

　政策を進めていくためには，家庭の形態や家族の状況に左右されない子どもの権利を重視する必要がある。

　戦後から今日まで継続的に実施されている，多くの児童・家庭福祉施策では，子どもの育ちの保障の前提として，生来の血縁関係のある家族によって構成される家庭があった。そして1960年代あたりから，救貧・保護的な児童福祉施策に，一般家庭の児童の健全育成が含まれるようになり，家庭での母親による養育への支援が求められ，拡大した。

　児童の権利に関する条約を1994年に批准してからは，子どもの最善の利益からも児童虐待対応の必要性が認識され，生来の家庭だけでは子どもの育ちが十分に保障できないということが認識された。しかし1990年代後半の少子化対策の台頭により，さらに子ども自身の利益に目を向ける傾向が薄れた。子どもの権利条約の批准により，子どもを権利の主体としてとらえるという政策的視点を確立できないまま，家庭での親による養育の大切さが強調され続けているからである。このことは，現在でも児童相談所の介入後に家庭に戻され死亡してしまう事件は一向に減らないことでも証明されている。

　「子どもには家庭的な環境での養育が望しい」ということは，社会全体でそれを支えていかなければならないが，その政策的傾向は未だにはっきりとしない。それは，子どもの教育・保育の公費投入比率が，OECD加盟国の中で常に低位に位置し続けていることにも表れている。子どもを社会全体で育み育てる，社会的投資の対象として財源を投入するコンセンサスが未だに形成されていない。少子化によって見直さざるを得ない子どもの育ちを支える社会の構造の中でも，変わらずに保護者の責任による家庭養育が基本とされ，見直されないまま今日に至っている。子どもの育ちの保障を社会として支えていく児童・家庭福祉施策のためには，家庭の状況，保護者の意思によって援助が決定されるしくみを「子どもの権利」を視点として見直すことが必要ではないだろうか。

　これからの児童・家庭福祉政策がより充実し，より子どもが権利の主体としてウェルビーイングを高めていくことができるような社会となるために，見直しの視点として，4つにまとめてみる。

☐ 今後の児童・家庭福祉政策見直しの視点①

　一つ目は，少子化対策から発展し，2015（平成27）年から本格的実施となった子ども・子育て支援新システムの中で，就学前児童の保育

の部分の充実に向けた施策の充実への取り組みである。新システムでは幼保一体的な運営を目ざす方向が示された。しかし，結果的に幼稚園と保育所の違いは残り，幼保一体化はできていない。加えて，子ども・子育て支援制度の中でも「保護者の責任による家庭養育」が基本となっていることから，複数の保育・教育サービスの選択は保護者と家庭の事情に応じて行うという利用者の視点が強調され，家庭の経済格差や教育格差が子どもの利益を損ねている。

　特に2000年以降，保育・教育サービスは経済活動として語られることが多くなった。そのため，さらに保護者や家庭の経済状況や教育的環境によって，子どもたちが享受する保育・教育に大きな格差が生じている。これらを解消するためには，親の選択や志向がいかなるものであっても，子どもが受ける保育・教育サービスは子どもの育ちの権利の視点から質的保障されるしくみづくりとそれに関わる事業者の意識変革を促す必要がある。

☐ 今後の児童・家庭福祉政策見直しの視点②

　二つ目は，増加する児童虐待，ひとり親家庭や貧困家庭の増加，障害をもつ子どもの環境整備等，特別な支援を必要とする子どもへの施策である。これは児童・家庭福祉の本来的な役割部分であり，施策理念が普遍化していく中にあっても，変わらずに根底に位置づけられるべき領域である。2000年に児童虐待の防止等に関する法律が施行されて以降，この20年間，虐待相談の件数は減少していない。

　現在も実の親による虐待行為によって，多くの子どもたちが命を失っている。子どもが育つ場所としての「家庭」と子どもに関わり，ケアを行い，養育する者を切り離して介入し，援助するしくみに再構築することが必要であると考える。

　生来の親に愛されて育つ権利は，基本的人権として子どもに保障されるべきものである。しかし，これと「生来の親による養育が普通である」という意識を前提に施策・事業を実施することは別ではないだろうか。伝統的家族観が根強く残っていることは，体罰に対する国民意識の調査にもみられるように明らかである。国民意識を変革するには長い年月がかかるだろう。しかし，優先するのは子どもの命，将来性，可能性を信じた社会投資であるとして，施策・事業の実施体制や方法を見直すことはできないのだろうか。伝統的家族観，価値観がベースの現在の援助構造では，真の「児童・家庭福祉」としてすべての子どもの育ちを保障する社会の実現は難しい。

　三つ目は社会的養護における子どものパーマネンシー保障である。

　世帯間格差が子どものその後の人生の格差につながる傾向があることが指摘され，こうした傾向が顕著となってきている。社会的養護での長期生活を強いられ，親の後ろ盾もない子どもは社会へ出る以前に大きなハンディを抱えざるを得ない。親元で暮らせない子どもたちには安全かつ安心な家庭環境を提供する必要があるが，現状では施設養護が主流を占めている。子どもたちの中には，十分な依存体験や生活体験を積めず，親元での被虐待体験などにより，希望や意欲をもって自身を大切に生きていくことが困難な者もいる。だからこそ精神的・物理的な手厚いケアが必要であるが，現実にそうした支援体制は十分ではない。

　社会的養護で生活する者の中には奨学金を得て，措置継続や多様な支援を得て大学に進学できる者もいるが，非常に限られている。本来中卒や高校中退で定職に就けず自暴自棄な生活や，引きこもり生活を強いられる者への措置継続や手厚い支援が必要であるが，そうしたことが困難な状況にある。

　これまで一部の欧米・オセアニア先進諸国では，子どもの成長・発達にとって必要なのは，主たる養育者との一貫かつ継続した関係に基づかれた家庭であるという認識に基づき，家庭養護が主流を占めている。この関係は子どもの恒久的発達を保障することから「パーマネンシー（永続性）」と呼ばれ，この関係性を保障するための援助計画をパーマネンシープランニングと呼んでいる。

　アメリカやイギリスではこの考え方に基づき，家庭復帰が困難な子どもたちにはできるだけ早期に法的にも安定した親子関係を提供できる養子縁組が積極的に活用されてきたが，日本では施設養護が継続される場合が多い。これらの国では施設養護や里親委託は一時的ケアの場としてとらえられている。パーマネンシープランニングは法律学的にも，心理学的にも継続して安定していることを求めている。

　したがって究極的には家庭復帰か養子縁組を最良な選択肢としている。一方で，長期里親を重要な選択肢として積極的に活用している国もあり，そのとらえ方は国によって異なる。実親のとらえ方や親権のあり方の相違がその背景にあると考えられる。

　しかしながらこれら諸外国においても家庭復帰，里親委託，養子縁組のいずれも困難な子どもたちが存在する。すなわち高年齢になって措置されたり，何らかの障害や疾病を抱えているため受託する養親や里親がいなかったりする子どもたちである。そのため施設での措置期

間が長期化する子どもたちも存在するが，原則として裁判所の介入により措置期間が有期限化されている。

　今後施設養護は家庭養護が困難な一部の子どもの入所に限定するとともに，多様な心理的課題を抱えた子どもたちに専門的なケアを提供し，家庭での暮らしを可能とするよう，高度な養育機能を持つ必要があるといえる。

☐ 今後の児童・家庭福祉政策見直しの視点④

　四つ目は児童・家庭福祉を担う人材確保・養成に関してである。

　市町村には子ども家庭総合支援拠点などが設置され，支援体制の充実が図られている。また児童相談所を新たに設置する市や特別区もあり，それらを担う人材の確保や養成は喫緊の課題である。また社会的養護関係施設に勤務する職員の専門性の向上や待遇の問題については，長年指摘されてきた。児童福祉施設の設備及び運営に関する基準が十分に改善されないなかで，多様かつ深刻な課題を抱えた子どもが増加し，児童養護施設や一時保護所に多様な課題を抱えた子どもたちが入所し，野戦病院化しているとも表現された。家庭支援専門相談員や被虐待児個別対応職員の増員で事足りるとされ，職員の配置基準が十分に改善されず，生活規模の小単位化が図られることで，職員の労働状況は過酷化し，子どもに個別に関与することが困難となり，また退職を余儀なくされることで，子どもに養育者との継続的な関係を提供できない状況にある。職員の労働状況の悪化は子どもの多様かつ深刻化した課題に対応するための人材養成においても影響し，研修に出ることさえできない状況となっている。

　社会福祉士や保育士の養成教育においても，学童期以上の子ども対応のあり方や被虐待児やその親への支援について実習などを通して十分に学ぶことが困難である。さらに優れた人材を集める上で待遇は非常に重要な要素ではあるが，昇給・昇格が十分に保障されず，職員の意欲を低下させる要因となっている。子どもへの手厚いケアの提供は長期的視点からみて社会的コストの減少をもたらすことは，一部の欧米・オセアニア先進諸国における研究から明らかにされている。日本においてもこうした認識に基づき，子どものウエルビーイングの向上に向けた経済的支出を十分に確保することが必要であろう。

さくいん

監修者 （50音順）

岩崎　晋也（法政大学現代福祉学部教授）
（いわさき　しんや）

白澤　政和（国際医療福祉大学大学院教授）
（しらさわ　まさかず）

和気　純子（東京都立大学人文社会学部教授）
（わけ　じゅんこ）

執筆者紹介 （所属：分担，執筆順，＊印は編著者）

＊林　浩康（編著者紹介参照：序章，第1章，終章〔共著〕）
（はやし　ひろやす）

倉持　史朗（同志社女子大学現代社会学部教授：第2章）
（くらもち　ふみとき）

野田　潤（東洋英和女学院大学人間科学部講師：第3章）
（のだ　めぐみ）

＊山本　真実（編著者紹介参照：第4章，終章〔共著〕）
（やまもと　まみ）

佐藤まゆみ（淑徳大学短期大学部こども学科教授：第5章）
（さとう）

小野セレスタ摩耶（同志社大学社会学部准教授：第6章）
（おの　まや）

姜　恩和（目白大学人間学部准教授：第7章，第13章第5節）
（かん　うな）

＊湯澤　直美（編著者紹介参照：第8章）
（ゆざわ　なおみ）

谷口　純世（愛知淑徳大学福祉貢献学部教授：第9章）
（たにぐち　すみよ）

野田　正人（立命館大学大学院人間科学研究科特任教授：第10章）
（のだ　まさと）

鈴木　浩之（立正大学社会福祉学部准教授：第11章，第13章第2節）
（すずき　ひろゆき）

吉中　季子（神奈川県立保健福祉大学保健福祉学部准教授：第12章）
（よしなか　としこ）

川松　亮（明星大学人文学部常勤教授：第13章第1節）
（かわまつ　あきら）

一瀬早百合（和光大学現代人間学部教授：第13章第3節）
（いちせ　さゆり）

金澤ますみ（桃山学院大学社会学部准教授：第13章第4節）
（かなざわ）

池田　恭子（ルーテル学院大学総合人間学研究科社会福祉学専攻博士前期課程在籍：第13章第6節）
（いけだ　きょうこ）

編著者紹介（50音順）

林　浩康（はやし・ひろやす）
2008年　北海道大学大学院教育学研究科後期博士課程修了。
現　在　日本女子大学人間社会学部教授。博士（教育学）。
主　著　『子どもと福祉——子ども・家族支援論』（2019）福村出版。

山本　真実（やまもと・まみ）
2000年　大正大学大学院文学研究科社会福祉学専攻修士課程修了。
現　在　東洋英和女学院大学人間科学部教授。
主　著　『三鷹市の子ども家庭支援ネットワーク——地域における子育て支援の取り
　　　　組み』（共編著）（2003）ミネルヴァ書房。

湯澤　直美（ゆざわ・なおみ）
1995年　立教大学大学院社会学研究科修士課程修了。
2019年　首都大学東京・論文博士。
現　在　立教大学コミュニティ福祉学部教授。博士（社会福祉学）。
主　著　『子どもの貧困——子ども時代の幸せ平等のために』（共編著）（2008）明石
　　　　書店。

新・MINERVA社会福祉士養成テキストブック⑫

児童・家庭福祉

| 2021年10月20日　初版第1刷発行 | 〈検印省略〉 |
| 2022年11月30日　初版第2刷発行 | |

定価はカバーに
表示しています

監 修 者	岩崎　晋也
	白澤　政和
	和気　純子
編 著 者	林　　浩康
	山本　真実
	湯澤　直美
発 行 者	杉田　啓三
印 刷 者	田中　雅博

発行所　株式会社　ミネルヴァ書房
607-8494　京都市山科区日ノ岡堤谷町1
電話代表　（075）581-5191
振替口座　01020-0-8076

ISBN978-4-623-09270-3
Printed in Japan

岩崎晋也・白澤政和・和気純子 監修

新・MINERVA 社会福祉士養成テキストブック

全18巻
Ｂ５判・各巻220～280頁
順次刊行予定

＊編著者名50音順

━━━━ミネルヴァ書房━━━━
https://www.minervashobo.co.jp/